Die Pflichten des Geschäftsherrn
im Strafrecht

Europäische Hochschulschriften
Publications Universitaires Européennes
European University Studies

Reihe II
Rechtswissenschaft

Série II Series II
Droit
Law

Bd./Vol. 3019

PETER LANG
Frankfurt am Main · Berlin · Bern · Bruxelles · New York · Oxford · Wien

Stefan Walter

Die Pflichten des Geschäftsherrn im Strafrecht

PETER LANG
Europäischer Verlag der Wissenschaften

Die Deutsche Bibliothek - CIP-Einheitsaufnahme

Walter, Stefan:

Die Pflichten des Geschäftsherrn im Strafrecht / Stefan Walter. -
Frankfurt am Main ; Berlin ; Bern ; Bruxelles ; New York ;
Oxford ; Wien : Lang, 2000
(Europäische Hochschulschriften : Reihe 2,
Rechtswissenschaft ; Bd. 3019)
Zugl: Freiburg (Breisgau), Univ., Diss., 2000
ISBN 3-631-37079-2

Gedruckt auf alterungsbeständigem,
säurefreiem Papier.

D 25
ISSN 0531-7312
ISBN 3-631-37079-2

meinen Eltern

Vorwort

Die Arbeit wurde im Sommersemester 2000 von der Rechtswissenschaftlichen Fakultät der Albert-Ludwigs-Universität Freiburg i.Br. als Inauguraldissertation angenommen. Das Manuskript war bereits im Frühjahr 1999 abgeschlossen.

Mein Dank gilt Herrn Prof. Dr. Wolfgang Frisch, der mir das Dissertationsthema vorschlug und mich in den drei Jahren, in denen ich an seinem Institut für Strafrecht und Rechtstheorie als wissenschaftlicher Mitarbeiter tätig war, sicherlich in meinem juristischen Verständnis geprägt hat. Auch meinen Freunden und Kollegen am Institut möchte ich herzlich für die schöne Zeit und die wohl einzigartige Stimmung und angenehme Arbeitsatmosphäre danken, allen voran Herrn Dr. Uwe Murmann und Herrn Gerd Rackwitz, die beide jederzeit bereit waren und nicht müde wurden, mit mir ausgiebig und überaus lehrreich zu diskutieren und mich in jeder Weise zu unterstützen. Herrn Prof. Dr. René Bloy danke ich für die rasche Erstellung des Zweitgutachtens.

München, im August 2000 Stefan Walter

Inhaltsverzeichnis

Einleitung

Die Haftung des Geschäftsherrn für seine untergebenen Mitarbeiter, die im Zivilrecht relativ klar im § 831 BGB geregelt ist, wo verschiedene Pflichten des Prinzipals aufgestellt werden, wirft im Strafrecht, wo eine solche generelle Regelung fehlt, zahlreiche Probleme auf. Obwohl dieses Thema nun schon seit Jahrzehnten in der strafrechtlichen Literatur diskutiert wird, ist man von einer einvernehmlichen Lösung weit entfernt. Zwischen den beiden Lagern, die im Groben entweder eine Haftung des Geschäftsherrn generell bejahen oder generell verneinen, gibt es im einzelnen eine fast unüberschaubare Vielzahl von Stimmen und Lösungsansätzen, die de lege lata nahezu alles als zweifelhaft und höchst umstritten erscheinen lassen[1]. Die Schwierigkeiten rühren schon ganz allgemein daher, daß Bereiche der Geschäftsherrenhaftung wie das unechte Unterlassen und der Regreß von eigenverantwortlichen Dritten auf Hintermänner dogmatisch umstrittenen sind. Hinzu kommen die besonderen rechtlichen und praktischen Probleme einer Zurechnung verschiedenster Handlungen und Risiken in einem modernen, rationell arbeitsteiligen und intransparenten Großunternehmen. Hier macht das Schlagwort von einer „organisierten Unverantwortlichkeit" die Runde[2], vor der manch einer resigniert, weil bei diesen modernen Kollektivtaten keine individuelle Haftung im Sinne des klassischen Kernstrafrechts mehr möglich sei[3]. Rufe nach der Einführung von Strafen für das Unternehmen selbst, die juristische Person, werden (noch vereinzelt, aber mit zunehmender Tendenz) laut.

Überwiegend wird ein kriminalpolitisches Bedürfnis für eine strafbewehrte Aufsichtspflicht der mächtigen Geschäftsleitung bejaht, um diese zu motivieren, ihr Unternehmen sicher und rechtstreu zu organisieren, und praktische Ausreden und die Abwälzung der Verantwortung auf (nicht konkretisierbare oder ermittelbare) untergeordnete Dritte abzuschneiden. Der Unternehmer soll nicht nur von seiner rationellen Arbeitsorganisation und eventuell von den betriebsbedingten Straftaten seiner Mitarbeiter profitieren,

---

1 Vgl. *Bottke*, Nichtverhütung, S. 13.

2 Vgl. z.B. *Luhmann*, Funktionen und Folgen formaler Organisation, S. 219 ff.; *Schünemann*, Unternehmenskriminalität, S. 34; *dens.*, wistra 82, 42; *Heine*, Strafrechtliche Verantwortlichkeit, S. 34; oder auch *Rotsch*, Individuelle Haftung, S. 20: „moderne Risikogesellschaft".

3 Zuletzt *Rotsch*, Individuelle Haftung, S. 17 ff., passim.

sondern auch in demselben Maß strafrechtlich die Verantwortung übernehmen. Dogmatisch gilt es daher, für den passiven Geschäftsherrn eine Garantenstellung für seine Mitarbeiter zu finden und daraus strafrechtliche Pflichten abzuleiten. Die Begründung dafür fällt freilich nicht leicht, da zumindest keine der klassischen Fallgruppen der Garantenlehre richtig paßt. Daher wird weitgehend mit Assoziationen zu verwandten Rechtsgebieten wie der Täterlehre und deren Figur der „organisierten Machtapparate", die dann das Wirtschaftsunternehmen generell in die Nähe von „Mafia"-Organisationen rücken würde, oder gar dem Gesellschaftsrecht und seinen Regelungen für die Geschäftsleitung gearbeitet. Von denen, die solche Lösungen als unbefriedigend oder dogmatisch unvereinbar ablehnen, fordern viele, daß der Gesetzgeber endlich auf diese dogmatischen und praktischen Strafbarkeitslücken im Bereich der Wirtschaftskriminalität reagiert und einen allgemeinen Straftatbestand zu Lasten des Geschäftsherrn einführt.

Ziel dieser Arbeit ist es, die vorhandenen vielfältigen Ansichten aufzuzeigen, zu systematisieren und zu kritisieren, um dann auf der Basis der lex lata und eines richtig verstandenen personalen Strafrechtsverständnisses eine eigene Lösung zu entwickeln. Dabei werden Fragen des hier eben kurz skizzierten instrumentalen Strafrechtsverständnisses aufgeworfen und nebenbei auch manche Grenzen für eine mögliche gerechte gesetzespositive Regelung aufgezeigt werden.

A: Die Haftung des Geschäftsherrn und seine Aufsichtspflicht in der strafrechtlichen Diskussion

I. Die Auffassung der Rechtsprechung

Die Rechtsprechung zur Geschäftsherrenhaftung ist nicht sehr umfangreich und alles andere als klar, ihr dogmatischer Standpunkt ist ungewiß. Deshalb soll hier versucht werden, zum einen ein Bild der höchstrichterlichen Rechtsprechung wiederzugeben und - soweit ersichtlich - eine historische Entwicklung aufzuzeigen und zum anderen mögliche dogmatische Hintergründe und Tendenzen anzudeuten.

a) In Besprechungen über die reichsgerichtliche Rechtsprechung zu diesem Thema liest man häufig, das Reichsgericht nehme eine Garantenstellung des

Betriebsinhabers aus der „*Stellung im Betrieb*" an[4], oft wird auch resümiert, daß das Reichsgericht eine generelle strafrechtliche Unterlassungshaftung des Geschäftsherrn für die Straftaten seiner Untergeben bejaht habe[5]. Bei näherem Hinsehen zeigt sich jedoch ein anderes Bild: In der viel zitierten „Fahrrad-Entscheidung" [6] sprach das RG zwar in der Tat von der betrieblichen Stellung des Angeklagten, jedoch ging es dort gar nicht um den Betriebsinhaber selbst, sondern um einen angestellten und mit Leitung betrauten Geschäftsführer, dessen Haftung sich konsequenterweise nach seiner „übernommenen Stellung" richten sollte. Dabei spielen selbstverständlich die Garantenpflichten des Betriebsinhabers, die zumindest teilweise übernommen wurden, eine wichtige Rolle, doch die Begründung dieser Garantenstellung des betrauten Geschäftsführers selbst lag nach dem RG in der Übernahme. Die „Stellung im Betrieb" besagte nur etwas über das Ausmaß der Haftung. Die potentielle Garantenstellung des Betriebsinhabers wurde keineswegs mit dessen „Stellung" begründet, sondern wurde bereits vorausgesetzt. Diese richtete sich laut RG wie immer beim unechten Unterlassungsdelikt nach den allgemeinen und üblichen Rechtsquellen wie Gesetz und Vertrag. Außerdem könne sich eine Garantenpflicht auch aus „einer gewissen Rechtsstellung" und deren „Pflichtenkreis" ergeben. Dieser Gedanke wurde aber nicht weiter ausgeführt. Der Verdacht liegt nahe, daß auch hier weniger an eine wirkliche Begründung als an eine bloß deklaratorische Feststellung einer Pflicht - der „Pflichtenkreis" wurde schließlich schon vorausgesetzt - gedacht wurde, wie sie gleich unten beim betrauten Geschäftsführer und dessen Stellung angenommen wurde. Stattdessen folgten Ausführungen des RG zum Ingerenzgedanken in der (gerichtlich anerkannten) Form, daß derjenige als Garant hafte, der „durch eigene Handlungen Verhältnisse geschaffen habe, die in ihrer Fortsetzung den rechtsverletzenden Erfolg herbeiführen können, wenn nicht entsprechende Gegenmaßregeln getroffen werden"[7]. Zur Aufsichtspflicht und Verantwortlichkeit des Betriebsleiters explizit sagte dann das RG klipp und

---

4 So *Schünemann*, Unternehmenskriminalität, S. 72; *Heine*, Strafrechtliche Verantwortlichkeit, S. 109; weniger deutlich bei *Eidam*, Unternehmen und Strafe, S. 128 f.

5 So *Thiemann*, Aufsichtspflichtverletzung, S. 12; *Schünemann*, Unternehmenskriminalität, S. 70, 73; *Landscheidt*, Räumlichkeiten, S. 110 f.; *Hsü*, Betriebsinhaber, S. 23 f.

6 RGSt 58, 130, 132.

7 Nach *Hsüs* Interpretation, Betriebsinhaber, S. 23 f. stellt das die Begründung des RG für die Haftung des Geschäftsherrn für seine Untergebenen dar. Zumindest RGSt 75, 296, 298 gründete die (Sorgfalts-) Pflicht des Betriebsinhabers, gefährliche Anlagen, die durch seinen Angestellten errichtet worden waren, zu überprüfen und Mängel zu beseitigen, auf diesen Ingerenzgedanken.

klar, daß es *keine generelle derartige Garantenpflicht* gebe, daß eine solche auch nicht aus dem Vorgesetztenverhältnis allein entnommen werden könne (wie das später in scheinbarer, materiell begründeter Fortsetzung dieser Rechtsprechung oft angenommen wurde bzw. heute noch interpretiert wird[8]), sondern daß dies immer nur *nach den besonderen Umständen des Einzelfalls* entschieden werden könne[9].

Dem Landgericht in der Vorinstanz wurde gerade angekreidet, daß es bei seiner Verurteilung solche besonderen Umstände nicht geziemend hervorgehoben habe und vielleicht sogar irrig von einer generellen Haftung ausgegangen sei. Das RG bestätigte damit auch seine bisherige Rechtsprechung[10], von einer anerkannten generellen Geschäftsherrenhaftung kann keine Rede sein. Besondere Umstände für Kontrolle und Nachprüfung lagen nach dem RG namentlich dann vor, wenn dafür Veranlassung aus entsprechenden Erfahrungen bestand[11]. Außerdem wurde - wohl in Anlehnung an das Zivilrecht[12] - nach den Umständen des Einzelfalls eine Pflicht des Geschäftsherrn zur sorgfältigen Auswahl und Anleitung anerkannt[13].

Daneben ergingen zahlreiche Entscheidungen zu *§ 151 a.F. GewO*[14]. Die Haftung des Geschäftsherrn nach dieser Vorschrift wurde immer weiter ausgedehnt[15]. § 151 a.F. GewO wurde dabei als Spezialvorschrift zur allgemeinen Haftung verstanden, die die Strafbarkeit des Geschäftsherrn im Bereich der „*Unternehmerdelikte*" einschränkte, indem dem Unternehmer erlaubt wurde, seine speziellen „polizeilichen" Pflichten an andere (die keine vollständigen Stellvertreter zu sein brauchten) zu delegieren[16]. Daraus darf jetzt aber nicht - nach dem gerade oben Gesagten - geschlossen werden, das RG

---

8 Siehe dazu unten S. 15 ff.

9 RGSt 58, 132 ff.

10 RGSt 13, 90 ff.; 19, 204, 205; 48, 316, 320; 57, 148, 151. Entgegen *Schünemann*, Unternehmenskriminalität, S. 73 und auch *Hsü*, Betriebsinhaber, S. 23 paßt daher auch RGSt 48, 320 - Ablehnung einer Garantenstellung des Vorgesetzten - ins Bild und ist nicht nur eine Ausnahme für ein Sonderdelikt nach dem SprengstoffG. Denn selbst wenn der Betriebsinhaber persönlich kein tauglicher Täter hätte sein können, mußte sich immer noch die Frage nach der Beihilfe in Garantenstellung stellen.

11 RGSt 58, 134.

12 Siehe LK-*Jescheck*, § 13 Rn 45.

13 RGSt 57, 148, 151; 58, 130, 133; 75, 296, 297 f.

14 RGSt 24, 293, 295 f.; 50, 8, 14 f.; 72, 26, 28 f.

15 Durch Interpretation der „polizeilichen Vorschriften" i.S. § 151 a.F. GewO.

16 RGSt 24, 293, 295 f.

hätte deshalb eine allgemeine Geschäftsherrenhaftung neben § 151 a.F. GewO vorausgesetzt[17]. Denn das RG gab seine Einzelfallösung im Bereich der Allgemeindelikte keineswegs auf[18], und im Bereich der gesetzlich geregelten „Unternehmerdelikte" war die besondere Rechtspflicht des Geschäftsherrn als Voraussetzung für die Geschäftsherrenhaftung, die sonst nur mühsam aus den besonderen Umständen begründet werden durfte, ohnehin unproblematisch. Umgekehrt erweiterte das RG auch die allgemeine Haftung nicht, weil es die Aufsichtspflicht nun in § 151 a.F. GewO generell gesetzlich anerkannt sah[19], sondern trennte beide Bereiche[20]. Interessant für die Geschäftsherrenhaftung insgesamt dürfte dagegen die Regelung des § 151 a.F. GewO insoweit sein, daß der Geschäftsherr durch die Delegation auf andere nicht vollständig exculpiert ist, sondern daß ihn bei der Auswahl und Überwachung der Betriebsleiter und der (immer noch) gebotenen „Oberaufsicht" ein strafbares Verschulden treffen kann.

Erwähnenswert ist des weiteren, daß das RG einen sehr weiten Begriff einer „Geschäftsherrenhaftung" vertrat. Denn nicht nur der Betriebsinhaber haftete für seine betrieblichen Untergebenen, sondern dieselbe Haftung traf auch den Auftraggeber, der ein selbständiges Unternehmen mit gefährlichen Arbeiten betraute[21]. Auch dies ist jedoch nicht weiter verwunderlich, da ja nach Ansicht des RG ein Vorgesetztenverhältnis eben nicht aussagekräftig für eine Garantenstellung war. Vielmehr kam es immer nur - beim Betriebsinhaber wie beim Auftraggeber - auf die besonderen konkreten Umstände an, die sich aus besonderen Gefahren ergaben und die Anlaß zur sorgfältigen Auswahl und Kontrolle gaben[22].

Die Gefahren dieser Rechtsprechung lagen auf der Hand. Es fehlte eine klare Abgrenzung von strafbaren Pflichtverletzungen zur rechtlich tolerierten Sorglosigkeit bzw. zum erlaubten Risiko. Da die entschiedenen Fälle allesamt im Fahrlässigkeitsbereich spielen und man bei der Bestimmung der

---

17 Wie dies *Schünemann*, Unternehmenskriminalität, S. 71 suggeriert.

18 Siehe RGSt 58, 130, 132 ff.

19 So aber *Landscheidt*, Räumlichkeiten, S. 111.

20 Siehe RGSt 58, 130, 134, 135.

21 RGSt 19, 204. Das RG bezieht sich in seinen Entscheidungen zu den betrieblichen Pflichten ganz zwanglos auf Urteile zum Auftragsverhältnis; vgl. RGSt 58, 130, 132. *Schünemann*, Unternehmenskriminalität, S. 71 kritisiert das, weil das Auftragsverhältnis „in Wahrheit einen völlig anderen Fall betreffe".

22 RGSt 19, 204, 205 f.; 58, 130, 132 ff.

erforderlichen Sorgfalt seit je her (bis heute) mit Unschärfen leben mußte, fiel dieses Bedenken wohl nicht allzu schwer ins Gewicht. Trotzdem drohte ein nahezu unkontrollierbarer regressus ad infinitum, da bis auf das Fehlen jeglicher Kausalität und Vorhersehbarkeit eine feste Schranke strafrechtlicher Zurechnung fehlte. Jedoch ließ das RG insofern eine restriktive Tendenz erkennen, indem es regelmäßig die Urteile der Vorinstanzen aufhob, weil diese zu generell und zu schnell eine strafrechtliche Haftung des Geschäftsherrn angenommen hatten.

b) In der höchstrichterlichen Rechtsprechung nach dem Krieg findet sich wenig zur strafrechtlichen Geschäftsherrenhaftung. Ein Grund dafür mag sein, daß sich vieles nun im Ordnungswidrigkeitenrecht durch § 33 a.F. OWiG bzw. § 130 n.F. oder ähnliche Sondernormen[23] abspielt. Diese Normen wurden als Ersatz für den nun aufgehobenen § 151 GewO eingeführt, die die Aufsichtspflichtverletzung des Geschäftsherrn jetzt nur noch als Ordnungswidrigkeit einstuften[24]. Andererseits wurde aber auch erkannt, daß diesen (abstrakten) Unterlassungsdelikten nur eine Auffangfunktion zukommt, wenn eine Pflichtverletzung nicht schon nach den allgemeinen Regeln vorliegt[25]. Problematisiert wird in diesem Bereich aber weniger die Begründung der Aufsichtspflicht, die sich meist direkt aus dem echten Unterlassungsdelikt der Aufsichtspflichtverletzung nach § 130 OWiG (bzw. § 33 a.F.) i.V.m. den Sondertatbeständen ergibt oder zumindest doch bei den Allgemeindelikten als betriebliche Sorgfalts- und Verkehrssicherungspflicht gegen die Sachgefahren allgemein anerkannt ist[26], sondern vielmehr die Reichweite der Pflicht im Einzelfall oder die Nachweisbarkeit des (kausalen) Zusammenhangs mit der konkreten Verletzung[27]. Das OLG Celle spricht immerhin von einer „garantenähnlichen Stellung" des Betriebsinhabers, aus der sich die Verantwortlichkeit des Betriebsinhabers ergebe[28]. Diese „garantenähnliche Stellung" wird aber ihrerseits nicht näher begründet, sondern

---

23 Z.B. § 5 a.F. WiStG (1954); vgl. BGHSt 9, 319 ff.: „Allgemeine Aufsichtspflichtverletzung" nach § 5 a.F. WiStG als echtes Unterlassen und bloße Ordnungswidrigkeit.

24 Siehe OLG Celle NJW 69, 760.

25 KG JR 72, 121, 122 m. zust. Anm. *Göhler*, JR 72, 123 f.; BayObLG NJW 97, 2394, 2397 und auch BGHSt 9, 319, 322.

26 Vgl. *Göhler*, § 130 Rn 18.

27 Vgl. dazu BGHSt 25, 158, 162 f.; BGH Beschluß vom 24.3.1981 - KRB 4/80; BGH NStZ 86, 34.

28 OLG Celle NJW 69, 760.

die gewöhnliche Aufsichtspflicht ergebe sich danach ganz selbstverständlich – und damit zirkulär (wohl als Annex) - aus den Pflichten, die sich „aus der *Führung des Betriebes*“ ergeben. Insoweit taucht also hier wieder ein Topos auf, der mit dem (scheinbar anerkannten) der „Stellung im Betrieb“ eng verwandt erscheint. Eine (außergewöhnliche) „Handlungspflicht (des Betriebsinhabers) im Sinne einer „*verstärkten Aufsicht* und Überwachung“ könnte sich aus dem vorausgegangenem Tun ergeben[29] oder aus besonderem Anlaß im Einzelfall[30]. Nach dem Berliner Kammergericht ergibt sich - vom normativen Inhalt schon viel aufschlußreicher - die „Garantenstellung, die durch § 33 (a.F.) OWiG begründet werden soll“, in Abgrenzung zur vorrangigen allgemeinen und unmittelbaren Unterlassungshaftung des § 13 StGB daraus, daß der Betriebsinhaber oder die ihm gleichstehenden Personen „die dem Betrieb obliegenden Pflichten nicht selbst“ wahrgenommen, sondern „*andere Personen damit beauftragt haben, ihren eigenen Wirkungskreis auszufüllen*“[31]. Bei der allgemeinen Aufsichtspflicht im Rahmen des § 33 a.F. OWiG dürften die Anforderungen dann jedenfalls nicht überspannt werden, die Mithilfe und Pflichtübernahme anderer Personen und deren *Eigenverantwortlichkeit* entlaste den Betriebsinhaber[32].

Im Rahmen der Arzthaftung wurde bald eine strafrechtliche Überwachungspflicht des behandelnden Arztes für die korrekte Ausführung seiner Anordnungen durch Krankenschwestern bejaht[33]. Jedoch wurde der Garantiecharakter einer solchen Handlungspflicht übersehen, und man findet nur ganz allgemeine Erwägungen zur erforderlichen Sorgfalt im Rahmen des Fahrlässigkeitsdelikts. So war es für den BGH geradezu eine Selbstverständlichkeit, daß eine „geringe zusätzliche Mühe [...] ohne weiteres verlangt werden muß, wenn es erforderlich ist, um große, lebensbedrohende Gefahren von anderen Menschen fernzuhalten“. Eine solche „derart einfache Überlegung“ könne von „jedem Träger eines so verantwortungsvollen Berufes“ verlangt werden[34]. Entsprechend der Bestimmung der Sorgfaltspflichten nach Verkehrskreisen ergab sich hier also eine Aufsichtspflicht aus der (verantwortungsvollen) beruflichen Rolle.

---

29 OLG Celle NJW 69, 760.

30 So BGH NStZ 86, 34.

31 KG JR 72, 122.

32 OLG Celle NJW 69, 759, 760; BGHSt 25, 158, 163.

33 BGHSt 3, 91, 95 ff.

34 BGHSt 3, 95.

Daneben finden sich einige Entscheidungen zu unternehmerischen Sicherungspflichten. So ist anerkannt, daß der Unternehmer, *der den gefahrvollen Betrieb beherrscht*, für die Unversehrtheit aller durch die Gefahr bedrohten Personen verantwortlich ist[35]. Diese Sicherungspflichten können auch an Bedienstete weitergegeben werden, allerdings bleibt es bei einer „allgemeinen Aufsichtspflicht" des Unternehmers: Er muß seinen Vertreter sorgfältig auswählen, die „*gebotene Oberaufsicht*" ausüben und bei Kenntnis von bestehenden Mißständen oder Gefahren eingreifen. Der Auftraggeber des Unternehmers ist dagegen grundsätzlich für die Arbeiten nicht verantwortlich. Unter besonderen Umständen kann aber auch er noch (wie beim RG) aufgrund seiner ursprünglichen Gefahrschaffung in die Haftung geraten, z.B. wenn er ungesicherte Gefahrenquellen (zufällig) wahrnimmt[36]. Solche Entscheidungen beziehen sich aber nur auf bestimmte Sachgefahren und sind deshalb für die Geschäftsherrenhaftung für die Taten der Untergebenen eher unspezifisch und nur beschränkt aussagekräftig[37].

Auch im Bereich des Strafrechts wurde dann die Geschäftsherrenhaftung auf den betrieblichen Bereich beschränkt. Das OLG Karlsruhe erkannte in einem Urteil[38], an dem *Jescheck* als Richter wesentlich mitwirkte[39], grundsätzlich eine Unterlassenshaftung des Vorgesetzten für *betriebsbezogene* Taten der Untergebenen an. Grundlage für die Garantenpflicht sei das *besondere Vertrauen der Allgemeinheit*, das aus dem *Autoritätsverhältnis* zwischen Vorgesetzten und Untergebenen herrühre. Plausibel wird dem Leser dieses Ergebnis jedoch dadurch gemacht, daß ganz beiläufig, wie selbstverständlich, Aufsichts*pflichtige* und *zu beaufsichtigende* Personen zu den (notwendigen?) Beteiligten eines Autoritätsverhältnisses gemacht wurden: Man vertraue dann

---

35 OLG Karlsruhe NJW 77, 1930. Vgl. auch BGH VRS 18, 48, 51, wo die „Leitung des Sportvereins" ohne weitere Begründung für die Sicherheit des Spielbetriebs auf einem Sportplatz verantwortlich gemacht wurde. Daneben findet sich aber meist auch der Ingerenzgedanke der (erlaubten) Eröffnung und Beherrschung einer Gefahrenquelle durch den Betrieb zur Begründung einer Verkehrssicherungspflicht; vgl. BGH NJW 71, 1093, 1094 f.; 73, 1379, 1380.

36 BGHSt 19, 286, 287 f.; OLG Karlsruhe NJW 77, 1930 f.

37 So auch die Einschätzungen von *Schünemann*, Unternehmensdelikte, S. 75 und *Heine*, Strafrechtliche Verantwortlichkeit, S. 110.

38 OLG Karlsruhe GA 1971, 281.

39 In der materiellen Begründung einer Garantenpflicht für fremdes Verhalten trägt das Urteil eindeutig die Handschrift *Jeschecks*, wenn er auch selbst eine generelle Geschaftherrenhaftung ablehnt; siehe LK-*Jescheck*, § 13 Rn 45 und unten S. 32 f. Unklar schon sein knappes Zitat dieses Urteils in Rn 42 bei den ansonsten gesetzlich anerkannten Autoritätsverhältnissen.

also berechtigterweise auf die Erfüllung der Aufsichtspflicht, und der Aufsichtspflichtige werde dadurch zum Garanten. Die Aufsichtspflicht selbst bleibt so allerdings unbegründet. Im zu entscheidenden Fall kam es damals auch nicht so sehr darauf an, da die Tat des Untergebenen nur „bei Gelegenheit einer betrieblichen Verrichtung" begangen worden, nicht aber durch den Betrieb oder die Arbeit selbst veranlaßt war und daher nach Ansicht des OLG ohnehin keine Garantenhaftung des Vorgesetzten in Betracht kam. Das Merkmal der Betriebsbezogenheit der Garantenpflicht wurde aus der Autorität des Vorgesetzten im privaten Unternehmen abgeleitet; denn diese Autorität entfalte ausschließlich betriebsbezogen Wirkung und betreffe nicht die allgemeine Lebensführung.

Repräsentativer für die Rechtsprechung als die OLG-Entscheidung *Jeschecks* ist vielleicht ein Urteil des OLG Stuttgart[40]. Hier wurde die Inhaberin einer Textilfärberei für die Tat ihres mit der technischen Leitung des Betriebs beauftragten Färbermeisters zur Verantwortung gezogen. Diese strafrechtliche Garantenhaftung wurde auf ihre *„Funktion" als „Inhaberin des Betriebs"* gestützt, welche die „Verantwortung für alle betrieblichen Angelegenheiten" und eine Aufsichtspflicht nach sich ziehe[41]. Insbesondere müsse sie die Verläßlichkeit ihres neuen Angestellten überprüfen. Mit der „funktionalen" Betrachtungsweise des Betriebsinhabers versuchte das OLG sicherlich ein normatives Element in die bloße Eigenschaftsbeschreibung „Betriebsinhaber" oder den faktischen Zustand seiner „Stellung im Betrieb" einzubringen. Betriebsinhaber zu sein, ist jedoch nicht einmal eine ontologische Funktion in diesem Sinne; wenn ihm daraus eine besondere rechtliche Funktion zukommen soll, müßte diese auch näher juristisch begründet werden.

Im Sonderdeliktsbereich (Ordnungswidrigkeit des Nachtarbeitsverbots) geht das BayObLG in einer neueren Entscheidung ganz selbstverständlich von einer Garantenstellung des gemäß § 9 I Nr. 1 OWiG Sonderpflichtigen „als Geschäftsführer des Betriebs" aus[42]. Eine Pflicht zum Einschreiten gegen einen mit der eigenverantwortlichen Betriebsleitung beauftragten Mitarbeiter (nach § 9 II Nr. 1 OWiG) ergebe sich, wenn der Geschäftsführer den Verstoß des Beauftagten erkannt habe.

---

40 OLG Stuttgart NJW 77, 1406 f.

41 OLG Stuttgart NJW 77, 1407.

42 BayObLG NJW 97, 2394, 2396. Diese Unterlassungstäterschaft gehe auch der Aufsichtspflichtverletzung nach § 130 OWiG vor.

Diesen Weg der Oberlandesgerichte schlägt nun auch der BGH ein - zumindest andeutungsweise[43]: In der „Lederspray-Entscheidung"[44] wird zwar im Rahmen der Produkthaftung die Rückrufpflicht und die daraus folgende Strafbarkeit aus dem unechten Unterlassungsdelikt auf die pflichtwidrige Ingerenz[45] der Geschäftsleitung gestützt, aber aus der „*Stellung als Geschäftsführer*" wird die *strafrechtliche Verantwortung für die betriebliche Vorgänge (zumindest) bei Produktion und Vertrieb* hergeleitet. Diese werden dem Geschäftsführer als „eigenes Handeln" zugerechnet, welches gegebenenfalls aus dem Begehungsdelikt sanktioniert wird oder die Ingerenz begründet[46]. Das bedeutet aber nichts anderes als eine generalisierte Garantenverantwortung, wenn der BGH auch den Umweg über das begehungsgleiches Unterlassen, der in Fällen, in denen der Geschäftsführer die Produktion stoppen oder modifizieren müßte, sicher angebracht wäre, scheut und stattdessen von vorneherein immer eine aktive Begehung annehmen will. Der BGH ergänzt und präzisiert dies weiter, indem er den „*Grundsatz der Generalverantwortung und Allzuständigkeit der Geschäftsleitung*" aus dem Zivilrecht zumindest dann übernimmt, wenn aus besonderem Anlaß das Unternehmen als Ganzes betroffen ist[47]. Daraus folgt, daß sich der einzelne Geschäftsführer in diesen Fällen hinsichtlich seiner strafrechtlichen Verantwortung nicht auf sein Ressort zurückziehen kann.

Nahezu zeitgleich dazu findet man aber auch eine andere Entscheidung des BGH, die das typische Problemfeld der Geschäftsherrenhaftung eigentlich viel besser beschreibt als Produkthaftungsfälle, aber wahrscheinlich wegen der unspektakulären (und dogmatisch falschen) Lösung des BGH über die

---

43 Zur Haftung für die Straftaten der Untergebenen direkt findet sich kein (veröffentlichtes) Urteil. Z.T. wird im Schrifttum der Lederspray-Entscheidung des BGH eine Anerkennung der generellen Garantenstellung des Betriebsinhabers auch für Straftaten seiner Untergebenen entnommen, obwohl die Entscheidung sich nicht (direkt) mit der Geschäftsherrenhaftung befaßt (dazu gleich Näheres); siehe Sch/Sch-*Stree*, § 13 Rn 52; *Schmidt-Salzer*, NJW 90, 2967 f.; *Heine*, Strafrechtliche Verantwortlichkeit, S. 111.

44 BGHSt 37, 106 ff.

45 BGHSt 37, 115 ff., 117. Im Unterschied zum RG entspricht es nun der h.M. und der Rechtsprechung, daß zur Begründung einer Garantenstellung eine *pflichtwidrige* Ingerenz vorliegen muß. Eben diese Pflichtwidrigkeit ist im Lederspray-Fall jedoch nur schwer zu begründen, da ex ante keine Gefährdung durch die Produkte ersichtlich war. Der BGH stellt die Gefahr ex post fest und schließt daraus (und aus § 30 Nr. 2 LMBG; formelle Rechtspflicht!) im nachhinein auf die Pflichtwidrigkeit. Dies wird zurecht heftig kritisiert; in Wahrheit hat der BGH damit das Kriterium der Pflichtwidrigkeit bei der Ingerenz (wieder) aufgegeben; vgl. *Kuhlen*, NStZ 90, 568, insbes. auch Fn 43; *Meier*, NJW 92, 3196.

46 BGHSt 37, 113 f.

47 BGHSt 37, 123 ff.

allgemeine Fahrlässigkeitsdogmatik kaum Beachtung fand. Im „Silobegasungsfall“[48] haftete der Geschäftsführer einer Vertriebsgesellschaft nach § 222 StGB, weil infolge einer gefährlichen Schädlingsbekämpfung mit Gas in Getreidesilos die unmittelbar angrenzend wohnende Familie eines Arbeitnehmers ums Leben kam und der Geschäftsführer diese Begasung (durch einen behördlich geprüften Begasungsleiter, der auch im Unternehmen angestellt war) „einleiten ließ“. Auf die Garantenproblematik wird dabei gar nicht, auf das Regreßproblem allenfalls lapidar eingegangen, indem festgestellt wird, daß man sich auf den behördlich geprüften Begasungsleiter nur (bzw. bestenfalls) im Regelfall verlassen darf. Entscheidend seien jedoch - wie schon zu Zeiten des RG - die „besonderen Umstände des Einzelfalls“, die insbesondere bei „außergewöhnlichen Gefährdungssachverhalten“ wie Leibes- und Lebensgefahr höhere Sorgfaltspflichten erforderlich machen können[49].

In einer späteren Entscheidung spricht der BGH dann noch in einem obiter dictum von der Figur der *Organisationsherrschaft* als Lösung des „Problems der Verantwortlichkeit beim Betrieb wirtschaftlicher Unternehmen“[50]. Dort ging es zwar um die Frage der mittelbaren Täterschaft und Tatherrschaft des „Täters hinter dem Täter“, doch ergibt sich daraus m.E. durchaus ein starkes Indiz dafür, daß der BGH bei der Lösung der „Verantwortlichkeit“ im Unternehmen nicht die Garantenhaftung für das Unterlassen ausnehmen wollte. Denn zum einen ist der - nicht zwingende! - Schluß von der Autoritätsstellung bzw. Beherrschung des anderen auf eine Pflicht zu Aufsicht und Kontrolle[51] (s.o.) oder generell von der Herrschaft auf eine Pflicht wie bei den Verkehrssicherungspflichten[52] in der Rechtsprechung nicht unbeliebt. Zum anderen bezieht sich der BGH u.a. selbst auf die täterschaftliche

48 BGHSt 37, 184.

49 BGHSt 37, 189 f.

50 BGHSt 40, 218, 236 f. (Urteil zur Strafbarkeit der Mitglieder des Nationalen Verteidigungsrates der DDR).

51 Vgl. z.B. zur Aufsicht der Eltern oder sonstiger Erziehungsberechtigter über Minderjährige BGHSt 6, 46, 57; BGH FamRZ 58, 211 oder genereller BGHSt 30, 395; auch LG Mannheim NJW 76, 585, 587.

52 Vgl. BGHSt 30, 391, 396; BGH NStZ-RR 96, 1 f. und die oben schon zitierten Urteile BGH VRS 18, 48, 51; OLG Karlsruhe NJW 77, 1930. Vgl. auch *Seelmann*, in: Vielfalt des Rechts, S. 86.

Unterlassungsstrafbarkeit der Geschäftsführer im Lederspray-Fall als vergleichbaren Fall des „Täters hinter dem Täter[53].

Zuletzt hat sich der BGH doch noch zur Aufsichtspflicht des Geschäftsführers[54] - allerdings vorrangig zur Aufsicht in der horizontalen Aufteilung der Geschäftsleitung - geäußert: „Grundsätzlich" wird dort von einer Garantenstellung durch „die *Bestellung als Geschäftsführer*" ausgegangen. Im konkreten Fall brauchte das aber nicht weiter problematisiert werden, da dem Angeklagten die Aufsicht jedenfalls nicht *möglich* bzw. zumindest nicht *zumutbar* gewesen sei. Deshalb fehlte es an der „Vorwerfbarkeit", was nach einer Frage der Schuld klingt. Für eine Pflicht bzw. für eine *vorwerfbare Pflicht* zur Kontrolle des gleichrangigen Kollegen in der Geschäftsführung braucht es laut BGH Anhaltspunkte für etwaiges strafbares Verhalten dieser Person.

II. Geschichtliche Aufarbeitung und eine erste Stellungnahme zur Aufsichtspflichtverletzung durch *Thiemann*

1. *Werner Thiemann* untersuchte in seiner Dissertation von 1976 als erster die Aufsichtspflicht des Geschäftsherrn und die damit verbundene weitergehende Problematik näher[55]. Schwerpunkt seiner Arbeit ist allerdings der allgemeine Tatbestand der Aufsichtspflichtverletzung nach § 130 OWiG[56]. Auf *Thiemanns* geschichtlichen Abriß zur Aufsichtspflichtverletzung, die bis zur Schaffung des OWiG in verschiedenen Sanktionstatbeständen von Sondergesetzen geregelt war, sei hier nachdrücklich hingewiesen[57].

Zwangsläufig mußte auch die strafrechtliche Seite der Aufsichtspflicht einen Teil seiner Arbeit ausmachen, um den verbleibenden Anwendungsbereich des § 130 OWiG neben der allgemeinen strafrechtlichen (oder auch

---

53 BGHSt 40, 235. Zur vor allem auch kriminalpolitisch motivierten extensiven Interpretation des BGH bei der Geschäftsherrenhaftung siehe BGHSt 37, 132 und *Heine*, Strafrechtliche Verantwortlichkeit, S. 111.

54 BGH StV 98, 126 f. Siehe auch BGH NJW 92, 122 f.

55 *Thiemann*, Aufsichtspflichtverletzung in Betrieben und Unternehmen. Häufig wird auch *Göhler* als erster Autor zu diesem Thema genannt; siehe dazu unten S. 17 f., Fn 75. Früher schon, 1968, *Welp*, Vorangegangenes Tun, S. 236 ff., allerdings noch relativ unspezifisch unter dem allgemeinen Gesichtspunkt irgendeiner „Betriebseröffnung" in seiner Untersuchung über die Ingerenz; siehe unten S. 25 ff.

56 Damals wurde am 1.1.1975 gerade eine Neufassung des OWiG erlassen, in der die Aufsichtspflichtverletzung in § 130 n.F. aus der der alten Fassung in § 33, die seit 1968 bestand, übernommen wurde.

57 *Thiemann*, Aufsichtspflichtverletzung, S: 4 ff.

ordnungswidrigen) Unterlassenshaftung abzustecken[58]. Bemerkenswert ist dabei, daß *Thiemann* noch keinerlei Zweifel daran ließ, daß § 130 OWiG nur subsidiäre Auffangfunktion zukommt, wie dies auch dem Willen des Gesetzgebers entsprach[59].

2. Strafrechtsdogmatisch schließt sich *Thiemann* der Funktionenlehre bzw. einer Verbindung von formeller und materieller Betrachtungsweise[60] an und erkennt eine inhaltliche Verantwortung des Betriebsinhabers für bestimmte Gefahrenquellen an, weil die persönlichen und sachlichen Betriebsmittel eine Gefahr für die Rechtsgüter Dritter heraufbeschwörten[61]. Zur Pflichtbegründung greift er dabei allerdings ohne weiteres einfach auf anerkannte „Untergruppen" der Überwachungsgarantenstellung zurück. Für seine betriebliche Anlagen hafte der Geschäftsherr aus dem Gedanken der Herrschaft über Gefahrenquellen, für Dritte hafte er in seinem Betrieb aufgrund eines Autoritäts- und Aufsichtsverhältnisses[62]. Da dem Arbeitgeber gegenüber seinen Betriebsangehörigen ein arbeitsrechtliches Weisungsrecht zusteht, wird dies von ihm unter ein solches garantenpflichtbegründendes Autoritätsverhältnis subsumiert. Darüber hinaus soll der Betriebsinhaber aber auch für Personen außerhalb eines Arbeitsverhältnisses haften, wenn sie Tätigkeiten ausführen, die dem Betrieb zugute kommen oder *im Zusammenhang mit den Zwecken des Betriebs* stehen. Diese „wünschenswerte", weitreichende Haftung erreicht er über den räumlichen Bereich des Betriebs, weil der Betriebsinhaber „für das Geschehen auf dem Betriebsgelände verantwortlich sei" und daher „grundsätzlich auch ein Autoritätsverhältnis" bestehe[63].

3. Nicht schon hinsichtlich der Begründung der Garantenpflicht - wie es nur konsequent gewesen wäre - sondern nur inhaltlich vom Umfang will *Thiemann* die Geschäftsherrenhaftung auf *betriebsbezogene* Verletzungshandlungen beschränken, um einer Ausuferung der strafrechtlichen Haftung

---

58 Vgl. *Thiemann*, Aufsichtspflichtverletzung, S. 8, 58 ff.

59 *Thiemann*, Aufsichtspflichtverletzung, S. 58 f.; siehe auch unten S. 36 Fn 180 f. In der Literatur zu den Ordnungswidrigkeiten wurde zuvor vereinzelt von der Anwendbarkeit des § 130 OWiG *neben* einer strafrechtlichen Haftung ausgegangen; vgl. *Rebmann/Roth/Herrmann*, 1.-4. Lieferung, § 130 Anm. 30.

60 Siehe *Jescheck/Weigend*, AT, S. 621.

61 *Thiemann*, Aufsichtspflichtverletzung, S. 15.

62 *Thiemann*, Aufsichtspflichtverletzung, S. 16 f.

63 *Thiemann*, Aufsichtspflichtverletzung, S. 18 f. Zur Kritik dazu siehe unten S. 40.

entgegenzuwirken[64]. Wahrscheinlich ist er hierzu durch das entsprechende Tatbestandsmerkmal des § 130 OWiG motiviert worden. Eindeutig betriebsbezogene Taten in diesem Sinne seien solche, die in Sonderdelikten mit dem Betriebsinhaber als speziellem Normadressaten geregelt seien[65]. Problematischer sei dies allerdings bei den Allgemeindelikten; dort komme es auf den räumlichen, sachlichen oder personalbezogenen Zusammenhang mit betrieblichen Vorgängen an[66].

4. Intensiver widmet sich *Thiemann* dann der Abgrenzungsfrage zwischen Täterschaft und Teilnahme bei der Unterlassungshaftung. Nach seiner Ansicht ist dabei nach „dem Grad des Unwerts des Unterlassens" zu differenzieren, indem danach unterschieden wird, ob den Geschäftsherrn nur eine Aufsichtspflicht für das Handeln der Dritten trifft oder ob er darüber hinaus noch eine besondere Beziehung zum verletzten Rechtsgut hat, die ihm „unmittelbar" die Erfolgsabwendung von diesem Rechtsgut gebietet[67]. Nur im letzten Fall soll der Unterlassende Täter sein, sonst und ganz grundsätzlich hafte der Geschäftsherr nur wegen Beihilfe.

Andererseits spiele diese Unterscheidung zwischen bloßer Aufsichtspflicht und unmittelbarer Erfolgsabwendungspflicht keine Rolle, sondern es komme von vorneherein immer nur Täterschaft in Betracht, wenn der Vordermann nur fahrlässig, der Hintermann aber vorsätzlich gehandelt habe[68]. Denn bei einem nicht vollverantwortlich (nur fahrlässig) handelnden Vordermann könne der Hintermann mangels vorsätzlicher Hauptat niemals Gehilfe, sondern nur Täter sein.

Sehr umständlich und unübersichtlich sind seine Ausführungen zur Haftung des unterlassenden Hintermannes aus dem Fahrlässigkeitsdelikt. Im Ergebnis stimmt er aber mit der (wohl) herrschenden Meinung überein: Der fahrlässig Unterlassende hafte immer wegen fahrlässiger Täterschaft ohne Rücksicht, in welcher „Schuldform" der zu Beaufsichtigende handele oder welche

64 *Thiemann*, Aufsichtspflichtverletzung, S. 19.

65 *Thiemann*, Aufsichtspflichtverletzung, S. 20.

66 *Thiemann*, Aufsichtspflichtverletzung, S. 21. Dies hätte sich allerdings schon aus *Thiemanns* Begründung der Überwachungsgarantenstellung ergeben (s.o.: die Ausdehnung der Haftung auf Dritte über den Zusammenhang mit den Betriebszwecken) und hätte daher hier nicht unter dem Aspekt des Inhalts der Pflicht nochmals neu entwickelt werden müssen.

67 *Thiemann*, Aufsichtspflichtverletzung, S. 25 f., 51.

68 *Thiemann*, Aufsichtspflichtverletzung, S. 32, 51.

besonderen Pflichten den Aufsichtspflichtigen sonst noch treffen[69]. Das ergebe sich aus dem Wesen der Fahrlässigkeitsdelikte, die nur irgendeine pflichtwidrige, vorhersehbare Erfolgsverursachung erforderten[70].

5. Im Ergebnis gelangt *Thiemann* zu dem Schluß, daß trotz der sehr weiten generellen Unterlassungshaftung „mehr oder weniger große Ahndungslücken" bestehen, z.B. bei Sonderdelikten, bei eigenhändigen Delikten oder Delikten mit besonderen subjektiven tatbestandlichen Voraussetzungen oder durch Beweisschwierigkeiten[71]. Diese Ahndungslücken solle § 130 OWiG schließen.

III. Gängige Stimmen in der Literatur für eine generelle Haftung des Geschäftsherrn

In der allgemeinen (nicht zu diesem Thema spezifisch monographischen) Literatur finden sich in Anlehnung an die Rechtsprechung zahlreiche Stimmen, die für eine generelle strafrechtliche Haftung und eine Aufsichtspflicht der Geschäftsherren plädieren[72]. Bevor auf eingehendere und subtilere Untersuchungen eingegangen wird, sollen hier erst einmal die fundamentalen dogmatischen Grundpositionen, die Gegenpositionen und die jeweiligen Schwächen aufgezeigt werden.

1. Allgemeiner Problemaufriß und Hinführung zu einer materiellen Betrachtungsweise bei Göhler

Aus Anlaß der Reformbestrebungen des Wirtschaftsstrafrechts und der Harmonisierung zur Unterlassungsproblematik im Zusammenhang mit dem damals neu geschaffenen § 13 StGB skizzierte 1977 *Göhler* (nach Vorarbeiten von *Tiedemann*, *Noll* und *Lampe* durch ihre Beiträge auf dem 49. Deutschen Juristentag und in der Sachverständigenkommission zur Bekämpfung der Wirtschaftskriminalität[73]) die Problematik der Verantwortlichkeit des

---

69 *Thiemann*, Aufsichtspflichtverletzung, S. 31 ff.

70 *Thiemann*, Aufsichtspflichtverletzung, S. 33, 37, 53.

71 *Thiemann*, Aufsichtspflichtverletzung, S. 34 ff. 51 ff., 58 ff.

72 Vgl. zu dieser Einschätzung *Lackner*, § 13 Rn 14.

73 Siehe *Tiedemann*, Gutachten C zum 49. DJT, insbes. S. 56 f.; *dens.*, Tagungsberichte der Sachverständigenkommission, Bd. 10, insbes. S. 109 f., 226; *Noll*, Verhandlungen des 49. DJT, Bd. II, M, S. 28 f.; *Lampe*, Tagungsberichte der Sachverständigenkommission, Bd. 9, Anlage 6, S. 48 ff. Vgl. dazu auch die Berichte und Bemerkungen von *Göhler*, Dreher FS, S. 612-618 und später *Hsü*, Betriebsinhaber, S. 107 ff.; *Bottke*, wistra 91, 87.

Betriebsinhabers grundsätzlich[74], nachdem diese bisher im Schrifttum eher stiefmütterlich behandelt worden war[75]. Von zentraler Bedeutung und Ausgangspunkt seiner Überlegungen war dabei für ihn die anstehende Neuregelung des Tatbestandes der irreführenden Werbung nach § 4 UWG. § 4 II UWG (heute so noch gültig) war Bedenken gegenüber dem Schuldgrundsatz ausgesetzt, weil er die Beteiligung und Handlungsfähigkeit des Betriebsinhabers einfach gesetzlich fingiere[76]. Weiter kollidiere die Vorschrift mit der Aufsichtspflichtverletzung aus § 130 OWiG, und es stellte sich daher die systematische Frage der weiteren Regelung der strafrechtlichen Geschäftsherrenhaftung und der Unterlassenstrafbarkeit nach § 13 StGB.

Das begrüßenswerte Fazit dieser Diskussion ist zum einen, daß es für eine strafrechtliche Haftung im Unterlassensbereich zwingende Voraussetzung ist, daß der Täter überhaupt die Möglichkeit hatte, sich rechtsgemäß zu verhalten (Schuldgrundsatz), und § 4 II UWG deshalb de lege lata insofern teleologisch reduziert werden müsse. Zum anderen ist aus der systematischen Diskussion einwandfrei ersichtlich, daß die vereinzelten gesetzlichen Vorschriften keineswegs die strafrechtliche Geschäftsherrenhaftung abschließend regeln sollten, sondern die bestehenden Regelungen ganz im Gegenteil zumindest durch weitere Einzelregelungen ergänzt und erweitert, wenn nicht sogar durch eine allgemeine Garantenstellung des Betriebsinhabers i.S. § 13 StGB zusätzlich unterlegt werden (können). Den einzelnen Regelungen sollte keine Ausnahmefunktion zukommen[77]. *Göhler* selbst spricht sich gegen weitere Detailregelungen aus, um eine exklusive Interpretation dieser Regeln zur Geschäftsherrenhaftung zu vermeiden.

Die Lösung des allgemeinen Problems der Geschäftsherrenhaftung liegt nach *Göhler* in der Bestimmung der *Verantwortung* des Betriebsinhabers im Rahmen der Unterlassungsdelikte nach § 13 StGB[78]. Anders als *Thiemann* findet er sich aber nicht mit der eingängigen, aber vordergründigen herrschenden

---

74 *Göhler*, Dreher FS, S. 611 ff.

75 So die Einschätzung von *Göhler* selbst, aaO, S. 611 („stiefmütterlich"), S. 620 („grob skizziert"). *Thiemanns* Dissertation zur Aufsichtspflicht entstand nur unwesentlich früher und nahezu parallel zu *Göhlers* Aufsatz, so daß *Göhler* nicht auf sie einging. Allgemein wurde dann auch *Göhler* als der erste Autor eines speziellen Beitrags zum Thema der Geschäftsherrenhaftung beachtet; vgl. *Hsü*, Betriebsinhaber, S. 115.

76 Siehe BT-Drucks. 7/550, S. 390 und *Göhler* selbst, aaO, S. 612 ff. m.w.N.

77 Siehe *Göhler*, aaO, S. 616 f.

78 *Göhler*, aaO, S. 618 ff.

Unterlassungsdogmatik ab. Das Garantenproblem der unechten Unterlassungsdelikte sei nicht durch kasuistischen Fallgruppen bzw. formelle Rechtspflichten der Rechtsprechung in den Griff zu bekommen, sondern anhand übergeordneten Einordnungskriterien. Die Garantenstellung bezeichne die „Verantwortung für einen Handlungsablauf". Verantwortung könne aber nur dort einsetzen, wo eine besonderen Beziehung zu einer Person oder einer Sache oder zur Umwelt gegeben ist und wo kraft dieser besonderen Beziehung eine *nicht jedermann* zustehende Handlungsmöglichkeit (in tatsächlicher und rechtlicher Hinsicht) gegeben ist, auf die Person, Sache oder Umwelt einzuwirken, und zwar entweder schützend für sie, soweit ihnen selbst Gefahren drohen, oder schützend für andere, soweit für diese durch jene Person oder Sache oder die Personen- oder Sachgesamtheit Gefahren entstehen können[79]. Bei ungeregelten Sachverhalten muß sich die Verantwortung aus der Rollenverteilung im menschlichen Zusammensein ableiten. Voraussetzung für Verantwortung sei die Freiheit des Handelns, sie ende am Freiheitsraum anderer Personen.

Für den Betriebsinhaber folge daraus eine Garantenstellung, daß er für vom Betrieb ausgehenden Gefahren für andere verantwortlich sei. Denn die *Verantwortung des Ressortchefs und „nicht viel anders" des Betriebsinhabers sei „selbstverständlich"*[80]*, weil er kraft seiner besonderen Beziehung zu den Personen, Sachen und zur Umwelt die Handlungsmöglichkeiten hat, die für andere aus der Ansammlung von Personal- und Sachmittel ausgehenden Gefahren abzuwenden.* Alle Handlungsmöglichkeiten liegen bei ihm. Die Freiheit seiner Handlungsmöglichkeiten sei nicht beschnitten. Letztlich folgt also die besondere Verpflichtung des Geschäftsherrn nach *Göhler* aus der sozialen Anerkennung einer Verantwortung in Verbindung mit der (rechtlichen) zweckrationalen Begründung, daß der Geschäftsherr auch am besten in der Lage sei, die Gefahren seines Betriebes zu beherrschen und zu beseitigen. Zum Beweis führt *Göhler* noch zusätzlich die Vorschrift des § 130 OWiG an, in der die „Verantwortlichkeit des Betriebsinhabers sogar gesetzlich in einer Weise festgelegt ist, wie dies bei den sonst in Betracht kommenden „Garanten" i.S. des § 13 StGB nirgendwo der Fall ist"[81]. Der Betriebsinhaber sei aufgrund

---

79 Hervorhebungen und Klammern bei *Göhler*, aaO, S. 619.

80 *Göhler*, aaO, S. 620 f. mit dem Beispiel eines Ministers, der „seinen Hut nehmen müßte oder sollte, wenn in seinem Ressort eine Panne eingetreten ist ...".

81 *Göhler*, aaO, S. 621.

seiner Stellung und § 130 OWiG aber nur für *betriebsbezogene* Zuwiderhandlungen seiner Angestellten verantwortlich[82].

Göhler hat mit dieser materiellen Betrachtungsweise den Grundstein für die weitere wissenschaftliche Diskussion der generellen Geschäftsherrenhaftung im Rahmen der Garantenproblematik gelegt und die neuralgischen Punkte angesprochen. Fortan setzte man sich mit der grundlegenden materiellen Verantwortung für Betriebsgefahren, ihrer Begründbarkeit aus der umfassenden Handlungsmacht des Betriebsinhabers und dem Kriterium der Betriebsbezogenheit der Haftung eingehender auseinander. Auch das Verhältnis einer solchen allgemeinen strafrechtlichen Haftung zu § 130 OWiG ist immer wieder problematisiert worden.

2. *Rechtssoziologische Lösungsansätze über das Vertrauen der Gesellschaft*

a) *Lackner* fordert ebenfalls eine *„die Verantwortung begründende besondere Beziehung“* als Voraussetzung für eine Verhinderungspflicht für betriebsbezogene Straftaten, die meistens in einer *Vertrauenslage* bestehe, in der sich der von der Straftat Bedrohte auf das verhindernde Tätigwerden eines anderen verlassen durfte[83], und bejaht im Ergebnis auch eine generelle Geschäftsherrenhaftung[84]. Bemerkenswert ist, daß sich bei *Lackner* im Vergleich zu *Göhler* das eine Subjekt der „besonderen Beziehung“ geändert hat. Während *Göhler* täterorientiert auf das Verhältnis zwischen dem Betriebsinhaber und den betriebsbedingten gefährlichen Personen (oder Sachen) abstellte, kommt es *Lackner* auf die Vertrauenslage zwischen dem Betriebsinhaber als Täter und dem außenstehenden Opfer an.

b) Auch *Brammsen* gründet seine Garantenlehre - im Anschluß an seine Arbeit mit *Otto* [85]- auf die (soziale) Beziehung zwischen Täter und Opfer, die in einer „wechselseitigen Erwartungserwartung“ bestehen müsse, welche wiederum die „Überantwortung“ eines besonderen sozialen Einflußbereiches voraussetze[86].

---

82 *Göhler*, aaO, S. 620 und 621.

83 *Lackner*, § 13 Rn 15.

84 *Lackner*, § 13 Rn 14.

85 *Otto/Brammsen*, Jura 85, 530 ff., 592 ff., 646 ff., insbes. 536 f.

86 *Brammsen*, Entstehungsvoraussetzungen, S. 114 ff. Nach *Brammsen* knüpft die Gesellschaft an bestimmte soziale Positionen verfestigte Erwartungen derart, daß sie deren Befolgung als selbstverständlich annimmt und ihr alltägliches Leben danach ausrichtet. Der Inhaber einer besonderen sozialen Position sieht sich daher als Erwartungsadressat bestimmten Verhaltenserwartungen ausgesetzt, die er aber selbst

Einer Haftung für fremdes deliktisches Verhalten stehe nun aber die allgemein und rechtlich anerkannte Wertvorstellung von der Eigenverantwortlichkeit und der Selbstbestimmung des einzelnen entgegen. Nur wem aufgrund einer tatsächlichen und auch rechtliche anerkannten Aufsichts- oder Autoritätsposition eine „Willensherrschaft" über andere Personen zukomme, treffe ein solche Erwartung, Delikte der ihm Unterworfenen zu verhindern, und komme eine „*Aufsichtsgarantenstellung*" zu[87]. Innerhalb staatlicher Organisationen bestehe eine solche Garantenstellung problemlos, da sie hierarchisch aufgebaut sind und die rechtliche Befehls- und Herrschaftsgewalt in ihren bestimmten sozialen Positionen den reibungslosen Funktionsablauf des Systems, das immer auch dem Schutz der Allgemeinheit dient, gewährleisten soll, wozu auch die Verhinderung von schädlichen Auswirkungen durch einzelne (untergebene) Mitglieder dieses Systems gehöre[88]. Problematisch sei eine solche Aufsichtsgarantenstellung dagegen im privaten Bereich. In privatrechtlichen Arbeitsverhältnissen gebe es lediglich eine Weisungsbefugnis des Arbeitgebers, nicht aber eine wirkliche Befehls- oder Herrschaftsgewalt als rechtlich eingeräumtes Zwangsmittel zur Willensbeeinflussung. Vielmehr seien *Arbeitgeber und Arbeitnehmer heute sozial und rechtlich gleichgestellt*[89]. Eine *Aufsichtsgarantenstellung des Arbeitgebers hinsichtlich der eigenverantwortlichen Straftaten seiner Arbeitnehmer sei deshalb abzulehnen.*

Damit ist aber *Brammsens* letztes Wort zur Geschäftsherrenhaftung in weiterem Sinne noch nicht gesprochen. Zwar seien auch die *dienstvorgesetzten Arbeitnehmer* nicht aufgrund ihrer Befehlsbefugnisse verpflichtet, Straftaten ihrer Untergebenen zu verhindern. Allerdings werde von ihnen aber aufgrund ihrer betriebsbezogenen Aufsichts- oder Autoritätspositionen erwartet, daß sie solche Gefahren beherrschen, die der Betrieb und die in diesem Rahmen durchgeführten Arbeiten mit sich bringe[90]. Anscheinend unterscheidet *Brammsen* hier zwischen den (sächlichen?) Betriebsgefahren als solchen und dem fremden eigenverantwortlichen Verhalten, für das selbst nicht gehaftet werden soll. Aber im staatlichen Bereich traf er diese Unterscheidung nicht, und es ist nicht ersichtlich bzw. nicht von *Brammsen* begründet worden, warum dort

---

kennt und von den anderen erwartet. Die Nichtbefolgung einer solchen gegenseitigen Erwartung, die vor wesentlichen Rechtsgutsbeeinträchtigungen schützen soll, soll das Wesen der unechten Unterlassungsdelikte ausmachen.

87 *Brammsen*, Entstehungsvoraussetzungen, S. 224 ff.

88 *Brammsen*, Entstehungsvoraussetzungen, S. 228 f.; *Otto/Brammsen*, Jura 85, 599.

89 *Brammsen*, Entstehungsvoraussetzungen, S. 232 f.; *Otto/Brammsen*, Jura 95, 599 f.

90 *Brammsen*, Entstehungsvoraussetzungen, S. 233. So auch *Otto*, Jura 98, 411.

die „allgemeine Lebensführung" ohne Einschränkung auf die betriebsbezogene Tätigkeit von der Befehlsgewalt umfaßt sein soll[91]. Unlogisch ist auch die Bevorzugung des Arbeitgebers, der offenbar nie für das Verhalten der Arbeitnehmer haften soll, gegenüber (seinen ihm untergeordneten!) Arbeitnehmern in Vorgesetztenposition.

Allerdings kommt *Brammsen* später unter dem Gesichtspunkt der Garantenstellung für den *räumlich gegenständlichen Herrschaftsbereich* auf den Geschäftsherrn noch einmal zurück[92]. Auf dem Betriebsgelände träfen ihn natürlich Sicherungspflichten. Wenn auch keine „eigenständige Aufsichtspflicht" (da keine personale Herrschaft), so habe der Betriebsinhaber doch *aus den Sicherungspflichten abgeleitete Aufsichtspflichten*, wenn er sich zur Erfüllung seiner eingegangenen Verpflichtungen anderer Personen bediene. Er sei daher lediglich zu einer sorgfältigen Auswahl des Personals bezüglich der Eignung, des Einsatzbereiches und der dazu notwendigen Fähigkeiten sowie zur „Oberaufsicht" verpflichtet.

Noch weitergehend will *Brammsen* aber eine generelle Pflicht des Betriebsinhabers zur Verhinderung betriebsbezogener Straftaten in seinem Betrieb bzw. auf seinem Firmengelände erkennen. Diese folge wie beim Wohnungsinhaber aus seiner *sozialen Position im räumlich-gegenständlichen Herrschaftsbereich des Betriebs* und den damit verbundenen Erwartungen der Allgemeinheit nach Schutz vor den betrieblichen Gefahren[93]. Diese Erwartungen bestünden allerdings erst bei Gefahren solchen Ausmaßes, daß die Allgemeinheit nicht mehr zu eigener wirksamer Abwehr in der Lage wäre. Die so geartete Geschäftsherrenhaftung sei daher *auf die Fälle der Verletzung elementarer Rechtsgüter* (wie z.B. auch der Freiheit der Willensbetätigung und -entschließung!) *zu beschränken.*

3. Rechtlich formale und rechtssystematische Lösungsansätze

a) Ganz im Sinne *Göhlers* stellt die wohl herrschende Meinung auf das *arbeitsrechtliche Autoritätsverhältnis* zwischen Betriebsinhaber und

91 Eine andere Frage ist die finale Untragbarkeit verfassungsfeindlicher Beamter und das disziplinarische Vorgehen gegen sie.

92 *Brammsen*, Entstehungsvoraussetzungen, S. 272 ff. Vgl. auch *Brammsen*, GA 1993, 110 ff., 119, wo er auch noch über den physisch-realen Herrschaftsbereich hinaus Produktrückrufpflichten aus der betrieblichen Sicherungs- und Überwachungsgarantenposition befürwortet.

93 *Brammsen*, Entstehungsvoraussetzungen, S. 275 ff., 277. Vgl. auch *Otto*, Jura 98, 413.

Betriebsangehörigen ab. Aufgrund dieser tatsächlichen und rechtlichen Autoritätsstellung obliege dem Betriebsinhaber eine Aufsichtspflicht, und er werde verantwortlich für das Verhalten seiner Untergebenen[94]. Ausgangspunkt dieser Überlegungen ist regelmäßig die Überwachungsgarantenstellung der Funktionenlehre und das Vorbild der Beziehung zwischen Aufsichtspersonen (wie Eltern, Lehrer und Betreuer) und Unmündigen, in denen unstreitig eine rechtliche Verantwortung für eine andere Person und deren Verhalten besteht. Zudem werden Vergleiche zu den gesetzlich geregelten Aufsichtspflichten von Amtsvorgesetzten nach § 357 StGB und militärischen Vorgesetzten nach § 41 WStG angestellt. Daraus wird dann der Schluß gezogen, daß die Autoritätsstellung über einen anderen immer zweckrational im Interesse des allgemeinen Rechtsgüterschutzes mit der Verantwortung für diesen einhergehe, weil die Aufsichtsperson mit seiner Weisungsbefugnis den anderen *beherrsche* und (vergleichbar mit der Sachherrschaft![95]) von ihm ausgehende Gefahren rechtzeitig erkennen und beseitigen könne[96]. Denn die rechtlich eingeräumte Autorität sei nicht einfach Selbstzweck, sondern zur Erfüllung bestimmter Aufgaben ermessensgebunden[97]. Für den Geschäftsherrn wird deshalb die Haftung auf *betriebsbezogene* Straftaten der Untergebenen beschränkt, weil ihm nur insoweit die rechtliche Weisungsbefugnis zustehe[98]. Außerdem wird z.T. wiederum auf § 130 OWiG als allgemeinem, gesetzlich verankertem Prinzip der Sonderverantwortung des Geschäftsherrn und auf die Parallelen zur Deliktshaftung im Zivilrecht aufgrund der Aufsichtspflichten gemäß § 832 BGB und vor allem § 831 BGB hingewiesen[99].

(Vereinzelt findet sich auch noch ein *Wortlautargument aus § 14 StGB*: Nach dieser Vorschrift hafte der handelnde Vertreter oder Beauftragte [nur] „*auch*“, also neben dem Betriebsinhaber, dessen Garantenstellung deshalb vorausgesetzt

---

94 Sch/Sch-*Stree*, § 13 Rn 51 f.; *Landscheidt*, Räumlichkeiten, S. 110 ff., 117; *Herzberg*, Arbeitsschutz, S. 231 ff.; *Schmidt*, Arbeitsunfälle, S. 54 ff., 65, 89, 100 ff; *Tiedemann*, NJW 86, 1845, 1846, *Tiedemann/Vogel*, JuS 88, 299; NK-*Seelmann*, § 13 Rn 127 (allerdings unter dem übergeordneten Aspekt der *Übernahme*).

95 Sch/Sch-*Stree*, § 13 Rn 51; *Herzberg*, Arbeitsschutz, S. 231.

96 *Landscheidt*, Räumlichkeiten, S. 111 ff.; *Deutscher/Körner*, wistra 96, 300.

97 Vgl. zu dieser Interpretation *Neudecker*, Mitglieder von Kollegialorganen, S. 84, die freilich selbst letztendlich eine solche Garantenstellung des Geschäftsherrn ablehnt.

98 Sch/Sch-*Stree*, § 13 Rn 52; *Landscheidt*, Räumlichkeiten, S.115.

99 *Landscheidt*, Räumlichkeiten, S. 113 f., 116.

sei[100]. Jedoch stimmt dieses Argument nur für den unproblematischen Bereich der Sonderdelikte, die den Betriebsinhaber unmittelbar als besonderen Normadressaten nennen. Daß § 14 StGB weiter „auch" jeden Garanten nach § 13 StGB bzw. den Betriebsinhaber als Garanten beim unechten Unterlassungsallgemeindelikt als „Sonderdelikt" meint, ist damit aber keinesfalls gesagt[101]. Für die Allgemeindelikte und die Garantenstellung bei deren unechten Unterlassungsvariante besagt § 14 StGB vielmehr nichts, da hier § 14 StGB gar nicht anwendbar ist, weil hier von vornherein jedermann Garant sein kann und sich die Begründung und auch der Übergang von Garantenpflichten auf Beauftragte nach der Garantendogmatik richtet[102].)

b) Weitergehend argumentiert *Rogall*[103]. Ausgehend von dem überwiegenden Konsens (der h.M.), daß immer ein Autoritäts- oder Herrschaftsverhältnis Voraussetzung für die Verantwortung für das Verhalten anderer Personen ist, erkennt er die „Notwendigkeit einer *normativen Zuordnung von personaler Herrschaft und Eigenverantwortlichkeit*"[104]. Seiner Ansicht nach läßt sich durchaus von einem relevanten Autoritätsverhältnis reden, weil der Arbeitgeber ein rechtliches Direktionsrecht habe und die soziale Wirklichkeit zeige, daß Weisungen auch von den Arbeitnehmern befolgt werden. Die normative Begründung für eine allgemeine Geschäftsherrenhaftung findet er dann in einer *objektiven Interessenabwägung oder praktischen Konkordanz* zwischen diesem Herrschaftsprinzip, wie es in der „Organisationsherrschaft" in der Täterlehre ihren Ausdruck finde, und dem gegenläufigen Prinzip der individuellen Eigenverantwortung, wobei er die ähnlich gelagerten Fälle zivilrechtlicher Verkehrssicherungspflichten mit ihrer „indiziellen Bedeutung" zum Vorbild nimmt: Aus den erweiterten Betätigungsmöglichkeiten des Betriebsinhabers

---

100 *Tiedemann*, NJW 86, 1845. Vgl. weiter dazu auch die Darstellung (m.w.N.) und die ablehnenden Ausführungen *Schlüchters*, FS Salger, S. 142 ff.

101 Vgl. LK-*Schünemann*, § 14 Rn 12 ff., 14, der in seiner zunehmend anerkannten „Garantentheorie" für § 14 von einem „Zusammenspiel der §§ 13 und 14" spricht, indem § 14 die Fälle der Pflichtenübernahme im Bereich der (statischen) Sonderdelikte speziell regelt. Für die Geschäftsherrenhaftung deute die Konjunktion „auch" an, daß nach der gebotenen funktionellen Betrachtungsweise der Geschäftsherr durch die Übernahme nicht frei werde.

102 Vgl. Sch/Sch-*Lenckner*, § 14 Rn 6 f. und auch Sch/Sch-*Stree*, § 13 Rn 31; LK-*Schünemann*, § 14 Rn 25 f.; NK-*Marxen*, § 14 Rn 29.

103 *Rogall*, ZStW 98 (1986), 613 ff.

104 *Rogall*, ZStW 98 (1986), 616.

durch Mitarbeiter in seinem Organisationskreis ergeben sich Pflichten zur Abwendung schädlicher Auswirkungen von Handlungen in diesem Bereich[105].

Diese weite allgemeine Geschäftsherrenhaftung schränkt *Rogall* allerdings im nächsten Schritt bei der „Reichweite der Garantenstellung“ wieder stark ein. Keinesfalls könne den Betriebsinhaber immer eine Erfolgsabwendungspflicht treffen, wenn ein Mitarbeiter im Betrieb Straftaten begehe[106]. So könne dem Geschäftsherrn *nicht zugemutet* werden, über seine Mitarbeiter wie über Pflegebefohlene zu wachen. Weiter müsse die Haftung auf *betriebsbezogene Straftaten* beschränkt werden, allerdings nicht nur in dem weiten, im allgemeinen verstandenen Sinne, daß die Tat bei einer betrieblichen Tätigkeit ausgeführt werden muß, sondern die Betriebsbezogenheit müsse noch enger im Sinne der in § 130 OWiG gemeinten Sonderpflichten des Betriebsinhabers verstanden werden. Danach kommen nicht alle Normverstöße im Betrieb wie z.B. die Allgemeindelikte in Betracht, sondern *nur Sonderdelikte, die sich speziell an den Unternehmer richten und von ihm bei betrieblichen Abläufen zu beachten sind*[107]. Denn nur insoweit sei das Eigenverantwortungsprinzip (und das damit verbundene Regreßverbot) eingeschränkt, da sich dann der Untergebene typischerweise in einem fremden Interessen- und Pflichtenkreis betätigen werde[108]. Aus dem Junktim der Pflicht aus der Herrschaft schließt er ferner, daß nur solche Maßnahmen geboten seien, die ihrem Inhalt nach dem Ausmaß und dem Umfang der Herrschaft entsprechen.

c) *Seelmann* bezieht eine differenziertere Sonderposition, indem er nicht einfach eine dienstliche Überordnung genügen läßt, sondern darüber hinaus noch eine *„für den jeweiligen Betrieb[109] typische Gefahr“ des jeweiligen Betriebes für Straftaten der Betriebsangehörigen* oder - wohl nur im Fahrlässigkeitsbereich des handelnden Angestellten - eine „überlegene Wissens- oder Organisationsherrschaft“ des Geschäftsherrn über die Situation aufgrund seines überlegenen Informationsfundus’ fordert[110]. Bei ihm schränkt

---

105 *Rogall*, ZStW 98 (1986), 617 f.

106 *Rogall*, ZStW 98 (1986), 618.

107 *Rogall*, ZStW 98 (1986), 604 f.

108 *Rogall*, ZStW 98 (1986), 618 f.

109 „Nicht die für jeden Geschäftsbetrieb typische Gefahr des Vorrangs ökonomischer Interessen“!

110 NK-*Seelmann*, § 13 Rn 127, 131. Grundsätzlich steht *Seelmann* dem (reinen) Herrschaftsprinzip der h.M. ablehnend gegenüber, vgl. NK, § 13 Rn 46, 131 a.E., und vertritt einen autonomen Lösungsansatz, vgl. NK, § 13 Rn 48 ff.

die Betriebsgefahr also nicht den (zu weiten) Haftungsbereich des Geschäftsherrn ein, sondern ist eine weitere notwendige materielle Begründungsvoraussetzung. Außerdem will er dem Geschäftsherrn - vermutlich in allzu enger Anlehnung an § 831 BGB - grundsätzlich eine „Exkulpationsmöglichkeit (genauer: den Fortfall der Sorgfaltswidrigkeit bei Fahrlässigkeitsdelikten)" für den Fall ordnungsgemäßer Auswahl des Personals zugestehen. Insofern scheint es für *Seelmann* keine weitere Aufsichtspflicht zu geben. Andererseits sieht er aber die praktischen Probleme, den schuldigen Untergebenen festzustellen, und deshalb – angeregt von *Schünemann*[111] - „erscheint es [ihm] grundsätzlich sinnvoll, davon auszugehen, daß in Fällen, in denen der Untergebene im Interesse des Unternehmens eine Straftat begeht, der Geschäftsherr durch eine geeignete Leitung, Kontrolle und Koordination zu einem normkonformen Verhalten hätte anhalten können"[112].

Ganz ähnlich begründete zuvor *Welp* eine Unterlassungshaftung aus gefährlicher „Betriebseröffnung" aufgrund seines Ingerenzansatzes[113]. Obwohl *Welp* nicht direkt zu unserem Problem der Geschäftsherrenhaftung Stellung nimmt und im Ergebnis eine Haftung für das fremde strafbare Handeln überwiegend ablehnt, sei ihm trotzdem hier schon Platz eingeräumt, weil seine allgemeineren Überlegungen zum Konzept *Seelmanns* passen, indem auch *Welp* eine Haftung für fremdes Handeln aus der „Betriebseröffnung" zusammen mit einer Herrschaft begründete, wenn auch seine weiteren Ausführungen bereits das Dilemma des Herrschaftsprinzips aufzeigen und somit die Kritik schon ein Stück weit vorwegnehmen. „Betrieb" bedeutete für ihn nicht spezifisch einen Betrieb im wirtschaftlichen Unternehmen, sondern allgemeiner jedes Betreiben oder Veranstalten fremder Aktivitäten, wobei die Haftung für das fremde deliktische Tun (noch) nicht erfaßt werden soll. *Welp* unterscheidet dabei zwischen der Zurechnung der drohenden Folgen fremder Risikohandlungen wie dem Auftrag und der gefährlichen Veranstaltung koordinierungsbedürftigen arbeitsteiligen Zusammenwirkens.

Beim Auftrag stellt er fest, daß hier die bloße „geistige Urheberschaft" des Auftraggebers noch keine Pflichten begründen könne. Hinzukommen müsse vielmehr ein „vages" konstitutives Herrschaftsmoment, das darin bestünde, daß

---

111 *Schünemann*, wistra 82, 45.

112 NK-*Seelmann*, § 13 Rn 132. So auch *Schmidt-Salzer*, Produkthaftung, S. 53 (1.061), 119 (1.158).

113 *Welp*, Vorangegangenes Tun, S. 235 ff.

der Beauftragte „im Vollzug seiner Tätigkeit de jure und de facto von den Weisungen des Herrn abhängig ist und in dessen Sphäre tätig wird“[114]. Eine solche persönliche Abhängigkeit findet er dann freilich relativ einfach darin, daß man dem Beauftragten kündigen und damit von der Einwirkungsmöglichkeit auf die Gefahrenquellen ausschließen könne, die dann allein im räumlich-gegenständlichen Herrschaftsbereich des Geschäftsherrn liege. Deshalb müsse er dann die Folgen der von ihm veranlaßten Risikohandlungen abwenden. Im übrigen lehnt *Welp* allerdings eine gegenständliche Zustandshaftung – zumindest aus Ingerenz – ab[115].

Bei einem „dezentralisierten Betrieb“ infolge Arbeitsteilung sei dagegen dieses Herrschaftsmoment nicht notwendig, da die Eigenverantwortlichkeit der Handelnden durch ihr Vertrauen auf den Betriebsveranstalter eingeschränkt sei[116]. Hier sei die „Betriebseröffnung“ selbst eigentlich gar keine Risikohandlung, sondern eine Gefahr entstehe lediglich, wenn die notwendige Koordinierungsmaßnahmen unterbleiben. Die einzelnen Beteiligten dürften ihrerseits rechtlich überhaupt nur handeln, weil sie auf die gefahrentschärfenden Koordinierungsmaßnahmen des Betriebseröffnenden vertrauen dürfen. Das Vertrauen sei hier „konkreter Motivationsfaktor“ für die einzelne gefährliche Handlung, die deshalb hier nicht wie sonst vom Handelnden in Eigenverantwortung weiter hinterfragt und, falls erforderlich, gesichert oder ganz unterlassen werde[117]. Anders ausgedrückt: Das Vertrauen beseitige die aktuelle Deliktsvermeidemöglichkeit des fremden eigenverantwortlichen Handelns und damit auch das Zurechnungsverbot fremden Handelns. Die Handelnden seien vom Koordinator abhängig, und die Opfersituation sei durch diese Abhängigkeit geprägt. Auf der anderen Seite ergebe sich aus der Täterperspektive, daß diese Betriebseröffnung von den einzelnen Mitwirkenden als „intentionales, auf Übernahme der Pflicht gerichteter Akt mit einem bestimmten objektiven Erklärungswert“ verstanden wird. *Welp* entwickelt aus dieser Dialektik von Opfer- und Tätersituation eine Garantenstellung des

---

114 *Welp*, Vorangegangenes Tun, S. 237 f.

115 *Welp*, Vorangegangenes Tun, S. 235, 259 ff.

116 *Welp*, Vorangegangenes Tun, S. 239. 248.

117 *Welp*, Vorangegangenes Tun, S. 238 f. mit dem Beispiel des Betreibers eines Schießstands

Betreibers arbeitsteiliger Handlungen, weil dieser das fremde Vertauen in zurechenbarer Weise hervorgerufen habe[118].

Handle der andere dagegen selbst vorwerfbar deliktisch, greifen nach *Welp* – und damit im Gegensatz zu einer generellen Geschäftsherrenhaftung im Sinne der anderen Autoren und auch zu *Seelmann* – diese Grundsätze der Betriebseröffnung nicht, sondern es gelte ein sehr striktes Regreßverbot. Ein auch nur „vages" Herrschaftsprinzip taucht hier gar nicht mehr auf. Die Eigenverantwortlichkeit des handelnden Täters, von dem allein das Opfer und der Unrechtserfolg abhängig sei, verbiete an sich eine Strafbarkeit des (teilnehmenden) Hintermannes[119]. Dessen Teilnehmerbeitrag sei bloße psychische „Versuchung" des Täters. Ausnahmsweise nur dehne das Gesetz die Strafbarkeit auf die - nach allgemeinen Grundsätzen nicht strafwürdige - vorsätzliche Teilnahme aus, weil und obwohl der Teilnehmer nur auf Seiten des Täters an dessen Handlungsunrecht partizipiere[120]. Eine (unechte) Unterlassungshaftung als Teilnehmer komme deshalb nur dann in Betracht, wenn die konstituierende Vorhandlung bereits eine solches Täter-Teilnehmer-Verhältnis begründet habe; d.h. alle gesetzlichen Tatbestandsvoraussetzungen der strafbaren Teilnahme müssen schon bei der Vorhandlung vorliegen. Eine fahrlässige Teilnahme am Vorsatzdelikt gebe es dagegen nicht, deshalb gebe es auch keine Haftung für fahrlässiges Unterlassen, und eine nur fahrlässige Vorhandlung könne auch keine Garantenäquivalenz begründen[121]. Eine Ausnahme gelte allerdings dann, wenn die Vorhandlung eine Schutzfunktion des Opfers ausschalte. Denn dann werde nicht nur die Tat des anderen erleichtert und damit lediglich die Täterposition verbessert, sondern in diesen Fällen werde nun auch unmittelbar die Opferposition verschlechtert und das Gut - damit strafwürdig - gefährdet[122]. Beim fahrlässigen Vordermann komme es für die Haftung des Hintermanns auf den jeweiligen Verantwortungsbereich und die jeweilige Reichweite des Vertrauensgrundsatzes an[123].

---

118 *Welp*, Vorangegangenes Tun, S. 240.

119 *Welp*, Vorangegangenes Tun, S. 274.

120 *Welp*, Vorangegangenes Tun, S. 279, 284 f.

121 *Welp*, Vorangegangenes Tun, S. 283 ff., 299 ff.: im Ergebnis ein restriktiver Täterbegriff auch bei der Fahrlässigkeit; vgl. aaO, S. 277 Fn 10.

122 *Welp*, Vorangegangenes Tun, S. 294 ff.

123 *Welp*, Vorangegangenes Tun, S. 313 ff. hält sich hier aber ausdrücklich mit einer genaueren Bestimmung zurück.

4. *Normativ systemfunktionale Lösungsansätze*

Quasi zwischen der rechtssoziologischen Betrachtungweise der empirischen Vertrauens- bzw. Erwartungsverhältnisse und der eher formal rechtskonstruktiven Ansicht, die auf die rechtlichen Autoritätsverhältnisse als Verantwortungsbegründung abstellt, sind normative Überlegungen angesiedelt, die im Rechtsgüterschutzinteresse gesellschafts- und darum rechtssystemstabilisierend Verantwortung den Inhabern bestimmter Positionen oder Rollenträgern zuschreiben.

a) So sieht *Schmidt-Salzer* in enger Anlehnung an die Praxis und die Rechtsprechung die rechtlichen Probleme bei der Haftung im Betrieb weniger im juristisch-dogmatischen Bereich als in den spezifischen Anwendungsproblemen, die die Arbeitsteilung und die damit verbundene Verantwortungsverteilung mit sich bringt[124]. Er setzt sich deshalb eingehend mit den realen betrieblichen Verhältnissen auseinander, aus denen dann rechtliche Konsequenzen folgen müßten. Ganz ähnlich verfährt auch *Eidam*, der aber weitgehend nur zur Rechtsprechung referiert und auf diesem Fundament frühzeitig kurzerhand die „Pflicht des Prinzipals“, Straftaten seiner Arbeitnehmer im Rahmen ihrer betrieblichen Tätigkeit zu verhindern, zur Prämisse der Garantenverantwortung im Unternehmen macht[125]. Für die dogmatische Begründung, die wir suchen, ist das natürlich wenig ergiebig. An anderer Stelle leitet er dann - wieder ausgehend von Beispielen aus der Rechtsprechung - im Rahmen einer Organisationslehre aus der „Stellenaufgabe“ funktional die Kompetenz und im Gegenzug die Verantwortung des Stelleninhabers ab[126]. Aus dem Organisationsplan des Unternehmens ergebe sich die individuelle Verantwortung[127].

---

124 *Schmidt-Salzer*, Produkthaftung, S. 50 (1.057), 56 (1.067).

125 *Eidam*, Unternehmen und Strafe, S. 128 ff., 157, 159, 173.

126 *Eidam*, Unternehmen und Strafe, S. 152 ff., 154, 165 ff.

127 *Eidam*, Unternehmen und Strafe, 152, 162 ff. Weiter bietet er auch noch die „tatsächliche Leitungsfunktion“ und über die Weisungsbefugnis im Unternehmen die „Herrschaft über eine tatsächliche Gefahrenquelle“ als (weitere mögliche und selbständige?) Begündungen für eine Garantenstellung an; siehe *Eidam*, aaO, S. 165, 167. Letztlich kommt es *Eidam* mehr auf die Darstellung der komplizierten tatsächlichen Unternehmensstrukturen und die Herausarbeitung bzw. die Aufzählung praktikabler Lösungen als auf eine strafrechtliche Vertiefung an. So gerät ihm vieles zum bloßen Postulat; vgl. z.B. *Eidam*, aaO, S. 166: „Delegation schützt nicht vor Strafe!“. Seine Ergebnisse werden sich aber häufig als richtig erweisen.

Schmidt-Salzer bemüht sich dagegen etwas mehr um eine rechtliche Begründung seiner praxisnahen und kriminalpolitisch erwünschten Ergebnisse: Wenn mehrere an einem Arbeitsprozeß beteiligt seien und deshalb keiner allein verantwortlich sei, führe dies zwar nicht zu einer Kollektivverantwortung, die es im Strafrecht nicht gibt, wohl aber zu einer *individuellen Mitverantwortung jedes einzelnen aufgrund Mitverursachung*. Die tatsächliche Arbeitsteilung führe rechtlich also nicht zu einer Entlastung oder gar zu einer organisierten Unverantwortlichkeit, sondern im Gegenteil zur „Vervielfachung der strafrechtlichen Verantwortung". Zwar trügen viele aufgrund der tatsächlichen Arbeitsteilung nur eine bestimmte sektorale betriebliche Teilverantwortung[128], jedoch dürfe kein verantwortungsloser Raum zwischen diesen Teilverantwortlichkeiten entstehen, und durch die Figur des *Organisations- und Aufsichtsverschuldens der Geschäftsleitung*, das im Zweifel eingreifen müsse, stelle dies das Strafrecht sicher[129].

Strafrechtspolitische general- und individualpräventive Erwägungen zur Bekämpfung von Gefahren der Arbeitsteilung spielen dabei die wesentliche Rolle[130]. Eine besondere Gefahr, die es zu bannen gelte, sei dabei die gruppendynamische subjektive Verantwortungsverdrängung des einzelnen infolge der Arbeitsteilung und die „Verantwortungsanonymisierung" durch die Delegation von Aufgaben im Unternehmen[131]. Von zentraler Bedeutung ist daher für *Schmidt-Salzer* das Prinzip der *Generalverantwortung und Allzuständigkeit der Geschäftsleitung*[132]. Entsprechend den gesellschaftsrechtlichen und arbeitsrechtlichen Gegebenheiten und der Organisationssoziologie im Unternehmen sei eine „top down-Betrachtung" erforderlich, weil die Vorgänge im Unternehmen von der Geschäftsleitung ausgingen, was auch eine Mitverantwortung der Geschäftsleitungsmitglieder für das Handeln Dritter bedeute[133]. Die „allgemeinen Organisationspflichten", innerhalb des Unternehmens einen ordnungsgemäßen Geschäftsablauf grundsätzlich sicher zu stellen, seien auch nicht von der Geschäftsleitung

---

128 *Schmidt-Salzer*, Produkthaftung, S. 82 (1.104), 94 f. (1.119).

129 *Schmidt-Salzer*, Produkthaftung, S. 50 ff. (1.058 ff.), 82 f. (1.105), 119 (1.158); *ders.*, NJW 88, 1939, 1941; vgl. auch *Eidam*, Unternehmen und Strafe, S. 157 ff., 159.

130 *Schmidt-Salzer*, Produkthaftung, S. 56 f. (1.067), 95 ff. (1.121 ff., 1.124).

131 *Schmidt-Salzer*, Produkthaftung, S. 53 ff. (1.062 ff.), 97 (1.125), 109 f. (1.144 ff.); *ders.*, NJW 90, 2971.

132 *Schmidt-Salzer*, NJW 88, 1939 ff.; 90, 2967 f.; *Eidam*, Unternehmen und Strafe, S. 165 ff.

133 *Schmidt-Salzer*, Produkthaftung, S. 108 (1.143), 111 ff. (1.146 ff.).

delegierbar, sondern müßten bei ihr verbleiben[134]. Das Prinzip der Allzuständigkeit der Geschäftsleitung und die entsprechenden Pflichten gelten sogar bei der (zwischenbetrieblichen) Beauftragung nicht weisungsgebundener Dritter[135]. Zwischen pflichtwidrigem Tun und Unterlassen der Geschäftsleitung unterscheidet er nicht (mehr), sie haftet aufgrund ihrer Leitungsposition[136].

Die individuelle Verantwortung innerhalb der vertikalen Arbeitsteilung richte sich im einzelnen danach, *was möglich und zumutbar* sei, und sei deshalb durch die tatsächlich übernommene Rolle definiert[137]. Für die Geschäftsleitung bedeute dies konkret, daß sie zwar auf ein ordnungsgemäßes Verhalten der Mitarbeiter vertrauen dürfe, wenn sie „alles aus ihrer Sicht Erforderliche und Ausreichende getan habe" (die Qualifikation und Zuverlässigkeit der Mitarbeiter innerhalb einer ausreichenden Betriebsorganisation - d.h. durch die Erfüllung der allgemeinen Organisations-, Aufsichts- und Kontrollpflichten - sicherzustellen), daß sie aber *tätig werden müsse*, sobald aus ihrem Kenntnis- und Beobachtungshorizont „*erkennbar* wird, daß durch Fehler von Mitarbeitern das Unternehmen in eine Krisen- und Ausnahmesituation geraten ist"[138]. Aus der betrieblichen „Rolle" ergibt sich für *Schmidt-Salzer* auch die Betriebsbezogenheit der Sorgfaltspflichten, die wiederum von der „Rolle" des strafunfähigen Unternehmens (im Herstellungs- und Vertriebsprozeß) abgeleitet würden[139].

b) Weniger kriminalpolitisch, sondern streng dogmatisch betrachtet *Jakobs* die Geschäftsherrenhaftung von seinem systemstabilisiernden generalpräventiven Strafrechtsverständnis aus. Normativ spielt dabei die Eigenverantwortlichkeit eines jeden eine große Rolle. In unserer Gesellschaft, der das Recht systemfunktional folge[140], ist nach *Jakobs* jeder einzelne für die Organisation seines Lebenskreises prinzipiell selbst verantwortlich[141]. Daraus ergeben sich dann die entsprechenden Organisationspflichten, keine Gefahren für andere aus

134 *Schmidt-Salzer*, NJW 88, 1941; *Eidam*, Unternehmen und Strafe, S. 153.

135 *Schmidt-Salzer*, NJW 88, 1942.

136 *Schmidt-Salzer*, Produkthaftung, S. 113 f. (1.149).

137 *Schmidt-Salzer*, Produkthaftung, S. 94 f. (1.119), 99 f. (1.129 ff.).

138 *Schmidt-Salzer*, Produkthaftung, S. 107 f. (1.143); *ders.*, NJW 88, 1941; 90, 2968; *Eidam*, Unternehmen und Strafe, S. 168 ff.

139 *Schmidt-Salzer*, Produkthaftung, S. 65 ff. (1.080 ff.), 109 (1.145), 112 ff. (1.146, 1.149).

140 Siehe dazu die materielle Legitimation des Strafrechts bei *Jakobs*, AT, 2/1 ff.

141 *Jakobs*, AT, 29/32.

seinem Organisationskreis bzw. Zuständigkeitsbereich nach außen dringen zu lassen. Im Unterlassensbereich der Delikte begründeten sich so *Garantenpflichten kraft Organisationszuständigkeit* des Inhalts, Gefahrenquellen in seinem Organisationskreis zu sichern[142]. Um auch für das gefährliche oder gar deliktische Verhalten anderer Personen, also für einen anderen Organisationskreis, sicherungspflichtig zu sein, bedürfe es daher stets eines besonderen Grundes; die rein faktische kausale Verbindung zwischen zwei Organisationskreisen genüge für eine solche rechtliche Verantwortungsbegründung (normativ) keinesfalls[143]. *Jakobs* kennt als solche besonderen Gründe, die den fremden Organisationskreis in den eigenen Zuständigkeitsbereich einbeziehen, vier Konstellationen: (1.) eigenes kollusives Handeln mit dem anderen, (2.) eine Sicherungspflicht für gefährliche Sachen gegen fremde Benutzung oder für gefährliche Situationen, (3.) die Sicherungspflicht wegen Gewalt über andere Personen und schließlich (4.) die Rückwirkung des Verhaltens anderer für den eigenen Organisationskreis[144].

Entgegen der (wohl) herrschenden Meinung verneint *Jakobs* für den Geschäftsherrn eine Aufsichts- und Sicherungspflicht über seine Untergebenen aufgrund seiner „Gewalt“ über sie (vgl. 3.). Denn mittels „Gewalt“ sei eine solche Pflicht, für andere einzustehen, nur als Komplement einer ausschließlichen Organisationsgewalt über andere zu begründen, wenn man das Recht habe, das Verhalten der anderen inhaltlich zu gestalten[145]. Ein solches weitreichendes Gestaltungsrecht komme dem Betriebsinhaber jedoch nicht zu; vielmehr könne „jeder Mitarbeiter, so er die arbeitsrechtlichen Konsequenzen in Kauf nehme, die Tätigkeit für den Inhaber einstellen“[146]. Dagegen sei eine Haftung aufgrund Kollusion mit den Mitarbeitern und durch gefährliche Sachen des Betriebs möglich. Speziell für den Geschäftsherrn greife aber weiterhin[147]

---

142 *Jakobs*, AT, 29/29 ff. Die zweite *Jakobs*sche Kategorie von Garantenpflichten „kraft institutioneller Zuständigkeit“ interessiert in diesem Zusammenhang nicht.

143 *Jakobs*, AT, 29/32. Ganz anders also als eben oben noch *Schmidt-Salzer*!

144 *Jakobs*, AT, 29/32 ff.

145 *Jakobs*, AT, 29/35.

146 *Jakobs*, AT, 29/36.

147 Dies verkennt *Hsü*, Betriebsinhaber, S. 130, wo sie *Jakobs'* Meinung darstellt und behauptet, *Jakobs* nehme eine Haftung des Betriebsinhabers nur bei Kollusion und gefährlichen Sachen des Betriebs an. Die „Rückwirkung“ sei in diesen beiden Fällen vorhanden. Richtigerweise ist die „Rückwirkung auf den eigenen Organisationskreis“ laut *Jakobs* aber kein (bloßes) gemeinsames Phänomen der beiden Fallgruppen Kollusion und betriebliche Sachgefahren, sondern *eine weitere eigenständige Fallgruppe*, die insbesondere den Betriebsinhaber haften läßt; siehe *Jakobs*, AT, 29/32, 36.

die *Haftung aufgrund der Rückwirkung des Verhaltens der Mitarbeiter* ein. Denn alle Handlungen im Rahmen des Betriebs - auch *Jakobs* fordert also die Betriebsbezogenheit - seien stets auch dem Organisationskreis des Betriebsinhabers zuzuordnen, weil sie dessen Geschäfte betreiben. Deshalb *hafte der Betriebsinhaber zwar nicht für das Verhalten der Mitarbeiter selbst, aber doch für die Ausgestaltung seines Organisationskreises, die dieser durch deren Verhalten erfahren habe*[148]. Anders ausgedrückt bedeutet das aber nichts anderes, als daß der Betriebsinhaber für alle betrieblichen Vorgänge haften soll, weil sie ihm als Inhaber zugute kommen und deshalb zuzurechnen seien, was auf die Allzuständigkeit der Geschäftsleitung hinausläuft. Die Haftung nach § 130 OWiG besagt dagegen nach *Jakobs* nichts über die strafrechtliche Garantenhaftung des Betriebsinhabers, da § 130 OWiG teils weiter teils enger sei[149].

IV. Eine generelle Haftung ablehnende Stimmen

1. Auch *Jescheck*, der „eine Verbindung der formellen und der materiellen Betrachtungsweise" bei der Begründung von Garantenpflichten anstrebt[150], läßt grundsätzlich Garantenpflichten für das Handeln anderer Personen unter dem Gesichtspunkt der Abwendung von Gefahren aus dem eigenen Zuständigkeits- und Herrschaftsbereich zu, wenn der Garant gegenüber diesen anderen „*Autorität* besitzt und *daraus folgende Aufsichtspflichten* hat"[151]. Dies folge seinerseits aus der *Nähe zur Gefahr* und dem Vertrauen der Allgemeinheit, daß die Autoritätsperson die Gefahren der zu beaufsichtigenden Person beherrsche[152]. Dieser Entstehungsgrund soll einerseits selbständige Bedeutung haben, andererseits ergibt sich insbesondere aus der Ingerenz eine strafrechtliche Haftung aufgrund der (pflichtwidrigen) Nichtbeaufsichtigung von ihm anvertrauten Personen[153].

---

148 *Jakobs*, AT, 29/36.

149 *Jakobs*, AT, 29/36.

150 *Jescheck/Weigend*, AT, S. 621; LK-*Jescheck*, § 13 Rn 19.

151 LK-*Jescheck*, § 13 Rn 41. Im LK zeigt sich *Jescheck* stark am Herrschaftsbereich orientiert, während er in seinem Lehrbuch mehr auf übergeordnete materielle und soziale Gesichtspunkte wie das Vertrauen der Allgemeinheit Wert legt.

152 *Jescheck/Weigend*, AT, S. 628.

153 Siehe einerseits LK-*Jescheck*, § 13 Rn 41; *Jescheck/Weigend*, AT, S. 628 und andererseits *Jescheck/Weigend*, AT, S. 626.

Eine generelle Geschäftsherrenhaftung für die Untergebenen unter diesem Autoritätsgesichtspunkt scheidet laut *Jescheck* jedoch dennoch aus[154]. Eine materielle Begründung für diese Ablehnung bleibt er aber weitgehend schuldig. Eine Haftung sei nur bei freiwilliger Übernahme oder aufgrund der Eigenart des Betriebes als besonderer Gefahrenherd, der besondere Überwachungspflichten mit sich brächte, möglich. *Eine weitergehende Haftung aufgrund Sorgfaltspflichten bei der Auswahl und Überwachung der Untergebenen dehne dagegen zivilrechtliche Gedanken unzutreffend auf das Strafrecht aus.* Inhaltlich mag es *Jescheck* wohl nicht behagen, allgemein die (strafrechtlich) notwendige Nähe des Betriebsinhabers zur Gefahr in Person seiner Angestellten (oder eine ausreichende Autoritätsstellung[155]) zu bejahen und eine Aufsichtspflicht anzunehmen. Formal-systematisch stützt er sein Ergebnis auf die gesetzespositiven Regelungen zur Geschäftsherrenhaftung: *Da § 130 OWiG die Aufsichtspflichtverletzung nur als Ordnungswidrigkeit ausgestalte und eine weitere Sonderregelung wie § 357 StGB oder § 41 WStG für den privaten Bereich fehle, dürfe man eine allgemeine Geschäftsherrenhaftung nicht über das unechte Unterlassungsdelikt nach § 13 StGB einführen.*

2. Für *Rudolphi* steht der Grundsatz der *Eigenverantwortlichkeit* einer allgemeinen Geschäftsherrenhaftung entgegen[156]. *Schlüchter* folgt ihm neuerdings im Ergebnis und auch weitgehend in der Argumentation[157]. Für *Rudolphi* wird die Frage nach der Verantwortungsverteilung zwischen Betriebsinhaber und Angestellten aber nicht erst im Unterlassungsbereich relevant. Schon bei den alltäglichen Arbeiten im arbeitsteiligen Betrieb stellt er die Frage nach der strafrechtlichen Verantwortung des einzelnen für rechtsverletzende betriebliche Vorgänge im Rahmen der objektiven Zurechnung[158]. Denn nicht jeder Mitarbeiter könne allein aufgrund seines kausalen Beitrags für den Erfolg verantwortlich sein. Auch der Vertrauensgrundsatz und Erwägungen zum unerlaubten Risiko würden nicht immer weiter helfen. Eine Lösung verspricht sich *Rudolphi* deshalb nur über das Erfordernis des zugewiesenen sozialen Verantwortungsbereichs[159]. Im Betrieb decke sich daher die strafrechtliche Verantwortlichkeit mit dem

154 LK-*Jescheck*, § 13 Rn 45.

155 So die Interpretation durch *Hsü*, Betriebsinhaber, S. 127.

156 SK-*Rudolphi*, § 13 Rn 32, 35a.

157 *Schlüchter*, FS Salger, S. 148 ff.

158 *Rudolphi*, Lackner FS, S. 866 f.

159 *Rudolphi*, Lackner FS, S. 867 ff.

innerbetrieblichen Funktions- und Verantwortungsbereich nach dem Organisationsplan. Jeder Bedienstete habe danach nur seine ihm zugewiesenen Aufgaben sorgfältig zu erfüllen, während weitere Prüf- und Überwachungspflichten (auch der anderen Betriebsmitglieder) aus Gründen der sozialen Nützlichkeit und der notwendigen Effektivität der „heutigen Arbeitswelt" nicht bzw. nur von der Unternehmensleitung gefordert werden könnten[160]. Der betriebliche Funktionsbereich führe also zu einer rechtlichen Entlastung des einzelnen im Arbeitsprozeß, allerdings auch nur bei der Erfüllung dieser betrieblichen Funktion[161]. Letztlich immer innerbetrieblich zuständig und damit strafrechtlich verantwortlich muß damit wohl der Betriebsinhaber bzw. die Geschäftsleitung für ihr Tun sein[162]. Stets (als Täter) verantwortlich sei auf alle Fälle der Betriebsangehörige, der die Rechtsgutsverletzung selbst unmittelbar herbeiführt. Die anweisenden Vorgesetzten könnten dann allerdings bei vorsätzlichen Vorderleuten - zwar im Ergebnis unbefriedigend, aber dogmatisch zwingend - nur wegen Anstiftung belangt werden, obwohl die Vorgesetzten die höhere Verantwortung treffe. Dies sei jedoch nicht weiter schlimm, weil der Anstifter nach dem Gesetz dem Täter gleichgestellt sei und sich so die Unstimmigkeiten im Rahmen der Strafzumessung regeln ließen[163].

Im Unterlassensbereich, wo eine (natürliche) Kausalität als eine Voraussetzung (von mehreren notwendigen) der Verantwortung fehlt, tut sich *Rudolphi* mit der Begründung einer (General-)Verantwortung der Geschäftsherren für fremdes eigenverantwortliches Handeln (noch) schwerer. Eine solche Verantwortung könne einen nur ausnahmsweise aufgrund einer rechtlich eingeräumten Herrschaft über andere (gefährliche) Personen treffen, wie dies z.B. nach § 357 StGB oder §§ 41 WStG, 108 SeemannsG der Fall sei[164]. Allerdings genügt *Rudolphi* grundsätzlich zur Begründung einer Garantenstellung, daß dem Unterlassenden „aufgrund seiner Stellung im sozialen Leben eine Schutzfunktion zugewiesen ist, kraft derer er in einer Weise zur Abwendung des drohenden Unrechtserfolges berufen ist, daß ihm die maßgebliche Entscheidung über den Eintritt des tatbestandsmäßigen Erfolges obliegt"[165].

160 *Rudolphi*, Lackner FS, S. 868, 870, 872.

161 *Rudolphi*, Lackner FS, S. 871.

162 Vgl. *Rudolphi*, Lackner FS, S. 870.

163 *Rudolphi*, Lackner FS, S. 871.

164 SK-*Rudolphi*, § 13 Rn 32, 35.

165 *Rudolphi*, Lackner FS, S. 873.

Für die Geschäftsherren ließe sich aber weder aufgrund der arbeitsrechtlichen Weisungsbefugnis noch aufgrund eines überlegenen Informationsfunduses eine generelle Haftung für seine Bediensteten begründen, weil eine solche weitreichende Verantwortung für andere der Rechtsordnung nicht zu entnehmen sei und die Eigenverantwortlichkeit der Untergebenen weiterhin fortbestehe[166]. Dies belegten auch das Fehlen einer dem § 357 StGB entsprechenden Vorschrift und die Ausgestaltung des § 130 OWiG als bloßer Ordnungswidrigkeit. Eine Garantenpflicht des Geschäftsherrn könne daher nur auf die *Herrschaft über eine in seinem sächlichen Herrschaftsbereich liegende Gefahrenquelle* gegründet werden, was außerdem auch eine Überwachungspflicht zur Folge habe[167]. Diese Garantenpflicht sei der Ausgleich für die von der Rechtsordnung gewährleistete Herrschaft des Geschäftsherrn über diesen Bereich, die ihm *im Interesse eines gefahrlosen Gemeinschaftswesens* obliege[168]. *Schlüchter* spricht insofern von einer in die „Geschäftsherrnhaftung hinein verlängerte Sachgarantenstellung“[169]. Die Aufgaben des Betriebsinhabers als Garanten könne dieser auch auf andere übertragen, die dann ihrerseits zu Garanten würden. Allerdings werde der Übertragende damit nicht von aller Verantwortung frei, sondern verbleibe als subsidiärer Garant und schulde sorgfältige Auswahl und Kontrolle des mit seiner Aufgabe betrauten Sachnäheren[170]. *Schlüchter* konkretisiert dies noch dahingehend, daß sich diese Überwachungs- und Aufsichtspflichten desto mehr reduzieren, je sachkundiger der Mitarbeiter erscheine und je länger er im Betrieb beschäftigt sei. Der Geschäftsherr müsse bei qualifizierten und bewährten Mitarbeitern nur noch bei Kenntnis von dessen Pflichtwidrigkeit oder dann einschreiten, wenn sich solche Pflichtwidrigkeiten in Krisen- und Ausnahmesituationen „aufdrängen“ oder „hätten aufdrängen müssen“[171].

3. *Neudecker* sieht ein gewisses generalpräventives Strafbedürfnis für die Fälle der Geschäftsherrenhaftung[172]. Deshalb zeigt sie wohl auch Sympathien für die Lösung über das rechtlich gesicherte Autoritätsverhältnis, das (quasi selbstverständlich) mit der Pflicht korrespondiere, dieses Recht auch im

---

166 SK-*Rudolphi*, § 13 Rn 35a.

167 SK-*Rudolphi*, § 13 Rn 35a; *ders.*, Lackner FS, S. 873 f.; *Schlüchter*, FS Salger, S. 158.

168 *Rudolphi*, Lackner FS, S. 874.

169 *Schlüchter*, FS Salger, S. 158 ff., 160.

170 *Rudolphi*, Lackner FS, S. 874 f.; *Schlüchter*, FS Salger, S. 151.

171 *Schlüchter*, FS Salger, S. 160 f.

172 *Neudecker*, Mitglieder von Kollegialorganen, S. 73.

schutzwürdigen Interesse der Allgemeinheit wahrzunehmen. Jedoch besteht auch für sie die Kernfrage darin, „ob deshalb die Eigenverantwortlichkeit des Überwachten in den Hintergrund tritt", die einer Bejahung einer Garantenstellung entgegenstehen könnte[173]. Im Endergebnis spricht sie sich dann kategorisch gegen eine Garantenstellung des Geschäftsherrn aus, da die Weisungsbefugnis allenfalls die Wahrscheinlichkeit erhöhe, daß sich der Untergebene dem fremden Willen beuge, und von einer Willensherrschaft des Geschäftsherrn, die ihm die Tatherrschaft verschaffe und die Eigenverantwortlichkeit des Arbeitnehmers „überdecke", keine Rede sein könne[174]. Vielmehr *verstoße es „geradezu gegen die Achtung des anderen als Person, ihm die Fähigkeit zu eigenverantwortlichem Handeln abzusprechen, sobald er in einer Betriebshierarchie eingegliedert ist*".

4. *Wolff-Reske* knüpft wie *Lackner* und *Brammsen* oder auch *Jakobs* innerhalb seines normativen Systems an die sozialen Erwartungen an eine soziale Rolle an. Sie kommt allerdings zum gegenteiligen Ergebnis als diese Autoren. So kann sie hinsichtlich des (privaten) Geschäftsherrn keine entsprechende Verhaltenserwartung erkennen, wie sie andererseits in der Rechtsordnung in § 357 StGB manifestiert ist. Die Weisungsbefugnisse im Arbeitsverhältnis dienten ausschließlich der Erreichung des wirtschaftlichen Betriebszieles und der Wahrung betrieblicher Interessen, nicht aber dem Schutz der Rechtsgüter Dritter[175]. Eine Garantenstellung zur Verhinderung betriebsbezogener Straftaten bestehe nur, wenn im Herrschaftsbereich des Geschäftsherrn befindliche, potentiell gefährliche Sachen benutzt werden. Denn dann erwarte die Gemeinschaft, daß der Betriebsinhaber seinen Herrschaftsbereich so absichere, daß für andere daraus keine Gefahren entstehen; nur unter dieser Voraussetzung habe sie ihm die Ausübung seines Gewerbes gestattet[176].

V. Kritik an diesen gängigen Ansichten

Mit der obigen Zusammenfassung sind die wesentlichen Eckpositionen im Groben und die grundsätzlichen Argumente erfaßt. Freilich zeigt sich alles andere als ein einheitliches Bild. Wie überzeugend die einzelnen bisher

---

173 *Neudecker*, Mitglieder von Kollegialorganen, S. 76 ff., 84.

174 *Neudecker*, Mitglieder von Kollegialorganen, S. 84 ff.

175 *Wolff-Reske*, Berufsbedingtes Verhalten, S. 170 f.

176 *Wolff-Reske*, Berufsbedingtes Verhalten, S. 171 f.

vorgebrachten Argumente bei nähere Betrachtung und unter Berücksichtigung der Gegenargumente sind, soll hier untersucht werden.

1. In den formal-systematischen Argumentationen fällt auf, daß sie zum einen noch sehr der alten „formellen Rechtspflichttheorie" verhaftet sind und zum anderen aus den gesetzespositiven Regelungen der §§ 130 OWiG, 357 StGB, 41 WStG, 4 II UWG ganz gegenteilige Schlußfolgerungen gezogen werden: Die einen nehmen diese Vorschriften als Indiz bzw. pars pro toto für eine generelle Geschäftsherrenhaftung, während die anderen den Ausnahmecharakter zu erkennen glauben und deshalb im Gegenschluß eine abschließende Regelung mit Ausschlußfunktion für weitere Konstellationen der strafrechtlichen Geschäftsherrenhaftung annehmen[177]. Rein logisch sind beide Argumentationen grundsätzlich denkbar[178], zwingend sind deshalb beide nicht[179]. Gegen einen Analogieschluß spricht allerdings die gesetzliche Ausgestaltung der Geschäftsherrenhaftung als Ordnungswidrigkeit in § 130 OWiG. Von dieser Einordnung kann man schlecht auf das erhöhte strafrechtliche Unrecht schließen, auch wenn die Gesetzesmaterialien von einer „Art Garantenstellung" sprechen[180]. Damit hat der historische Gesetzgeber nämlich auch strafwürdiges „sozialethisches Unrecht" verneint bzw. es zumindest nicht generell bejaht, und er wollte mit § 130 OWiG eine Lücke in der Haftung des Betriebsinhabers schließen[181]. Historisch gesehen besteht also schon gar keine ausfüllungsbedürftige Lücke für eine Analogie zu § 130 OWiG, und auch aus heutiger verobjektivierter Sicht ergibt sich nichts (Neues) für eine strafrechtliche Garantenstellung aus § 130 OWiG. Zudem wäre ein solcher Analogieschluß im Strafrecht, auch wenn er nur den Allgemeinen Teil beträfe, immer problematisch[182].

---

177 Vgl. zu diesem Gegenschluß *Renzikowski*, Restriktiver Täterbegriff, S. 146 Fn 383.

178 Vgl. *Neudecker*, Mitglieder von Kollegialorganen, S. 78 (und Fn 229); *Rogall*, ZStW 98 (1986), 615.

179 Vgl. *Schünemann*, Unternehmenskriminalität, S. 67; *ders.*, wistra 82, 43; OLG München DB 84, 499; *Bottke*, Nichtverhütung, S. 15.

180 Siehe BT-Drucks. V/1269, S. 69; vgl. auch *Schünemann*, Unternehmenskriminalität, S. 69, 70; *Rogall*, ZStW 98 (1986), 615.

181 BT-Drucks. V/1269, S. 67 ff.

182 Vgl. *Neudecker*, Mitglieder von Kollegialorganen, S. 78 f.; Fn 231 (m.w.N.).

Damit soll hier aber keinesfalls dem umgekehrten Ausschlußargument das Wort geredet werden[183]. Strafrechtlich erfaßtes Unrecht wird nicht dadurch ausgeschlossen, daß derselbe Sachverhalt auch von einer Ordnungswidrigkeit erfaßt wird. § 130 OWiG will den Geschäftsherrn bestimmt nicht privilegieren[184]. Zumindest im Fahrlässigkeitsbereich und (heute auch) bei der erleichterten Kausalitätsfeststellung, weil die bloße wesentliche Risikoerhöhung aufgrund der unterlassenen Aufsicht ausreicht, hätte § 130 OWiG auch einen eigenen Regelungsbereich neben einer strafrechtlichen Garantenhaftung, würde also nicht ganz überflüssig und damit teleologisch sinnlos.

Auch den §§ 357 StGB, 41 WStG kann keine Ausschlußfunktion entnommen werden. Allgemein strafrechtlich erfaßbares Unrecht in einem Bereich wird nicht durch Spezialvorschriften in anderen vergleichbaren Bereichen zu derselben Thematik negativ konkludent ausgeschlossen. Spezialvorschriften stellen in ihrem Regelungsbereich besondere Regeln auf, treffen aber keine Regelungen über diesen Bereich hinaus. In den anderen Bereichen gibt es dann entweder keine, eine andere oder eine ähnliche Regelung. Entscheidend ist also, ob allgemein eine Garantenhaftung für den Geschäftsherrn begründet werden kann oder nicht. Sollte das der Fall sein, schließen die speziellen Geschäftsherrenhaftungsnormen im öffentlichen Bereich diese allgemeine Haftung im privaten Bereich nicht aus, sondern sind für ihren speziellen Bereich einschlägig und inhaltlich nur deklaratorisch, wenn sie nicht doch noch eine besondere Regelung gegenüber der allgemeinen Haftung bereithalten. Die einzelnen Sondervorschriften können deshalb nur als Indiz dafür gewertet werden, daß dem Gesetzgeber bei der Sonderregelung eine allgemein eingreifende Haftung nicht ersichtlich war, was aber nicht ausschließt, daß eine solche Haftung nicht vielleicht doch begründet werden kann. So sind die einzelnen Spezialvorschriften historisch bedingt[185]: Die Haftung der Vorgesetzten im Über-Unterordnungsverhältnis im besonders bürgersensiblen

---

183 *Schünemann*, Unternehmenskriminalität, S. 63 f. spricht insofern zurecht von einer „ganz vagen Induktionsbasis“, die für eine „irgendwie gesteigerte Verantwortlichkeit“ des Vorgesetzten spricht, die aber strafrechtsdogmatisch weitgehend unbrauchbar ist.

184 Vgl. BT-Drucks. V/1269, S. 68; *Landscheidt*, Räumlichkeiten, S. 113; *Rogall*, ZStW 98 (1986), 615; *Bottke*, wistra 91, 86. In der Reformdiskussion wurde die Einordnung der betrieblichen Aufsichtspflichtverletzung als bloße Ordnungswidrigkeit mit Blick auf kriminalpolitische Bedürfnisse heftig kritisiert; als Sperre für eine weitergehende strafrechtliche Haftung wurde § 130 OWiG aber nicht begriffen, vgl. BT-Drucks. 10/5058 = BerEWiKG; BT-Drucks. 10/318 = EwiKG 2; *Tiedemann*, Gutachten zum 49. DJT, Bd. I, S. 56 f.; *Kohlmann/Ostermann*, wistra 90, 121, 125 ff.

185 Siehe auch zur historischen Zufälligkeit der gesetzgeberischen Spezialregelungen *Schünemann*, Unternehmenskriminalität, S. 67 f.

Bereich des Staates und seiner besonderen Gewaltverhältnisse sollte gesetzlich festgelegt werden. § 4 II UWG ist von Inhalt und Funktion her ohnehin heftig umstritten[186] und wurde bald auch als bloße, kriminalpolitisch bedeutsame Klarstellung einer implizierten Garantenstellung begriffen[187]. Von einem numerus clausus der Geschäftsherrenhaftung anhand dieser Vorschriften konnte und kann keine Rede sein, vielmehr wurde in der Reformdiskussion zum Wirtschaftsstrafrecht deutlich, daß die Geschäftsherrenhaftung noch nicht abschließend geregelt ist und eine allgemeine Haftung nach § 13 StGB durchaus in Betracht gezogen wurde[188].

Damit muß man als Zwischenergebnis feststellen, daß formale rechtssystematische Erwägungen die Diskussion um eine allgemeine Haftung des Geschäftsherrn nicht weiterbringen. Stattdessen muß die Diskussion materiell geführt und eine allgemeine Garantenhaftung dogmatisch eindeutig begründet oder aber abgelehnt werden.

2. Die herrschende Meinung meint, eine solche dogmatische Begründung in einer Art natürlichen Junktimsklausel gefunden zu haben, welche besagt, daß ein (rechtliches) Autoritäts- oder Herrschaftsverhältnis immer mit der (rechtlichen) Verantwortung der Autoritätsperson für den Unterworfenen einhergeht[189]. Nach einer plausiblen Begründung für dieses Junktim sucht man aber vergeblich. Die „Herrschaft“ sagt allenfalls etwas über eine potentielle Täterqualität nach der Tatherrschaftslehre aus, wenn der Tatherr den Vordermann wirklich wie eine Marionette leitet. Im Unterlassensbereich ist es nun aber gerade sehr fraglich, ob eine solche (einem aktiven Tun entsprechende) „Leitung“ wirklich gegeben ist. Denn mit dem Vorliegen eines „Herrschaftsverhältnisses“ steht bestenfalls fest, daß die Autoritätsperson die Mittel zu einer gefügigen Anleitung inne hätte, nicht aber, daß die Tat des Unterstellten auch tatsächlich das Werk des passiven Herrschaftsinhabers ist. Für die Begründung einer Garantenpflicht ist die Möglichkeit zur

---

186 Vgl. Kommissionsbericht, Verhandlungen des Reichstages, Bd. 255, Nr. 1390, S. 8440; Amtliche Begründung zu §§ 3, 4 UWG, Verhandlungen des Reichstages, Bd. 252 Nr. 1109, S. 13; BT-Drucks. 7/550, S. 390; *Göhler*, Dreher FS, S. 612 ff.

187 Tagungsberichte der Sachverständigenkommission zur Bekämpfung der Wirtschaftskriminalität, Bd. 9, S. 109 f.; vgl. auch *Göhler,* Dreher FS, S. 615 ff.; *Schünemann*, Unternehmenskriminalität, S. 66 f.; *Hsü*, Betriebsinhaber, S. 65 ff.

188 Siehe dazu schon oben S. 17 f., Fn 73. Vgl. auch *Rogall*, ZStW 98 (1986), 615.

189 Vgl. *Noll*, Verhandlungen des 49. DJT, S. 28: „Verantwortung rechtfertigt Kompetenz, Kompetenz rechtfertigt Verantwortung.“ Dagegen *Bottke*, Nichtverhütung, S. 15: „begründungsleer“.

Erfolgsabwendung zwar eine notwendige, aber keinesfalls eine hinreichende Bedingung. Daß man etwas faktisch und auch rechtlich beherrschen *kann und darf*, besagt noch lange nicht, daß man es auch normativ beherrschen *muß*.[190] Ein Recht bringt seinen Inhaber vor allem erst einmal in den Vorteil einer subjektiven Rechtsposition, die seinen Handlungsspielraum erweitert. Der Bezug vom Autoritätsverhältnis zum Rechtsgut des außenstehenden Dritten, das Täter-Opfer-Verhältnis, fehlt. Daß ein solches subjektives Individualrecht (immer auch?) auf der anderen Seite nach außen sozial bedingt mit einer Rechtspflicht belastet ist, müßte erst noch näher von der rechtstheoretischen Begründung von Rechten und Pflichten her nachgewiesen werden (wie dies ja dann auch von einigen versucht wurde)[191]. Man kann nicht einfach aus vermeintlich vergleichbaren und weniger umstrittenen Fallgruppen wie der Sachherrschaft und der Erziehungsberechtigung gegenüber Unmündigen, die mit einer Aufsichtspflicht einhergehen, (analog) auf ein allgemeines Prinzip schließen, ohne zuvor die Gemeinsamkeiten und die Relevanz der Unterschiede und damit die tragenden Kriterien für die Begründung einer so gearteten Pflicht herausgearbeitet zu haben. Die Herrschaft allein kommt wie dargelegt als das allen Fallgruppen gemeinsame und tragende Prinzip nicht in Betracht. Mit dem einer Dritthaftung entgegengesetzten Eigenverantwortungsprinzip, von dem unsere Rechtsordnung fundamental ausgeht[192], muß man sich bei der Geschäftsherrenhaftung auseinandersetzen. So ist das Individuum zuerst einmal sein eigener Herr, der von niemandem wie eine Sache beherrscht wird oder

190 Ein gutes Beispiel für eine ergebnisorientierte Begriffsdogmatik und für die Unzulänglichkeit und Widersprüchlichkeit der Begründung einer Garantenstellung aus der Herrschaft gibt die Arbeit von *Weißer*, Kausalitäts- und Täterschaftsprobleme, S. 48 ff., 59 ff., 64: Zunächst lehnt sie mit der h.M. im Lederspray-Fall eine Ingerenzgarantenstellung ohne Pflichtverstoß als zu weit und konturenlos ab, dann bejaht sie aber, um zum gewünschten Ergebnis zu kommen, eine Garantenstellung aus der Herrschaft über Gefahrenquellen, weil „Herrschaft" nicht nur eng als „Gewahrsamsverhältnis" zu verstehen sei, sondern durchaus auch großzügig aufgrund eines Informationsvorsprungs und der Warnmöglichkeit zu begründen sei. Warum soll es plausibler und praktisch faßbarer sein, die Garantenverantwortung allein (!) an das Herrschaftsdatum zu knüpfen, welches ohne weiteres auch rein theoretisch oder ideell sein darf, als an ein bestimmtes gefährdendes Vorverhalten, zu dem ohnehin noch ganz konkret die Erfolgsabwendungsmöglichkeit hinzukommen muß, um eine wirksame Garantenpflicht zu begründen? Und: Wenn der Informationsvorsprung Grund für die Herrschaft und damit für die Garantenstellung ist, gibt es dann eine Pflicht der Unternehmer, zu forschen und sich die herrschaftsbegründenden (eventuell rettenden) Informationen zu verschaffen? Oder bleibt die Garantenverantwortung dem Zufall überlassen, und ist der, der sich um nichts kümmert und deshalb auch keine Herrschaft ausübt, am Ende privilegiert?!

191 Vgl. *Hsü*, Betriebsinhaber, S. 242.

192 Nur so sind Menschenwürde, Freiheit, Verantwortung, Schuld und Strafe überhaupt denkbar.

einem anderen zugeordnet ist. Auch in der (räumlichen) Herrschaftssphäre eines anderen bleibt der einzelne verantwortliches Rechtssubjekt und wird nicht einer (gefährlichen!) Sache gleichgestellt. Von jedem einzelnen Mündigen selbst erwartet das Recht, daß er sich rechtmäßig verhält, und damit wird dem Rechtsgüterschutz vollauf genüge getan. Beim nicht eigenverantwortlich handelnden Unmündigen besteht eine solche Erwartung nicht; deshalb muß es dort auch Aufsichtspflichtige geben, wobei es dann naheliegt, diese Pflicht dem aufzuerlegen, der auch den besten Zugriff und die beste Beurteilungsbasis hat[193] - sollte dies allein als Begründung ausreichen. (Bei der Sachherrschaft wird die Garantenverantwortlichkeit dagegen damit begründet, daß Eigentümer oder Besitzer *ausschließlich* berechtigt seien, auf ihre gefährliche Sache einzuwirken, und so als einzige in Betracht kommen, die Verkehrssicherheit zu gewährleisten.)[194] Eindeutig zirkelschlüssig geht *Thiemann* vor, wenn er zuerst - ohne Begründung - eine allgemeine räumliche Verantwortung des Geschäftsherrn voraussetzt, dann deshalb ein Autoritätsverhältnis gegenüber Dritten auf diesem Gelände konstruiert und schließlich von dieser konstruierten Autorität auf ein Garantenverhältnis und die Verantwortung für diese Dritten schließt[195].

Oftmals wird auch noch auf die (bereits bestehenden?) Aufsichts- und Überwachungspflichten des Geschäftsherrn als Begründung für eine noch weitergehende Deliktsverhinderungspflicht rekurriert. Diese vorausgehenden Überwachungspflichten werden selbst nicht begründet, sondern werden schon vorausgesetzt bzw. wiederum aus der „Autorität" (wegen der Parallele zu den vermeintlich eindeutigen Fällen der Aufsicht über Unmündige) geschlossen[196]. Ihre eigene strafrechtsspezifische Qualität bleibt im Dunkeln. Dabei drängt sich der Verdacht auf, daß hier die sogenannte „materielle Funktionenlehre" mit ihrer Einteilung in Überwachungsgaranten und Beschützergaranten eine Rolle spielte, etwa derart, daß der, der Überwachungspflichten hat, auch (Überwachungs-)Garant sei[197]. Die Funktionenlehre kann aber keine

---

193 Vgl. *Freund*, Erfolgsdelikt, S. 247 ff.

194 Vgl. *Neudecker*, Kollegialorgane, S. 77; *Schlüchter*, FS Salger, S. 148 f. (m.w.N.).

195 Siehe *Thiemann*, Aufsichtspflichtverletzung, S. 18 f. und oben S. 13 f. Vgl. auch die Kritik *Schünemanns*, Unternehmenskriminalität, S. 78.

196 Vgl. z.B. Sch/Sch-*Stree*, § 13 Rn 52; *Tiedemann*, NJW 86, 1845; LK-*Jescheck*, § 13 Rn 41; *Schmidt-Salzer*, Produkthaftung, S. 53 (1.061, 56 (1.066).

197 Vgl. *Jescheck/Weigend*, AT, S. 621 und LK-*Jescheck*, § 13 Rn 19: „Geboten ist deswegen eine Verbindung von formeller und materieller Betrachtungsweise." *Jescheck* selbst geht dieser Gedanke dann aber beim Geschäftsherrn zu weit und spricht hier von

Garantenpflichten begründen, sondern sie beschreibt nur die grundsätzlichen Inhalte der verschiedenen Pflichten nach ihrem Schutzzweck[198].

Interessanter sind die Sonderwege *Seelmanns* und *Welps*, die zwar (z.T.) auch ein konstitutives Herrschaftsmoment benötigen, aber darüber hinaus eine zurechenbare Gefahrenschaffung fordern. Denn die Verantwortung einer Person für von ihr geschaffene Gefahren liegt quasi auf der Hand. Hier stellt sich dann aber sehr schnell die Frage, welche Gefahren Dritter einem noch zurechenbar sein können bzw. wie der richtige Pfad zwischen einer reinen und viel zu weiten Veranlassungshaftung nach dem Verursacherprinzip und einem striktem Regreßverbot zu finden ist. So überzeugt *Welps* „persönliche Abhängigkeit" des Beauftragten keineswegs und ist ebenso vom gewünschten Ergebnis geleitet wie *Seelmanns* Forderung nach beweislastumkehrenden Aufsichts- und Kontrollpflichten angesichts gewisser praktischer Probleme. Nicht der arbeitsrechtlich Untergebene oder der Beauftragte ist persönlich abhängig vom Geschäftsherrn, - schließlich handelt es sich um ein normales gleichrangiges zivilrechtliches Verhältnis zwischen den beiden, bei dem beide kündigen können - sondern allenfalls die außenstehenden Dritte sind davon abhängig, daß immer – auch nach einer Kündigung – jemand verantwortlich ist, die Gefahrenquelle abzuschirmen. Wer das aber letztlich rechtlich sein muß, ist noch festzustellen. Seiner Verantwortung Dritten gegenüber kann man sich sicherlich nicht einfach durch Kündigung im Innenverhältnis entledigen. Wenn dann aber entscheidend sein soll, in wessen räumlichen Herrschaftsbereich die Gefahr verbleibt, dann liegt es näher, gleich an die gegenständliche Gefahr anzuknüpfen. In *Welps* Dialektik ist die Täterseite überbetont, die Opfersituation bleibt dagegen blaß. So stellt er auf ein für die Begründung der Garantenstellung konstitutives Vertrauen der auf Seiten des Täters arbeitsteilig Handelnden ab, während er im übrigen das Vertrauen (der Opfer) nur als belanglose „Folge eines Grundes" behandelt[199]. *Welps* eigener dogmatischer Ansatz auf Basis der Eigenverantwortlichkeit des einzelnen weist die Unterlassungshaftung aufgrund Betriebseröffnung und Herrschaft als einen gewissen Fremdkörper in diesem System aus.

Außerdem ist im weiteren auch noch seine restriktive Teilnahmedogmatik, die sich an die Garantendogmatik mit dem Regreßverbot unmittelbar anschließt, zu

---

einer unzutreffenden Ausdehnung zivilrechtlicher Gedanken (Haftung wegen mangelnder Überwachung) auf das Strafrecht, s.o. S. 33; LK, § 13 Rn 45.

198 *Freund*, Erfolgsdelikt, S. 2; *Jakobs*, AT, 29/27; Sch/Sch-*Stree*, § 13 Rn 9.

199 Vgl. dazu auch die Kritik von *Hsü*, Betriebsinhaber, S. 235 f.

hinterfragen, da sie sehr gesetzestechnisch geprägt ist und ihn die bestehende Gesetzeslage wohl selbst nicht befriedigte. So überzeugt es nicht, daß der Teilnehmer lediglich Anteil am Handlungsunrecht des Haupttäters haben soll, ohne zugleich auch am Erfolgsunrecht strafwürdig beteiligt zu sein, und deshalb die Strafbarkeit der Teilnahme eine Art Laune des Gesetzes sei. Warum es strafwürdiger sein soll, Schutzvorkehrungen des Opfers zu beseitigen, als dem Täter mit notwendigen Mitteln zur Tatbegehung zu helfen, ist auch nicht einzusehen. Denn schließlich hängt die Tat in jedem Fall von der eigenverantwortlichen Entscheidung des Haupttäters ab, und die Unterscheidung zwischen Angriffsmittel des Täters und dem Opfer zustehende Verteidigungsmittel erscheint willkürlich und oft nur eine Frage der Formulierung, da auch ein generelles Verbot der Angriffsmittel für das Opfer Schutzfunktion hätte. Die strikte Unterscheidung und lediglich additive Betrachtungsweise von Täterperspektive und Handlungsunrecht auf der einen Seite und Opferposition und Erfolgsunrecht auf der anderen führen hier in die Irre. Vielmehr tut eine ganzheitliche Bestimmung des Wesens der geschützten Rechtsgüter und deren strafwürdigen Verletzung, des Unrechts, Not.

3. Aufgrund soziologischer Bestandsaufnahmen das Vertrauen der Allgemeinheit als Pflichtbegründung anzusehen und rechtlich zu schützen, ist schon deshalb bedenklich, weil solche Bestandsaufnahmen fast immer umstritten sein werden[200], wie die unterschiedlichen Ergebnisse nach diesem Verfahren belegen[201], und damit keine Rechtssicherheit gewährleistet ist und das strafrechtliche Bestimmtheitsgebot mißachtet wird. Auch *Brammsens* unklare Ausführungen und widersprüchliche Ergebnisse bei der Geschäftsherrenhaftung belegen die Schwächen dieser doch eher (rechts-)gefühlsorientierten Methode. Natürlich darf man immer auf das Recht vertrauen, und von daher ist die rechtliche Beziehung zwischen Täter und Opfer auch ein gegenseitiges Vertrauensverhältnis, was zum Verständnis einer wirklichen Verletzung durch Unterlassen von Bedeutung ist[202]. Man darf aber nicht umgekehrt im Zirkel von irgendeiner relativ unbestimmten intensiveren, verbreiteten Vertrauenshaltung als materieller Begründung auf ein strafrechtlich

---

200 Vgl. *Sangenstedt*, Amtsträger, S. 145 ff.; *Maurach/Gössel/Zipf*, AT 2, § 46 II Rn 62, S. 196; auch *Schünemann*, Unternehmenskriminalität, S. 79.

201 Vgl. nur (oben schon jeweils dazu ausgeführt) *Brammsen,* Entstehungsvoraussetzungen, S. 275 ff. und im Unterschied dazu die „Verhaltenserwartungen“ von *Wolff-Reske*, Berufsbedingtes Verhalten, S. 170 ff.

202 Siehe dazu *E.A. Wolff*, Kausalität von Tun und Unterlassen, S. 40 ff.

geschütztes Rechtsgut schließen[203]. Recht (haftbar Verantwortlichsein) und Moral (Sich-Verantwortlich-Fühlen, Tugendpflichten) decken sich auch nicht unbedingt, sondern sind besonders im grundrechtssensiblen Bereich des Strafrechts streng von einander zu scheiden (vgl. § 13 I 1. Bed. StGB)[204]. Es ist bei diesem Ansatz sowohl rechtstheoretisch als auch rechtspolitisch zu beachten, daß die die Gesellschaft leitende Sollensordnung des Rechts nicht der „einseitig in den Vordergrund gerückten sozialen Faktizität" preisgegeben werden darf[205]. Vertrauen kann durchaus empirisch oder sogar aus einem anderen rechtlichen Zusammenhang heraus (z.B. aus § 831 BGB) „berechtigt" sein; eine *strafrechtliche Pflicht* begründet es deshalb noch lange nicht. Die strafrechtlich *berechtigte Erwartung* ist das Ergebnis, nicht aber die Begründung einer Garantenpflicht[206]. Die Kardinalfrage lautet: Welches Vertrauen ist strafrechtlich berechtigt? Oder besser: Dürfen die anderen das erwarten und warum? Dafür müssen exakte normative Kriterien entwickelt werden.

4. Normativ zweckrationale oder systemfunktionale Lösungen sind von ihrem heteronomen Ansatz her bedenklich. Kann der einzelne wirklich (generalpräventiv) dafür bestraft werden, daß sein „Unrecht" darin besteht, gegen irgendeine (gesellschaftliche) Norm verstoßen zu haben, die das jeweilige „System" für zweckmäßig und wichtig genug hält[207]? Eine bloße, gesellschaftspolitisch oder gesamtwirtschaftlich motivierte Kosten-Nutzen-Rechnung, die über die Bestrafung eines Menschen entscheidet, degradiert das Individuum zum bloßen Objekt staatlicher Gemeinschaftsvorstellungen und verstößt somit gegen die Menschenwürde. Welches Ergebnis wünschenswert und was damit Recht ist, könnte ganz willkürlich von der jeweiligen Gesellschaft bzw. von der Mehrheit oder der führenden Elite in ihr bestimmt werden[208]. Verantwortung kann nicht einfach dem einzelnen von außen (kriminalpolitisch nach „Rollen") zugeschrieben werden[209], sondern muß

---

203 Ein allgemeines Vertrauen ist ein Indiz für ein bestehendes Recht. Genau umgekehrt allerdings *Otto/Brammsen*, Jura 85, 648: Rechtliche Normen seien Indiz für eine (garantenstellungsbegründende) Verhaltenserwartung.

204 Siehe NK-*Seelmann*, § 13 Rn 47 f.

205 Vgl. *Maurach/Gössel/Zipf*, AT 2, § 46 II Rn 62, S. 196.

206 Vgl. *Hsü*, Betriebsinhaber, S. 236 f.; *Freund*, Erfolgsdelikt, S. 137 f.; *Jakobs*, AT, 29/28.

207 So z.B. *Jakobs*, AT, 2/1.

208 Ausführlicher zur Kritik am systemfunktionalem Rechtsverständnis *Kahlo*, Das Problem des Pflichtwidrigkeitszusammenhanges, S. 204 ff.; *Murmann*, Nebentäterschaft, S. 117 f.

209 Vgl. NK-*Seelmann*, § 13 Rn 135, 140.

individuell (nach dem Schuldprinzip) begründet sein. Insbesondere *Schmidt-Salzer* ist deshalb zu entgegnen, daß aus einem Sein zwingend kein Sollen folgt. So darf nicht ohne weiteres ein von den üblichen dogmatischen Regeln gelöstes funktional-soziales Sonderstrafrecht für die Haftung in Unternehmen analog gesellschaftsrechtlichen Regeln eingeführt werden[210]. Auch ein (angeblich) ausgewogenes „Prinzip sozialer Fairneß“[211] kann daher nur zu einer „gerechten“ Risiken- und Lastenverteilung und zu Konsequenzen im Zivilrecht oder öffentlichen Recht führen[212]. Personales Unrecht und Bestrafung müssen näher begründet werden. Auch dürften die Meinungen, was (noch) „fair“ ist, weit auseinandergehen[213].

So überzeugt *Jakobs'* Haftungsbegründung aufgrund der Rückwirkung des Verhaltens der Mitarbeiter auf den Organisationskreis des Betriebsinhabers nur deshalb und insoweit, wie sie intuitiv unserer gewohnten wirtschaftlichen und - damit zusammenhängend - der zivilrechtlichen Betrachtungsweise nach § 831 BGB (oder auch §§ 166, 278 BGB sowie der GoA) entspricht. Der Organisationskreis des Geschäftsherrn, der auch die einzelnen, eigentlich eigenverantwortlichen Untergebenen vereinnahmt, wird utilitaristisch bestimmt. Das ist aber keine angemessene personale, strafrechtliche Betrachtungsweise[214]. Nachdem *Jakobs* zuvor eine Garantenpflicht aus der „Gewalt über andere Personen“ im Betrieb (zurecht) als unzureichend abgelehnt hat, weil die Eigenverantwortlichkeit der Arbeitnehmer durch das Weisungsrecht nicht beeinträchtigt sei, ist nicht einzusehen, warum der Geschäftsherr jetzt mit der Rückwirkungsbegründung strafrechtlich für eigenverantwortliches Handeln Dritter haften soll, nur weil ihm nach den privatautonomen Parteiwillen deren Arbeit wirtschaftlich unmittelbar zugute kommt. Denn der strafrechtlich bedeutsame Unterschied zum beauftragten Dienstleistenden im freien Dienstvertrag, für den ersichtlich nicht als Geschäftsherr gehaftet werden soll, kann doch wohl nicht in der offenen Stellvertretung des Angestellten für den Geschäftsherrn („im Namen seiner Firma“[215]) - sozusagen analog § 166 BGB - bestehen, weil die

---

210 Vgl. *Schlüchter*, FS Salger, S. 152 ff.; *Rotsch*, Individuelle Haftung, S. 161 ff., 166.

211 Nach *Bottke*, Nichtverhütung, S. 23; mehr dazu unten S. 56 ff.

212 Vgl. *Seelmann*, in: Vielfalt der Rechtsordnung, S. 90 ff.

213 Vgl. SK-*Rudolphi*, § 13 Rn 35a, der eine generelle Geschäftsherrenhaftung ablehnt, und *Bottke*, Nichtverhütung, S. 25 ff., der sie bejaht.

214 Vgl. *Seelmann*, GA 1989, 246 f.

215 *Jakobs*, AT, 29/36.

Vertretungsregeln selbst im Zivilrecht ausschließlich vertragliche Zurechnungen ermöglichen, nicht aber deliktische (vgl. § 831 BGB). Das Strafrecht als ultima ratio kann schlecht kraft sozialer Rollenverteilung über diese rechtliche Wertung hinausgehen. Weiter kann kein relevanter Unterschied im objektiven Interesse des Geschäftsherrn an der Arbeit bzw. in der Gewinnspanne zu sehen sein, die sich durch die Arbeitnehmer im eigenen Betrieb (vielleicht) erwirtschaften läßt, da solche Gewinnaussichten keine persönliche Verantwortung für andere Eigenverantwortliche, sondern nur die Belastung mit wirtschaftlichen, zivilrechtlichen (Haftungs-)Risiken[216] begründen können. Ein strafrechtlich relevanter Unterschied könnte nur in den speziellen Organisationsgefahren durch die betriebliche Einbindung oder – so gesehen – wiederum in der sozialen Abhängigkeit des Arbeitnehmers von seinem Arbeitgeber[217] gefunden werden - also doch in der „Gewalt" über den Untergebenen, die aber ja auch laut *Jakobs* beim Geschäftsherrn strafrechtlich gerade nicht genügen soll.

5. Bei *Rudolphi* findet sich eine eigenartig strikte Trennung nach Tun und Unterlassen bei der Bestimmung der personalen Verantwortung des Geschäftsherrn, ohne daß die rechtlich relevanten Unterschiede beider Verantwortungsbereiche herausgearbeitet wurden. *Rudolphi* und *Neudecker* ist zu entgegnen, daß der Garant keine Tatherrschaft über den anderen zu haben braucht. Zumindest ergibt sich das nicht aus einem lapidaren Hinweis auf das Autonomieprinzip. Auch beim unechten Unterlassen muß die Eigenverantwortung des Vordermanns nicht dogmatisch zwingend „beseitigt" sein, damit der Hintermann haftet. Dies gilt allenfalls für eine enge Definition der mittelbaren Täterschaft (unter Ablehnung der Figur des „Täters hinter dem Täter"). Grundsätzlich kann neben einem Vollverantwortlichen ein anderer – auch ein Passiver, wenn er Garant ist - immer auch als Neben- oder (im Vorsatzbereich) Mittäter oder als Gehilfe haften. Die Garantenhaftung beim Unterlassen impliziert die objektive Zurechnung, wie sie beim Tun explizit vorgenommen wird. Die Zurechnungsvoraussetzungen für das Verhalten Dritter und speziell im Fahrlässigkeitsbereich die zurechnungshindernde Lehre vom Regreßverbot müssen noch näher untersucht und in die Dogmatik der

---

216 Vgl. auch die spezielle arbeitsrechtliche Haftung des Arbeitgebers *gegenüber dem Arbeitnehmer im Innenverhältnis* bei dessen betrieblicher (früher: nur gefahrgeneigter) Arbeit aus solchen wirtschaftlichen Risikogesichtspunkten (z.T. auch als Analogie zu § 670 BGB begründet), die aber auch schon bei eindeutiger Eigenverantwortung des Arbeitnehmers, bei Vorsatz und grober Fahrlässigkeit, nicht mehr eingreift.

217 Vgl. *Rogall*, ZStW 98 (1986), 606, 619 und die Kommentierungen zu § 831 BGB.

Unterlassensdelikte eingebaut werden. Offen bleibt bei *Rudolphi* auch, warum die innerbetriebliche Organisation Außenwirkung entfalten kann.

B: Gewichtige Untersuchungen und neuere Ansätze zur Geschäftsherrenhaftung in der strafrechtlichen Literatur

I. *Schünemann*

Schünemanns Monographie „Unternehmenskriminalität und Strafrecht" aus dem Jahre 1979 ist das Standardwerk zum Unternehmensstrafrecht, an das nahezu alle weiteren Stellungnahmen zu diesem Thema anknüpfen. Deshalb soll hier auch der Darstellung der grundlegenden kriminologischen Problematik im Unternehmensbereich ein wenig Raum gegeben werden, die die kriminalpolitischen Überlegungen vieler Autoren leitet und das Strafrechtsverständnis und die jeweilige Dogmatik wesentlich beeinflußt und besser verstehen läßt.

1. Die kriminologische Ausgangsposition Schünemanns im Unternehmensstrafrecht

Die Ausgangsfrage *Schünemanns* ist, ob es angesichts der zunehmenden Bedeutung von Verbandsorganisationen und der damit zusammenhängenden wachsenden Bedrohung durch die Wirtschaftskriminalität zu einem Defizit „strafrechtlicher Sozialkontrolle" komme[218] und wie dem dann strafrechtlich zu begegnen sei. *Schünemann* beginnt mit einer eingehenden Untersuchung der kriminologischen und kriminalpolitischen Besonderheiten von Verbandsstraftaten durch den einzelnen. Dabei kommt er zum sozialpsychologischen Befund einer besonderen Anfälligkeit der Arbeitnehmer für eine *„kriminelle Verbandsattitüde"*[219]. Im Unternehmen herrsche ein gewisser „Korpsgeist", und durch die Eingliederung in ein hierarchisches System und die Abhängigkeit des Arbeitnehmers von seinem Arbeitsplatz sei eine hohe Gehorsamsbereitschaft vorhanden. Auf diese Weise bewirkten „kollektive Neutralisierungstechniken" im als vorrangig empfundenen Gemeinschaftsinteresse die Herabsetzung der normalen seelischen

218 *Schünemann*, Unternehmenskriminalität, S. 16; *ders.*, ZStW 96 (1984), 318; wistra 82, 42.

219 *Schünemann*, Unternehmenskriminalität, S. 18 ff., 22; *ders.*, wistra 82, 42 f.

Hemmschwellen vor der Begehung von Straftaten, wie sie bei Individualdelikten bestünden. Hinzu kämen noch als kriminogene Faktoren die relative Rechtsgutsferne im Bereich der Wirtschaftsdelikte, die Arbeitsteilung und Informationskanalisierung. So sei sich das einzelne Unternehmensmitglied der Tragweite seiner Handlungen und seiner Verantwortung nicht mehr bewußt, sondern vertraue nur noch auf die Kontrolle durch die übergeordneten Organe[220]. Diesen beachtlichen kriminogenen Tendenzen stünden im Betrieb kriminoresistent die innerbetrieblichen Kontrollen der Geschäftsleitung gegenüber. Allerdings bestimme die Geschäftsleitung eben auch die „Verbandsattitüde" ihrer Mitarbeiter und ist insofern Schöpfer der möglichen kriminellen Tendenzen; durch die Art der Ausübung ihrer Kontrollen gestalte sie diese „Verbandsattitüde" weiter. Die betrieblichen Kontrollen (zur Verhinderung von Straftaten) seien im Vergleich zur staatlichen Sozialkontrolle zwar wesentlich effektiver, aber eben nur solange, wie diese auch im Rechtsgüterschutzinteresse ausgeübt würden (andernfalls würde sprichwörtlich „der Bock zum Gärtner gemacht"). Für die strafrechtliche Sozialkontrolle sei es deshalb die erfolgversprechendste Strategie, ihrerseits immer an die Unternehmensleitung anzuknüpfen[221].

Interessanter Weise widerspricht *Schünemann* der ganz verbreiteten Ansicht, im Bereich der Wirtschaftskriminalität herrsche prinzipiell eine gewisse deliktsförderliche Beweisnot. Die moderne Arbeitsteilung und Dezentralisierung verursache zwar Schwierigkeiten bei der rechtlichen tatbestandsgemäßen Zurechnung einzelner betrieblicher Taten zum verantwortlichen Geschäftsherrn[222]. Die praktischen Probleme der Nachweisbarkeit seien gegenüber der Individualkriminalität aber eher geringer, da es durch den notwendigen und institutionalisierten Informationsfluß im Unternehmen nahezu immer Mitwisser und meist auch eine entsprechende Dokumentation gebe. Die „Beweisnot" sei nach seiner Hypothese psychologische auf Seiten der Richter oder auch schon der Staatsanwaltschaft bei der Beweiswürdigung bedingt[223]. Im Bereich der Wirtschaftskriminalität als „white collar crime" werde den dem Juristen sozial gleichgestellten, angeklagten Unternehmern (unbewußt) ein Vertrauensvorschuß eingeräumt, der Angeklagten der Unterschicht nicht eingeräumt werde. Von daher müßten

---

220 *Schünemann*, Unternehmenskriminalität, S. 24.

221 *Schünemann*, Unternehmenskriminalität, S. 27; ders., ZStW 96 (1984), 318..

222 *Schünemann*, Unternehmenskriminalität, S. 30 ff.

223 *Schünemann*, Unternehmenskriminalität, S. 44 ff., 52 f.; *ders.*, wistra 82, 49.

deshalb nicht die Deliktsstrukturen verändert werden, sondern das gesellschaftliche Bewußtsein gegenüber Wirtschaftskriminellen. Nicht zuletzt auch deshalb sei aber die Gefahr einer *weitgehenden Aushöhlung der Präventionseffizienz des Wirtschaftsstrafrechts* aufgrund der Zurechnungsschwierigkeiten ernst zu nehmen. Denn individualstrafrechtlich sei der kriminelle Verband kaum zutreffen, wenn man aufgrund der Organisationsstruktur nur die untergeordneten Mitglieder, die auch noch jederzeit austauschbar seien, als strafrechtlich Verantwortliche erfassen könne. Eine solche Präventionsineffizienz fördere wiederum die kriminelle Attitüde der Verbandsmitglieder.

2. *Garantenhaftung der Unternehmensorgane aufgrund des grundlegenden Herrschaftsprinzips*

In seiner Garantendogmatik sucht *Schünemann* nicht nur nach einer vergleichbaren Strafwürdigkeit des Unterlassens, sondern er setzt bei den vergleichbaren sachlogischen Strukturen von Tun und Unterlassen der jeweiligen Delikte an. Die Begehungsgleichheit der Unterlassung ergebe sich aus der Natur der Sache, wenn sie derselben sachlogischen Struktur folge wie die Erfolgszurechnung beim Tun. Bei den meisten Delikten, die als Erfolgsdelikte ausgestaltet seien, sei diese Struktur *„die Herrschaft über den Grund des Erfolges"*; denn der entscheidende Zurechnungsgrund beim aktiven Tun sei die Herrschaft der Person über den eigenen Körper. Dem entsprächen für das Unterlassen als normative Gleichstellungsrichtlinie die Herrschaft über die wesentliche Erfolgsursache und/oder die Herrschaft über die Hilflosigkeit des Opfers[224]. In „fortschreitender Konkretisierung" dieses Herrschaftsprinzips ergäben sich die weiteren einzelnen Garantenstellungen. Für die Geschäftsherrenhaftung komme aber ausschließlich die erste Alternative in Form der faktischen Herrschaft über gefährliche Betriebsmittel und der rechtlich verankerten faktischen Herrschaft über „partiell Unmündige" in Betracht.

---

224 *Schünemann*, Grund und Grenzen, S. 232 ff., 241 ff.; *ders.*, Unternehmenskriminalität, S. 84 ff., 88 ff.; *ders.*, in: Gimbernat/Schünemann/Wolter, Internationale Dogmatik, S. 72 ff. *Schünemann* glaubt mit dieser Unterteilung nicht nur eine formale Unterscheidung i.S. *Armin Kaufmanns* getroffen, sondern darüber hinaus eine wirkliche Umschreibung der Begehungsäquivalenz gefunden zu haben.

Die *garantenbegründende Herrschaft über gefährliche Sachen* richte sich nach dem jeweiligen Gewahrsam[225]. So habe der Sachnächste die primäre Garantenstellung inne. Auch die „sachgebundene Verrichtungen" würden immer mitumfaßt[226]. Der übergeordnete Mitgewahrsam der Hintermänner begründe eine sekundäre Garantenstellung. Weil es aber auf die aktuelle Herrschaftsausübung ankomme, schrumpfe mit Dezentralisierung und zunehmender Distanz zur Sache nicht nur die tatsächliche Einwirkungsmöglichkeit des Hintermanns, sondern auch die Intensität seiner Garantenpflichten, bis Garantenpflichten schließlich überhaupt nicht mehr mit der Sachherrschaft begründet werden könnten. Sekundären Garanten blieben noch Aufsichts-, Kontroll- und Koordinationspflichten aufgrund ihres überlegenen Wissens: „Wissen wird hier zur Macht, Macht zur Garantenpflicht, und die Nichtausübung dieser Herrschaft bedeutet dann auch eine Verletzung der Garantenpflicht."[227] Der Verlust der aktuellen tatsächlichen Herrschaft über die Sache beende immer auch die Garantenstellung. Eine Rückrufpflicht für gefährliche Produkte, wie überhaupt generell eine Pflicht aus Ingerenz, gibt es deshalb laut *Schünemann* im Strafrecht nicht[228].

Weiter als diese gegenständlich verhaftete Garantenstellung, nämlich trotz Dezentralisierung immer auch bis zur höchsten Unternehmensspitze[229], reiche die personale Garantenstellung der Unternehmensorgane aufgrund ihrer *„Herrschaft über die partielle Unmündigkeit anderer Menschen"*. Die Herrschaft der Unternehmensorgane beruhe rechtlich auf dem Direktionsrecht des Arbeitgebers, das durch institutionalisierte Formen und einen überlegenen Informationsfundus (das „Herrschaftswissen") noch wesentlich verstärkt werde, und auf der einfachen faktischen Durchsetzbarkeit infolge des eingefleischten Gehorsams auf Seiten der (an sich strafmündigen) Untergebenen, die *Schünemann* deshalb diesbezüglich als „partiell unmündig" ansieht[230]. Hier wirkt sich nun der sozialpsychologisch kriminologische Vorspann der Unternehmensverhältnisse konkret auf die Garantendogmatik bei den Geschäftsherren aus. Denn diese faktische „partielle Unmündigkeit" des

---

225 *Schünemann*, Unternehmenskriminalität, S. 95 ff.; *ders.*, wistra 82, 44.

226 *Schünemann*, Unternehmenskriminalität, S. 96.

227 *Schünemann*, Unternehmenskriminalität, S. 97 f.

228 *Schünemann*, Unternehmenskriminalität, S. 99 f.; *ders.*, wistra 82, 44; *ders.*, in: Gimbernat/ Schünemann/Wolter, Internationale Dogmatik, S. 67 ff..

229 *Schünemann*, Unternehmenskriminalität, S. 108 f.; *ders.*, wistra 82, 44, 45.

230 *Schünemann*, Unternehmenskriminalität, S. 102 ff.; *ders.*, Grund und Grenzen, S. 328 f.

Arbeitnehmers, diese „Ausschaltung des eigenen Verantwortlichkeitserlebnisses“, sei Folge der Einbindung in das Unternehmen und der Prägung des einzelnen durch die „Verbandsattitüde“ und das Wissen um die eigene Austauschbarkeit[231]. Dieser blinde Gehorsam gehe soweit, daß der Geschäftsherr seine Leitungsbefugnisse in concreto gar nicht mehr aktiv ausüben müsse. Der Untergebene befolge nur noch die einmal erkannten Verbandsregeln, selbst wenn er genau wisse, daß diese kriminell seien. Eigenverantwortlichkeit finde beim Verbandshandeln der Untergebenen aufgrund der formellen und informellen Zwänge realiter gar nicht mehr statt, umgekehrt beherrsche die Unternehmensleitung ihre Mitarbeiter wie ein mittelbarer Täter beim Tun qua organisatorischen Machtapparates. Damit seien ihr alle Handlungen, die jemand in Befolgung von Verbandsregeln vornehme, zurechenbar. Fehle eine formelle Verbandsregelung, liege eine Verbandstat - und keine Exzeßtat - immer auch dann vor, wenn sie mit „verbandsspezifischen“ (nicht beliebigen) Mitteln als Ausdruck der Verbandsherrschaft hätte verhindert werden können[232]. Inhaltlich entsprechen den Mitteln und der Ausübung der Verbandsherrschaft die konkreten Garantenpflichten. So müsse die Unternehmensleitung ihre Untergebenen durch entsprechende Anweisungen, Informationen und Koordination sinnvoll leiten und auch beaufsichtigen und kontrollieren[233].

3. *Einwände gegen diese Konzeption*

Die empirisch aufgezeigte psychologische Gefahr einer „kriminellen Verbandsattitüde“ bei Mitarbeitern gewisser Unternehmen mag zumindest zu einem gewissen Teil der Realität entsprechen, wenn auch hier bereits Zurückhaltung angesichts der zweifelhaften wissenschaftlichen Exaktheit solcher psychologischen Befunde in Fragen des individuellen Charakters und insbesondere angesichts deren zweifelhaften Verallgemeinerungsfähigkeit geboten ist. Zu hinterfragen ist allerdings die Bedeutung dieser Erfahrung für das (Straf-)Recht. *Schünemann* folgert daraus ein gesteigertes kriminalpolitisches Bedürfnis nach strafrechtlicher Sozialkontrolle und Reformen des Wirtschaftsstrafrechts und entwickelt effektive kriminalpolitische Strategien, die an der Unternehmensleitung als Wurzel des Übels ansetzen müssen. Ob das Strafrecht und seine Dogmatik ein solch willfähriges und

231 *Schünemann*, Unternehmenskriminalität, S. 103 f.

232 *Schünemann*, Unternehmenskriminalität, S. 104 f.

233 *Schünemann*, Unternehmenskriminalität, S. 106 f.; *ders.*, wistra 82, 45.

geeignetes politisches Instrument für generalpräventive Zwecke ist, ist jedoch sehr zweifelhaft[234]. Denn zumindest das individuelle Verschulden muß doch Voraussetzung und Maßstab für eine Bestrafung bleiben. Solange *Schünemann* aber selbst feststellt, daß die „kriminelle Verbandsattitüde" erst einmal von der jeweiligen Geschäftsleitung hervorgerufen worden sein muß und eben nur im kriminellen Unternehmen wirkt, ist die Anknüpfung des strafrechtlichen Vorwurfs zumindest in Form der Anstiftung ohnehin unproblematisch, wenn man dies konkret nachweisen kann. Sollte dies aber nicht der Fall sein, stellt sich die Frage, wie dann strafrechtlich auf die beschworene abstrakte Gefahr eventuell leichter beeinflußbarer Mitarbeiter reagiert werden kann und soll. Selbst vom generalpräventiven Standpunkt aus ist im übrigen noch nicht überzeugend geklärt, warum der einzelne Untergebene, der von den Straftatbeständen unmittelbar und unstreitig erfaßt wird und deshalb den Kopf hinhalten muß, nicht mehr effektiv abgeschreckt werden soll, selbst wenn er auf das ganze Unternehmen gesehen natürlich ohne weiteres ersetzbar ist. Mir erscheint es in unserer individualisierten westlichen Gesellschaft nicht plausibel, daß dieser einzelne seine ureigensten Interessen dem Verbandsinteresse tatsächlich so gewissenlos – in rechtlich relevanter Weise! - völlig unterordnet[235].

Schünemanns Unterlassungsdogmatik hat sich nicht durchgesetzt und schon reichlich Kritik und Widerspruch erfahren[236]. Da er im Unterschied zur herrschenden Meinung nicht nur eine einzelne Fallgruppe, sondern jede Garantenstellung auf das Herrschaftsprinzip als Gleichstellungsrichtlinie zurückführt, gilt für ihn noch vielmehr der Einwand, daß es sich eben nicht „aus der Natur der Sache" ergibt, daß aus der faktischen aktuellen Herrschaft auch unbedingt normativ eine Pflicht folgt. Dieser „sachlogische" Schluß von der Faktizität auf das Recht wird auch nicht dadurch gerechtfertigt, daß er sich nicht irgendwie aus der Funktionenlehre ableitet, wie das bei der herrschenden Meinung der Fall ist, sondern sich (zwingend?) „material" aus dem Vergleich zur Deliktsstruktur der Bestrafbarkeit des Tuns ergebe. Denn die Herrschaft über den eigenen Körper beim Tun ist nicht so einfach vergleichbar mit der

---

234 Kritisch *Schlüchter*, FS Salger, S. 140 f. (m.w.N.). Vgl. auch *Bottke*, wistra 91, 3, 4.

235 So schon früher *Engisch*, Verhandlungen des 40. DJT, Bd. 2, E 34.

236 Vgl. z.B. *Herzberg*, Unterlassung, S. 192 ff.; *Maiwald*, JuS 81, 480 f.; *Hsü*, Betriebsinhaber, S. 215 ff.; *Brammsen*, Entstehungsvoraussetzungen, S. 69 ff.; *Maurach/Gössel/Zipf*, AT 2, § 46 II Rn 61, S. 196; *Freund*, Erfolgsdelikt, S. 140 ff.; *Bottke*, Nichtverhütung, S. 15 ff.; *Neudecker*, Mitglieder von Kollegialorganen, S. 84 ff.; *Rotsch*, Individuelle Haftung, S. 194.

Herrschaft über eine Sache oder gar mit der Herrschaft über andere. Mit der bloßen Herrschaft über den Körper ist weder das Wesen des Menschen und seiner Handlungen noch der Maßstab für Recht und Unrecht ausreichend erfaßt. Ein gewisser Bruch in *Schünemanns* sachlogisch natürlicher Dogmatik ist es dann, hinsichtlich der Garantenhaftung für andere von der rein faktischen Schiene auf rechtliche Überlegungen zur Befehlsgewalt, zur Unmündigkeit[237] und zum organisierten Machtapparat einzuschwenken und dann gar rechtlich eine „partielle Unmündigkeit" an der (faktischen) Eigenverantwortung des einzelnen bzw. – frei nach *Schünemann* - an der Herrschaft des einzelnen über seine Körperfunktionen vorbei zu konstruieren, auch wenn er dies auf betriebssoziologische Untersuchungen stützen will. Die eventuell geistige Herrschaft des Arbeitgebers über seine Untergebenen ist allenfalls noch ganz entfernt mit der physischen Macht über den eigenen Körper vergleichbar. Auf Seiten des Betriebsangehörigen von einer „Ausschaltung des eigenen Verantwortlichkeitserlebnisses" und generell von blindem vorauseilendem Gehorsam auszugehen, ist menschenunwürdig[238]; damit werden Betriebsangehörige geradezu mit dressierten Tieren gleichgesetzt. Unklar bleibt auch, ob *Schünemann* diese „partiell Unmündigen" selbst aus der Haftung entlassen will, wie es eigentlich nur konsequent wäre. Davon ist allerdings nicht auszugehen[239], denn es ist eigentlich selbstverständlich, daß das Recht auch von jedem Mitarbeiter erwartet, sich rechtsgemäß zu verhalten, und ihnen keinen Freischein ausstellt. Dieses Ergebnis ist insoweit entlarvend, als es deutlich macht, daß die Unmündigkeit nicht wirklich ernst gemeint ist, sondern nur einseitig zu Lasten des Geschäftsherrn wirkt, um die ideale Vereinigung von „Kriminalpolitik und Strafrechtssystem" zu erreichen[240] und sich den Betriebsinhaber als Garanten und Aufpasser zu engagieren. Dieser würde letztendlich in der Praxis nicht nur für von ihm wirklich aufgestellte rechtswidrige Verbandsregeln haften, sondern ihm werden pragmatisch alle Handlungen in seinem vermeintlichen Interesse zugerechnet, weil er diese

---

237 Vgl. auch *Schünemann*, Grund und Grenzen, S. 345 f. zum Eltern-Kind-Verhältnis und dazu auch die Kritik *Maiwalds*, JuS 81, 480.

238 Vgl. *Neudecker*, Mitglieder von Kollegialorganen, S. 84.

239 Vgl. LK-*Schünemann*, § 14 Rn 13, wenn er für eine „hinreichende Präventionseffiziens" im Bereich der Unternehmenskriminalität kumulative Sanktionen fordert.

240 Vgl. *Schünemann*, Unternehmenskriminalität, S. 105, 107. Darüber hinaus spricht er auch von einem „rechtsethischen Postulat, daß sich Verantwortungsumfang und der Kompetenzumfang decken"; aaO, S. 108.

verbandsspezifisch hätte verhindern können[241], was auf eine (verschuldensunabhängige) *Garantie*haftung hinausliefe[242].

Im übrigen kann auch sonst allgemein von keiner Gewinn bringenden Fortentwicklung der Garantendogmatik durch *Schünemann* die Rede sein[243]. Denn seine Gleichstellungsrichtlinie ist so weit und nichtssagend, daß wieder alle bekannten Fallgruppen von Garantenstellungen mit Ausnahme der Ingerenz[244] darunterfallen, weil er letztlich eben nur eine allgemeine Voraussetzung für jede Pflicht, die Erfolgsabwendungsmöglichkeit, formuliert. Daß die Ingerenz nicht „grobschlächtig" naturalistisch am „bloßen Kausalstrang" anknüpfen muß, sondern es auch hier um Zurechenbares gehen muß, liegt bei einem modernen Strafrechtsverständnis auf der Hand. Daß dann gerade die Ingerenz eine wesentliche Rolle bei der Geschäftsherrenhaftung spielen kann und eventuell muß, zeigen die Fälle der Produkthaftung in der Rechtsprechung. Das wird später noch weiter zu vertiefen sein.

II. *Hsü*

1.) *Hsü* kritisiert in ihrer Dissertation ausgiebig die Begründung einer „Garantenstellungslinie" aus dem Herrschafts- bzw. Autoritätsprinzip wie auch aus einem Vertrauensbegriff. Sie erkennt, daß es bei diesen Ansätzen prinzipiell an einer Ableitung von Rechten zu Pflichten, an einem zusätzlichen Gebot als Voraussetzung fehlt[245]. Deshalb fordert sie, das Problem der Geschäftsherrenhaftung mit seiner garantentheoretischen Grundlage zu konfrontieren[246]. Im weiteren Verlauf ihrer induktiven Untersuchung und im Ergebnis bleibt sie jedoch der herrschenden Meinung sehr verhaftet. Sie vergleicht nämlich verschiedene Fallbeispiele und stellt fest, daß „eine bestimmte Stellung eine bestimmte Pflicht erzeugt"[247]. Sie schließt sich einer sozialen Betrachtungsweise solcher „Schutz- und Herrschaftsstellungen" an und folgert, daß aus dem Wesen und Wert einer Stellung das Besondere herrühren

---

241 So *Schünemann*, Unternehmenskriminalität, S. 106 selbst.

242 Was *Schünemann* aber offenbar nicht stört, wistra 82, 45.

243 Vgl. *Maiwald*, JuS 81, 480 f.

244 Siehe *Schünemann*, Grund und Grenzen, S. 308 ff.; *dens.*, GA 1974, 235 ff.; wistra 82, 44, 45.

245 *Hsü*, Betriebsinhaber, passim, insbes. S. 241 ff., 243.

246 *Hsü*, Betriebsinhaber, S. 148.

247 *Hsü*, Betriebsinhaber, S. 239.

müsse, das letztlich (manchmal) die Garantenstellung erzeuge. Da nicht jedes Herrschaftsverhältnis eine Pflicht begründe, müsse eine materielle Orientierung der „Garantenstellungslinie“ nach der Beziehung zum Rechtsgutsträger fragen, weil es um den Rechtsgüterschutz gehe.

2.) Dies ist eine durchaus wichtige Erkenntnis, der wir hier später auch nachgehen werden. Leider verfolgt *Hsü* diesen Gedanken einer Begründung der Garantenpflicht nicht konsequent weiter, sondern begnügt sich im weiteren damit, Grenzen einer solchen Garantenpflicht aufzuzeigen[248]. Als eine solche Grenze bezeichnet sie die Grenze zwischen Recht und Moral. Während die Rechtsnorm abstrakt sei und generellen Interessen diene, zeichneten sich Moralnormen dadurch aus, daß sie „emotionelle Elemente“ enthalte und sich auf individuelle Lebensverhältnisse beziehe. Eine rechtliche Verbrechenshinderungspflicht benötige daher eine dem Interesse der Allgemeinheit als dem Rechtsgutsträger gegenüber *„offene Beziehung“* zwischen Handelndem und Pflichtigem. Rein „emotionelle“ „geschlossene Beziehungen“ wie Freundschaften oder die Ehe bezweckten dagegen nur das gegenseitige Wohl und begründeten deshalb auch keine Rechtspflichten (im Interesse Dritter)[249]. Aus der Offenheit bzw. dem Drittinteresse einer Beziehung folgt also nach *Hsü* das ansonsten fehlende Gebot, sein Herrschaftsrecht auch positiv einsetzen zu müssen. Wohl von *Schünemann* inspiriert, findet sie als Standardbeispiel einer solchen „offenen Beziehung“ die Vormundschaft[250]. Denn der natürliche oder konstitutionelle Unmündige stehe nicht nur in der Gewalt des Vormunds, sondern dieser sei auch zum Eingreifen verpflichtet, weil der Vormund seine Herrschaftsgewalt ausschließlich aufgrund der Unmündigkeit und dem Bedürfnis nach Erziehung herleite und der *Staat* ihm daher für die Sicherheit der Allgemeinheit eine *Erziehungs- und Überwachungspflicht* auferlege. Ganz anders sei dies aber bei *Schünemanns* „partieller Unmündigkeit“ der Untergebenen im Verband, da dort umgekehrt die „Unmündigkeit“ erst aufgrund der Befehlsmacht des Vorgesetzten geschaffen werde. *Weder die partielle Unmündigkeit des Untergebenen noch die Befehlsgewalt des Vorgesetzten komme als Grund für eine Garantenpflicht in Betracht, weil sie die Beziehung nicht öffnen würden.*[251]

248 *Hsü*, Betriebsinhaber, S. 240 ff.

249 *Hsü*, Betriebsinhaber, S. 244 ff.

250 *Hsü*, Betriebsinhaber, S. 246 ff.

251 *Hsü*, Betriebsinhaber, S. 251.

3.) Zuletzt vergleicht sie noch die Beziehungen im Staatsapparat zu denen in einem privaten Betrieb. Die Garantenpflicht des Amtsträgers aus § 357 StGB rechtfertige sich nach ihr aus der Einbettung in die staatliche Hierarchie, die den einzelnen vorgesetzten Amtsträger immer auch als Befehlsempfänger verpflichte, seine Befehlsgewalt im öffentlichen Interesse auszuüben, und damit die Beziehung für das Interesse der Allgemeinheit öffne[252]. Im privaten Bereich sei eine solche hierarchische Struktur aber nicht vorzufinden. Private Arbeitsverhältnisse beruhten auf dem freien Willen zweier Parteien, die Befehlsgewalt des Betriebsinhabers sei nicht verliehen, sondern selbst geschaffen, wobei ihn selbst keine spezielle Gehorsamspflicht treffe, sondern nur die normalen Bürgerpflichten. Das Befehlsrecht sei rein subjektiv, „im Sinne des Genusses", um das Betriebsziel zu erreichen, nicht um der Allgemeinheit Willen. Es handle sich daher um eine „geschlossene" innerbetriebliche Beziehung, die *keine Garantenpflicht des Betriebsinhabers zur Verhinderung strafbarer Handlungen seiner Angestellten begründe*[253].

4.) Der Haupteinwand gegen *Hsüs* Kozeption muß sicherlich dahin gehen, daß sie fast ausschließlich induktiv vergleichend vorgeht und dann zum Schluß einfach den leicht nachzuvollziehenden und in der Literatur gewiß oft beispielhaft angeführten Einzelfall der Vormundschaft und Unmündigkeit zum allgemein gültigen Prinzip einer Haftung für Dritte erklärt. Sie sucht auch weniger nach einer fundierten Begründung für eine solche Pflicht, sondern begnügt sich zuletzt damit, einer ausufernden Haftung aus Herrschaftsverhältnissen nach der herrschenden Meinung einschränkend entgegen zu treten. Dabei übersieht sie, daß das (öffentlich verliehene) Befehlsrecht durchaus nicht der einzige Anknüpfungspunkt für eine Garantenstellung des Betriebsinhabers sein muß. Wenn sie feststellt, „die partielle Unmündigkeit [erg.: des Untergebenen] ist also geschaffen, und schafft nicht (die Befehlsgewalt)"[254], so ist es äußerst fragwürdig, ob sich daraus ableiten läßt, daß sich daran keine strafrechtliche Verantwortung knüpft; denn unter der Prämisse, daß jemand tatsächlich unmündig - wenn auch freiwillig - gemacht wurde, ist doch die Allgemeinheit ebenso schutzbedürftig. Freilich kann bzw. muß man *Hsü* zustimmen, wenn sie eine Garantenstellung aufgrund „partieller Unmündigkeit" der Angestellten ablehnt, doch folgt dies viel einfacher schon daraus, daß gar kein Fall der Unmündigkeit vorliegt. Den

252 *Hsü*, Betriebsinhaber, S. 252.

253 *Hsü*, Betriebsinhaber, S. 253 f.

254 *Hsü*, Betriebsinhaber, S. 247.

erforderlichen öffnenden Außenbezug eines Verhältnisses stellt bei ihr regelmäßig eine staatlich verliehene Sonderpflicht (Erziehungspflicht, Amtspflicht) her. Daß in solchen Fällen eine Garantenstellung besteht, ist jedoch eine Binsenweisheit. Dazu benötigt man keine vergleichsweise komplizierte Konstruktion von offenen und geschlossenen Beziehungen.

Auch *Hsüs* Überlegungen zu Recht und Moral führen nicht weiter, da sie diese mit der Frage nach dem Schutzobjekt einer Beziehung verbindet. Sie setzt dabei Beziehungen ohne Drittbezug bzw. Bezug zu Interessen der Allgemeinheit mit Moralnormen gleich. Eine solche „geschlossene" Zweierbeziehung kann in diesem Verhältnis aber sehr wohl Rechtspflichten erzeugen, wie z.B. die Ehe, während andererseits bloße Moralnormen auch Allgemeinbezug haben können. Insbesondere ist die Beziehung Arbeitgeber-Arbeitnehmer nicht „rein emotionell" und damit moralisch. Verwertbar bleiben damit allein ihre Erkenntnisse hinsichtlich der notwendigen Bestimmung des geschützten Rechtsguts eines Garantenverhältnisses. Hier ist es jedoch besser, deutlich zu sagen: Es muß zwischen dem Täter und dem Opfer ein Garantenverhältnis bestehen, in unserem Fall also zwischen dem Betriebsinhaber und einem außenstehenden Dritten. Die Beziehung zwischen dem Garanten und dem Handelnden ist demgegenüber sekundär.

III. *Bottke*

Bottkes erster Schritt zur Lösung der Garantenpflichtproblematik des Geschäftsherrn ist die strikte Trennung zwischen Frage nach der materiellen Gerechtigkeit des Garantenpflichtgrundes und der Frage nach der Unterlassungstäterschaft, dem Täterstrafgrund[255]. Beide Fragen seien schon vorstrafrechtlich zu beantworten und setzten jeweils ein „Realmoment" und ein „Normmoment" voraus[256].

1. Materialer Gerechtigkeitsgrund der Garantenpflicht

„Realmoment" des Garantenpflichtgrundes sei die „erhöht machtstiftende Nähe zu der Risikoquelle oder zu dem bedrohten Rechtsgut. Das „Normmoment" als Brücke vom „Realmoment" zur rechtlichen Einstandspflicht, die der besonderen sozialen Verantwortung korrespondiere, sei das „*Prinzip sozialer*

---

255 *Bottke*, Nichtverhütung, S. 22, 25, 31.

256 *Bottke*, Nichtverhütung, S. 22 ff.

Fairneß“[257]. Dieses Prinzip beinhaltet nach *Bottke* einen sozial ausgewogenen Nutzen/Lasten-Schlüssel in einer freiheitlichen Gesellschaft, nach dem derjenige, der „erhöht machtstiftend“ „zu seiner individuellen Wohlfahrt drittlastige Gefahrenquellen schafft und hierfür die Bereitschaft der Gesellschaft, seine Organisation zu akzeptieren, in Anspruch nimmt“, neben dem Nutzen fairerweise auch den „berechtigten ordnungspolitisch begründbaren Sicherheitserwartungen der Gesellschaft Rechnung zu tragen“ hat[258]. Dabei beruft sich *Bottke* auch auf *John Rawls* und dessen Idee vom „Schleier der Unwissenheit“[259], unter dem sich jeder vernünftigerweise auf eine solche allgemeine Risikoverteilung bzw. auf das Neminem-laede-Gebot und dessen Konkretisierung einlassen würde. Für den Betriebsinhaber bedeute dies, daß er ganz generell für alle Unternehmensgefahren hafte, die sich aus der Einrichtung oder dem Betreiben des Unternehmens ergeben. Dies gelte sowohl für Sachgefahren als auch für betriebsbezogene Tätigkeiten der Mitarbeiter. *Objektiv oder subjektiv betriebsbezogene Straftaten der Untergebenen müßten verhindert werden, weil sie der Lebenssphäre des Betriebsinhabers zuordenbar seien, selbst wenn diese Straftaten vom Untergebenen schuldhaft „oder gar aufgrund autonomen Entschlusses“ begangen worden seien.* Auch hier gelte das (vorstrafrechtliche) Gebot, Nutzen und Lasten einer solchen Organisation sozial fair auszugestalten[260]. Die „normative Brücke“ von der („erhöht machtstiftenden“) Befehlsgewalt des Betriebsinhabers zur strafrechtlichen Pflicht, diese im Interesse des Rechtsgüterschutzes einzusetzen, schlägt also nach *Bottke* das vorstrafrechtliche Neminem-laede-Gebot. Dasselbe gelte auch für die untergeordneten „Risikoquellenübernehmer“, die von der Betriebsleitung eingeschaltet wurden und nun selbst im Betrieb machtstiftend ihren eigenen Lebenskreis organisieren. Ausdruck dieses Prinzips sei auch § 14 I StGB[261].

2. *Materialer Täterstrafgrund beim pflichtwidrigen Unterlassen*

Hinsichtlich der Unterlassenstäterschaft sieht er die „geschehensbewerkende, aktuelle Ausübung relevant übernommener Herrschaft“ als „Realmoment“ und „dem nulla-poena-Satz genügende Erfüllung strafbegründungsqualitativer

---

257 *Bottke*, Nichtverhütung, S. 22 f., 25 ff.

258 *Bottke*, Nichtverhütung, S. 26.

259 *Rawls*, Eine Theorie der Gerechtigkeit, S. 29 ff.

260 *Bottke*, Nichtverhütung, S. 28, 31.

261 *Bottke*, Nichtverhütung, S. 28 ff, 30.

Relevanzkriterien" als „Normmoment"[262]. Solange nicht wie in § 357 StGB die Täterschaft ausdrücklich angeordnet sei, bildeten solche „strafbegründungsqualitative Relevanzkriterien" die allgemeinen strafrechtlichen Regeln des Vorsatz- und Verantwortungsausschlusses in Verbindung mit den verschiedenen Formen des § 25 StGB. Beim garantenpflichtigen Geschäftsherrn kämen deshalb neben dem unmittelbar handelnden Untergebenen mittelbare Täterschaft und Mittäterschaft, nicht dagegen unmittelbare Täterschaft in Betracht; im übrigen sei er immer nur Teilnehmer, die Nebentäterschaft habe demgegenüber keine selbständige Bedeutung[263]. Keinesfalls handle es sich beim unechten Unterlassen um eine Sonderpflichtverletzung, die stets zur Täterschaft führe, weil dies dem numerus clausus der §§ 25 ff. und § 13 I 2. Alt. StGB widerspreche[264]. Wie beim Tun müsse deshalb auch für die Unterlassenstäterschaft eine tatsächliche „Tatbewerkung" des Garanten entweder durch eine rechtlich relevante Überlegenheit gegenüber dem Untergebenen oder durch kollusives, konsensuell abgestimmtes Verhalten, was auch bei Aktiven zusammen mit Unterlassenden möglich sei, vorliegen.

3. Kritik

Zunächst muß man sich erst einmal über *Bottkes* extravagante Begrifflichkeit klar werden, die meist mehr Bekanntes verschleiert als Neues hervorbringt. So bleibt beim Pflichtgrund-„Realmoment" der „erhöht machtstiftenden Nähe zu der Risikoquelle" bei näherem Hinsehen nicht mehr übrig, als was allgemein als Risikosteigerung bezeichnet wird, die nach ganz herrschender Meinung als Voraussetzung für eine strafrechtsrelevante Handlung anerkannt ist. Eine solche Risikosteigerung muß sicherlich auch dem Unterlassen (vor allem dem unechten!) anhaften. Im bloßen Unterlassen selbst ist sie allerdings schwer zu finden bzw. begründet sich selbst erst aus der Pflicht zum Eingreifen. *Bottke* siedelt sein „Realmoment" deshalb auch eher schon im Vorfeld des Unterlassens in der gefährlichen (aktiven) Organisation bzw. ihrem gefährlichen Zustand an, während für den Zeitpunkt des Unterlassens selbst wieder nur die altbekannt physisch-reale Erfolgsabwendungsmöglichkeit bleibt.

---

262 *Bottke*, Nichtverhütung, S. 31 ff.

263 *Bottke*, Nichtverhütung, S. 39.

264 *Bottke*, Nichtverhütung, S. 49 f.

An dieses „Realmoment“ knüpft er dann sein „Normmoment“. Sehr schön hat *Bottke* dabei herausgearbeitet, daß es einer „normativen Brücke“ zwischen der realen Beherrschung und der strafrechtlichen Garantenpflicht bedarf. Daß dieser Garantenpflichtgrund selbst bereits vorstrafrechtlich begründet ist, leuchtet ein, da das Strafrecht als ultima ratio nicht eine eigene Rechtsordnung schafft und Selbstzweck ist, sondern an die bestehende anknüpft und bestimmte Verstöße sanktioniert. Da aber nicht irgendein „Realmoment“ zum (vorstrafrechtlichen) Normmoment des „Prinzips sozialer Fairneß“ hinzukommen kann, stehen beide „Momente“ nicht (wie zufällig) nebeneinander, wie *Bottke* den Anschein erweckt, sondern das „Realmoment“ ist in Wahrheit bereits tatbestandliche Voraussetzung auch des „Normmoments“. Für die Bildung von Rechtsnormen nach den Regeln der „sozialen Fairneß“ argumentiert er letztlich wie *Jakobs* funktional aus dem System und den damit verbundenen Erwartungen an die Organisation des einzelnen. Eine „vernünftige“ Ordnungspolitik und ein gerechter Nutzen/Lasten-Ausgleich spielen dabei die wesentliche Rolle. Eine solche Verteilungsgerechtigkeit ist jedoch Aufgabe des Zivilrechts und des öffentlichen Rechts[265]. Ob an einem solchen Gerechtigkeitsmaßstab aber das restriktivere personale Strafrecht gemessen werden darf, ist höchst zweifelhaft. Zumindest das strafrechtliche Prinzip der individuellen Eigenverantwortung und in Verbindung damit des Regreßverbots hätte Berücksichtigung finden müssen. Denn allein anderen Vollverantwortlichen irgendein Motiv und Gelegenheit zur Begehung von Straftaten zu geben - zumal durch eine sozial erwünschte Handlung wie die Schaffung eines Arbeitsplatzes [266]-, begründet normalerweise keine strafrechtliche Haftung (abgesehen von manchen extensiven Auslegungen der objektiven Anstiftungsvoraussetzungen bei Vorsatz), auch wenn einem diese Handlung unmittelbar zugute und deshalb subjektiv vielleicht sogar gerade recht kommt[267]. Auch *Rawls'* „Schleier der Unwissenheit“ hilft über diese strafrechtsspezifische Hürde nicht hinweg, sondern weist nur auf ein mögliches (nicht unbedingt strafrechtlich) plausibles

---

265 Vgl. dazu *Heine*, Strafrechtliche Verantwortlichkeit, S. 123 und schon oben S. 43 f. *Bottke* argumentiert sogar eindeutig vertragsrechtlich, wenn er von einer unzulässigen „protestatio facto contraria“ spricht, aaO, S. 29.

266 Vgl. NK-*Seelmann*, § 13 Rn 131. *Bottke* selbst spricht bei § 130 OWiG von rechtsstaatlichen Bedenken, wenn der Betrieb oder das Unternehmen selbst als Gefahrenquelle betrachtet werden, wistra 91, 54. A.A. *Stratenwerth*, SchwStrafrecht AT I, S. 383 und *Köhler*, Strafrecht AT, S. 223 unter dem Gesichtspunkt, daß ein Wirtschaftsunternehmen typischerweise die Gefahr schaffe, ökonomischen Interessen Priorität vor anderen (vorrangigen) rechtlich geschützten Interessen einzuräumen. Dazu gleich unten S. 84 f.

267 Vgl. Welp, Vorangegangenes Tun, S. 237.

Ergebnis hin. Darüber hinaus zeigt dieses Gerechtigkeitsmodell bereits beachtliche vernunftrechtliche, autonome Züge, das gerade auch auf die individuelle Eigenverantwortung baut. *Bottkes* heteronomes systemstabilisierendes „Prinzip sozialer Fairneß“ ist deshalb sowohl vom normentheoretischen Hintergrund als auch vom Autonomieprinzip her grundsätzlich zu hinterfragen.

Bei der Frage nach der Täterschaft verschwimmt die Unterscheidung zwischen dem „Realmoment“ der (überlegenen oder kollusiven) „Tatbewerkung“ und der normativen Relevanz noch mehr. Hier ist das „Realmoment“ Ausfluß des rechtlichen restriktiven Täterbegriffs (sonst bräuchte es keine „Bewerkung“) und das „Normmoment“ dann wiederum Begrenzung, aber auch materielle Ausfüllung der „Bewerkung“. Eigentlich wendet *Bottke* nur eine Spielart der Tatherrschaftslehre auf die Fälle der Unterlassung an. Nicht richtig nachvollziehbar ist dabei, warum auch der „Täterstrafgrund“ „bereits vorstrafrechtlich einklagbar und insofern von der jeweiligen positiv-strafrechtlichen Anerkennung relativ unabhängig“ sein soll[268]. Denn diese Haftungsformen sind doch gerade typisch strafrechtlich, und *Bottke* selbst knüpft dann an spezielle oder allgemeine rein strafrechtliche Normierungen an, um dem strafrechtsspezifischen Nulla-poena-Satz genügen. Ob die Nebentäterschaft bei der Geschäftsherrenhaftung wirklich keine Rolle spielt, wenn man mit *Bottke* die Sonderpflichtlehre ablehnt, scheint zweifelhaft, wenn sich herausstellen sollte, daß der unterlassende Geschäftsherr dem Opfer ebenso unmittelbar verpflichtet sein sollte wie der unmittelbar Handelnde.

IV. *Heine*

1. Heines Suche nach der zurechenbaren Verantwortlichkeit des modernen Geschäftsherrn

Heine untersucht in seiner Habilitationsschrift die strafrechtliche Verantwortlichkeit von Unternehmen[269]. Dabei ist für ihn das materielle Strafrecht grundsätzlich ein kriminalpolitisches Instrument, das zur freien Disposition des Gesetzgebers steht. Wenn deshalb über das traditionelle Kernstrafrecht im Unternehmens- und vor allem auch im Umweltbereich hinausgegangen werden soll, können und müssen durchaus die herkömmlichen

---

268 *Bottke*, Nichtverhütung, S. 23 f.

269 Siehe auch die Besprechung von *Seelmann*, ZStW 108 (1996), 660 ff.

Zurechnungskriterien modifiziert werden, falls andernfalls die neuen Haftungssysteme nicht wie gewünscht greifen[270]. Zu berücksichtigen bleibe dabei allerdings immer der „Preis“, den man zu zahlen bereit sein müsse und der steige, je weiter man sich vom bewährten System und zentralen Prämissen entferne[271]. Die Gefahren eines zu extensiven Rechtspositivismus sieht er in „dysfunktionalen Tendenzen“. Sein Anliegen ist es deshalb, funktional harmonische Lösungsansätze aufgrund der gegenwärtigen Gesetzeslage und Dogmatik auszuarbeiten[272] und dann rechtsfortbildend Verbesserungen vorzunehmen[273]. Sein Ziel ist es, der schleichend voranschreitenden Unverantwortlichkeit einzelner im Unternehmen und der Verantwortungslosigkeit der Unternehmen strafrechtlich entgegen zu wirken.

Er stellt nämlich fest, daß es den Idealfall für eine strafrechtliche Zurechnung, hierarchische, lineare Betriebsstrukturen, an denen sich bestimmte und bestimmbare Weisungsketten und Verantwortlichkeiten ableiten lassen, in modernen komplexen Unternehmen kaum mehr gibt. Stattdessen herrschen Dezentralisierung und Kompetenzaufteilung vor, und Individualität wandelt sich zu Funktionseinheiten[274]. Dies führe *im aktiven Begehungsbereich* zu dem unbefriedigenden Ergebnis, daß zwar die unmittelbar handelnden Untergebenen strafrechtlich als Täter haften, aber die Vorgesetzten, die sozial als die Verantwortlichen eingestuft werden, i.d.R. *weder als mittelbare Täter noch als Anstifter* strafrechtlich zur Verantwortung gezogen werden könnten, weil bei ihnen mit zunehmender Rechtsgutsferne ihre individualisierbare Herrschaftsmacht sowie ihre Tatbeiträge[275] und vor allem die subjektiven Tatbestandsvoraussetzungen[276] schwänden oder die praktischen Probleme der Zurechenbarkeit zunähmen[277]. Damit griffen die herkömmlichen Zurechnungsstrukturen im dezentralisierten komplexen Unternehmen nicht mehr, es bestünden allenfalls noch Teilverantwortlichkeiten[278]. Auch der

---

270 *Heine*, Strafrechtliche Verantwortlichkeit, S. 94.

271 *Heine*, Strafrechtliche Verantwortlichkeit, S. 95.

272 *Heine*, Strafrechtliche Verantwortlichkeit, S. 95 ff.

273 *Heine*, Strafrechtliche Verantwortlichkeit, S. 148 ff.

274 *Heine*, Strafrechtliche Verantwortlichkeit, S. 31 ff., 100 f., 106 ff.; „depersonale Profile“, S. 139.

275 *Heine*, Strafrechtliche Verantwortlichkeit, S. 95, 96, 101 ff.

276 *Heine*, Strafrechtliche Verantwortlichkeit, S. 100.

277 *Heine*, Strafrechtliche Verantwortlichkeit, S. 101, 108.

278 *Heine*, Strafrechtliche Verantwortlichkeit, S. 105.

betriebliche Organisationsplan eigne sich nur sehr bedingt als Anknüpfungspunkt, da er die soziale Wirklichkeit nicht richtig widerspiegle und informelle Übungen nicht berücksichtige.

Deshalb gewinne das „grundlegend verschiedene" Haftungssystem der (unechten) Unterlassungsdelikte an Bedeutung[279]. Nachdem für ihn keine herkömmliche Schutzgarantenstellung in Betracht kommt, sucht er nach einer Begründung für eine Haftung des Geschäftsherrn als Überwachungsgarant von besonderen Gefahrenquellen. Einer solchen Begründung unter dem Aspekt personaler Herrschaft oder partieller Unmündigkeit der Untergebenen erteilt er dann recht schnell aufgrund des Eigenverantwortungsprinzips mit gängigen und vor allem von *Hsü* bekannten Argumenten eine Absage[280].

Dagegen ergebe sich eine *Garantenstellung aufgrund besonderer betrieblicher Gefahrenquellen,* wenn dieses spezifische Risiko nicht oder nicht ausreichend durch soziale Kontrolle aufgefangen werde und Dritte auch nicht in der Lage sind, sich selber ausreichend zu schützen[281]. Als Ausgleich für die rechtliche Tolerierung seines gefährlichen Unternehmens müsse er die Gefahren in seinem Verantwortungsbereich absichern und überwachen. Eine solche auslösende Gefahr sei aber keinesfalls die Ausbildung einer Organisation mit dem unternehmenstypischen Ziel wirtschaftlicher Effektivität. Denn dann wäre der Geschäftsherr wiederum für alles und jeden im Unternehmen generell verantwortlich und Ziel und Umfang der daraus resultierenden Pflichten zu unbestimmt. Eine solche Organisation sei eine typische Allgemeingefahr und Produkt allgemein gesellschaftlicher Entwicklung, für welches dem einzelnen keine gesteigerte Verantwortung zukomme. Für eine haftungsbegründende Garantenstellung bedürfe es besonderer Risiken. Ziel der Garantenpflicht könne es nur sein, *„aus der Eigenart bestimmter Betriebe und Produktionsprozesse herrührende besondere Bedrohungspotentiale, also betriebstypische Gefahren, unter Kontrolle zu halten"*[282].

---

279 *Heine*, Strafrechtliche Verantwortlichkeit, S. 95, 97, 108, 113.

280 *Heine*, Strafrechtliche Verantwortlichkeit, S. 116 ff.

281 *Heine*, Strafrechtliche Verantwortlichkeit, S. 118 ff.

282 *Heine*, Strafrechtliche Verantwortlichkeit, S. 120.

2. Die Ausgestaltung der Verantwortung

a) Inhaltlich sei der Geschäftsherr dementsprechend verpflichtet, den Umgang mit gefährlichen Einrichtungen und Anlagen, mit Produktionsprozessen und Produktionsmitteln so zu organisieren, daß keine Rechtsgutsverletzungen eintreten. Kontinuierliche Kontrollen und weitere Sicherungsmaßnahmen müßten folgen. Da der Umgang mit solchen besonderen Betriebsgefahren häufig spezialgesetzlich und durch behördliche Entscheidungen geregelt sei, trete einerseits eine Konkretisierung der Pflichten der Unternehmensleitung ein, andererseits aber auch eine Haftungsfreistellung, wenn man sich (nur strikt) an diese Vorschriften hält[283]; denn der Inhaber einer behördlichen Genehmigung samt Sicherheitsauflagen könne darauf vertrauen, das gesetzlich zulässige Handlungsrisiko einzuhalten[284]. Dieses Ergebnis ist aber für *Heine* in Hinsicht auf die beträchtlichen Gefahren moderner Großunternehmen nur eingeschränkt tragbar. Für ihn besteht kein Zweifel, daß dem Staat kein Risikomonopol zukomme und die eigentlichen Urheber - bei weitgehenden Haftungserleichterungen - nicht aus ihrer „Letztverantwortung" entlassen werden können. Dies folge aus den „originären Straftatbeständen des Kernbereichs", die das Strafrecht (noch) nicht vom staatlichen Krisenmanagement abhängig gemacht haben, sondern auf die personale Eigenverantwortung des Individuums zum Schutz eines stabilen Kernbereichs abstellen[285]. Auch der Risikobegriff der modernen Industriegesellschaft könne darauf nicht verzichten, und die Herren von Großunternehmen müßten sich deshalb immer „eigenverantwortliche (Fehl-) Entscheidungen von ganz grundsätzlicher Bedeutung (für das Unternehmen, die Bevölkerung und die Umwelt)"[286] strafrechtlich vorwerfen lassen und seien deshalb präventiv zum *betriebsinternen Risikomanagement* verpflichtet. Schließlich habe das Unternehmen auch die besseren und direkteren Möglichkeiten zur Risikoreduzierung als der Staat, und das zivil- und verwaltungsrechtliche Verursacherprinzip und „vor allem das strafrechtliche Prinzip bürgerlicher Selbstverantwortung" dürfe nicht völlig zugunsten des Gemeinlastprinzips aufgegeben werden[287]. Auch die Rechtsprechung fordere im Ergebnis ja ein solches Risikomanagement des Unternehmens, wenn sie (im Nachhinein!) eine

283 *Heine*, Strafrechtliche Verantwortlichkeit, S. 125 f.

284 *Heine*, Strafrechtliche Verantwortlichkeit, S. 129.

285 *Heine*, Strafrechtliche Verantwortlichkeit, S. 127 ff.

286 *Heine*, Strafrechtliche Verantwortlichkeit, S. 135.

287 *Heine*, Strafrechtliche Verantwortlichkeit, S. 134.

Pflichtverletzung vom eingetretenen Erfolg her konstruiere[288]. Konkret bedeute dies, daß die Unternehmensleitung eine Gefahrenkonzeption und effektive Mechanismen entwickeln müsse, um Risiken aufzuspüren, zu bewerten und dann entspechend zu reagieren[289]. Noch konkreter heiße das, daß *„Forschung, Entwicklung, Produktion und Vertrieb sowie Entsorgung auf ihre Schädigungseignung hin zu identifizieren, das Gefahrenpotential festzustellen und die Risiken auszutarieren und periodisch zu überprüfen" sind*[290]. Weitere Anhaltspunkte könnten Branchenstandards entnommen werden, ansonsten sei die Feststellung von Pflichtverletzungen schwierig.

b) Im übrigen kann sich der Geschäftsherr auch laut *Heine* durch Delegation von seinen Pflichten freizeichnen[291]. Die Garantenpflichten wanderten mit der Delegation mit. Allerdings dürfe das Gesamtsicherheitsniveau nicht darunter leiden, und es entstünden neue strafbewehrte Pflichten unter dem Gesichtspunkt sorgfältiger Auswahl und Kontrolle. Diese strafrechtliche Personalaufsichtspflicht dürfe aber keinesfalls überspannt oder gar mit den im Zivilrecht entwickelten Organisationspflichten gleichgesetzt werden, die ganz anderen Zwecken dienten. Denn, daß Beauftragte Fehler machen, sei kein betriebstypisches Gefahrenpotential, sondern ein allgemeines gesellschaftliches Risiko[292]. Anders verhalte es sich aber bei komplexen, dezentraliserten Organisationsstrukturen, bei denen das sächliche Gefährdungspotential insgesamt erhöht werde, so daß dort wiederum ein besonderes Gefahrenmanagement der Führungsorgane erforderlich sei[293]. Im übrigen ist auch *Heine* der Meinung, daß die Unternehmensleitung stets für Dinge, die das Unternehmen ingesamt betreffen, und für Notfälle zuständig bleibe[294].

c) Allerdings treten dann auch im Unterlassensbereich durch die Dezentralisation im Großunternehmen praktische, aber auch rechtliche Probleme auf. So sei es sehr schwierig, die fehlerhafte Individualentscheidung auszumachen und den richtigen Zeitpunkt für die erforderlichen

288 *Heine*, Strafrechtliche Verantwortlichkeit, S. 129, führt hierfür das Monza-Steel-Urteil, LG München v. 21.4.1978 (abgedruckt in Schmidt-Salzer, ES IV Nr. IV 28, S. 312 f.) an.

289 *Heine*, Strafrechtliche Verantwortlichkeit, S. 130 ff.

290 *Heine*, Strafrechtliche Verantwortlichkeit, S. 134.

291 *Heine*, Strafrechtliche Verantwortlichkeit, S. 121 ff.

292 *Heine*, Strafrechtliche Verantwortlichkeit, S. 122.

293 *Heine*, Strafrechtliche Verantwortlichkeit, S. 125.

294 *Heine*, Strafrechtliche Verantwortlichkeit, S. 122, 125.

Gegenmaßnahmen zu fixieren[295]. Eine weiteres großes Problem stelle der Nachweis der „quasi-kausalen“ Erfolgszurechnung unter Berücksichtigung anderer möglichen Alternativursachen und des In-dubio-pro-reo-Grundsatzes dar. Denn um so komplexer das verlangte Risikomanagement sich gestalte, um so mehr gehe es nur noch um Wahrscheinlichkeiten, die Zweifel „zuhauf“ offen ließen[296]. Rechtlich bleiben das sozial-adäquate tolerable Restrisiko und vor allem die subjektive Zurechnung problematisch. *Heine* gelangt deshalb zu dem Fazit, daß unser gegenwärtiges Individualstrafrecht im modernen Unternehmensbereich nur zu unbefriedigenden Ergebnissen führe, weil „die eigentlich Schuldigen und teilweise auch deren Vertreter in weiten Bereichen, in denen derzeit nach strafrechtlichen Repressionen gerufen wird, vor originär kernstrafrechtlicher Inanspruchnahme gefeit seien, nehme man die strafrechtlichen Zurechnungskategorien ernst“[297].

3. *Kritische Würdigung*

Zu vorderst ist *Heines* Ausgangspunkt, die Instrumentalisierung des Strafrechts, zu hinterfragen. Ihm geht es vor allem darum, den Geschäftsherrn in eine strafrechtliche Verantwortung, die dem sozialen Empfinden entspricht, einzubinden. Er löst dies de lege lata über die Lehre von der objektiven Zurechnung, die die zu weiten Straftatbestände beschränkt. Von daher ist es ihm ein Anliegen, diese Enge der objektiven Zurechnung möglichst weit für den Geschäftsherrn aufzubrechen. Im Aktivbereich sind ihm aber durch die herkömmliche Dogmatik unbefriedigende Grenzen gesetzt. Durch seine rein funktionale Betrachtungsweise des Strafrechts, die in gewisser Weise der funktionalen Organisation der modernen Unternehmen entspricht, kommt ihm aber gar nicht der Gedanke, daß es vielleicht gar keinen tragenden Grund gibt, den Unternehmer strafrechtlich haften zu lassen, wenn durch zunehmende Rechtsgutsferne trotz weit vorgreifender Tatbestände[298] sein individueller Unrechtsbezug schwindet, wie er selbst feststellt. Auch praktische

295 *Heine*, Strafrechtliche Verantwortlichkeit, S. 140 ff.

296 *Heine*, Strafrechtliche Verantwortlichkeit, S. 143.

297 *Heine*, Strafrechtliche Verantwortlichkeit, S. 147.

298 *Heine* meint hier vor allem § 324; vgl. Strafrechtliche Verantwortlichkeit, S. 97 ff., insbes. S. 100.

Schwierigkeiten beim Aufspüren von Pflichtverletzungen dürften es kaum rechtfertigen, die Strafbarkeit einfach auszudehnen[299].

Sollte es wirklich kaum einen Rechtgutsbezug mehr geben, dann ist nicht ersichtlich, warum der Geschäftsherr aus (unechtem) Unterlassen haften soll (und gar als Täter!); denn das Unterlassen ist doch nur eine andere strafrechtliche Handlungsmodalität. Für *Heine* hat der Unterlassungsvorwurf dagegen grundlegend andere Haftungsvoraussetzungen, die eine strafrechtliche Haftung leichter begründen lassen und nebenbei gewisse praktische Probleme erledigen[300]. Diese Feststellungen sind natürlich Ausdruck der Instrumentalisierung der strafrechtlichen Dogmatik und befremden im Ergebnis. Sie sind es wert, noch einmal gründlicher untersucht zu werden.

In den wesentlichen Ergebnissen deckt sich *Heines* Lösung mit der *Rudolphis*. Freilich geht *Heine* detailierter und näher an der Unternehmenspraxis vor und kommt so zu komplexeren und ausdifferenzierteren Ergebnissen. In der dogmatischen Begründung einer Garantenpflicht des Geschäftsherrn geht er ähnlich wie *Jakobs* pragmatisch funktional vor, kommt allerdings zu einem restriktiveren Ergebnis als dieser[301]. Hier wird u.a. sichtbar, daß vieles von Bestimmung eines erlaubten, von der Allgemeinheit zu tragenden Risikos abhängt.

Interessant sind vor allem die Ausführungen *Heines* zur „Letztveranwortung" des Geschäftsherrn als Urheber der Gefahren neben den eigentlich haftungsfreistellenden staatlichen Regelungen zur Gefahrbekämpfung. Wenig überzeugend ist es, dabei auf die „originären Straftatbestände des Kernbereichs" zu rekurrieren und so unterschiedliche Zurechnungsmaßstäbe für originäres Strafrecht und Neben- bzw. Verwaltungsstrafrecht aufzustellen. Näher liegt da schon der Gedanke, daß es eine Art natürliche unverfügbare Lebensgarantie gibt, vor der sich jeder selbst verantworten muß. Zu diesem „naturrechtlichen" Gedanken will allerdings das heteronome Rechtsverständnis *Heines* nicht so recht passen.

---

299 *Rotsch*, Individuelle Haftung, S. 203 spricht in diesem Zusammenhang von *Heines* „Unbehagen angesichts der Erkenntnis, daß die Vorgesetzten ansonsten überhaupt nicht zu bekommen sind" und wirft ihm sogar vor „eine Garantenstellung wider besseres Wissen" zu kreieren.

300 *Heine*, Strafrechtliche Verantwortlichkeit, S. 95, 97, 108 f.

301 Zur Kritik an *Jakobs* und generell systemfunktionalen Lösungsansätzen siehe oben S. 44 ff.

Eine beachtliche Leistung liegt in der Darlegung der konkreten Anforderungen an den Pflichtinhalt bei der Leitung moderner Großunternehmen. Hierauf werden wir zurückgreifen können, wenn wir die rechtlichen Prämissen einer Garantenpflicht des Geschäftsherrn geklärt haben. Zweifellos hat *Heine* auch die praktischen Probleme bei der Erfolgszurechnung richtig erkannt, solange in unserem Strafrecht weiter die klassischen Erfolgsdelikte vorherrschen. Im Vorsatzbereich - Strafbarkeit vorausgesetzt - wird hier häufig nur der subsidiäre Versuch in Betracht kommen, was in der Tat wenig befriedigend ist. Die Rechtsprechung verkennt dies z.T., indem sie bei festgestellter Aufsichtspflichtverletzung den konkreten tatbestandlichen Erfolg einfach zurechnet (ohne beispielsweise dann in der Konsequenz positiv zur Erfolgszurechnung über die Risikoerhöhungslehre Stellung zu nehmen)[302].

Was im übrigen die aufgezeigten vielfältigen praktischen Schwierigkeiten im modernen Großunternehmen betrifft, sei es hinsichtlich des (Un-)Vermögens der effektiven (Gegen-)Steuerbarkeit durch die Unternehmensleitung, was sich schon materiell rechtlich bei der Pflichtbegründung auswirken muß, weil nichts Unmögliches verlangt werden darf, oder sei es hinsichtlich der forensisch erforderlichen Transparenz bei der Strafverfolgung, so hat man sich damit abzufinden, daß man insoweit eben an die realen Grenzen der (Be-)Strafbarkeit in einer freiheitlich verfaßten Gesellschaft stößt[303]. Zur Reglementierung und Gefahreneindämmung in diesem Bereich müssen andere rechtliche Instrumente verwendet werden.

V. *Ransiek*

Ransiek untersucht in seiner Habilitationschrift[304] das Unternehmensstrafrecht ausführlich de lege lata und ferenda[305]. Uns soll hier nur das erste Kapitel interessieren, das sich mit der gegenwärtigen Rechtslage und den damit

---

302 Vgl. BGHSt 25, 158, 163, wo ausgeführt wird: „Auch kann es nicht darauf ankommen, ob durch Stichproben tatsächlich Mißstände aufgedeckt worden wären. Entscheidend ist allein, daß durch erkennbare Überwachung der [...] befaßten Betriebsangehörigen der Gefahr [...] *weitgehend vorgebeugt* worden wäre. Das Unterlassen jeglicher Aufsichtsmaßnahme ist jedenfalls unter keinem Gesichtspunkt gerechtfertigt."

303 Zu weit geht *Rotsch*, Individuelle Haftung, passim, insbes. S. 203 ff. allerdings, wenn er nicht nur eine unerträgliche, undogmatisch ergebnisorientierte Ausuferung des Strafrechts beklagt, sondern in völliger Resignation vor allem vor den praktischen Schwierigkeiten meint, überhaupt keine zurechenbaren individualstrafrechtlichen Pflichten im Großunternehmen ausmachen zu können.

304 *Ransiek*, Unternehmensstrafrecht, 1996

305 Siehe auch die überwiegend positive Rezension von *Otto*, wistra 96, 339 f.

möglichen dogmatischen Lösungen der strafrechtlichen Verantwortung im Unternehmen befaßt. Zutreffend wird dies von ihm auch als der „Allgemeine Teil des Unternehmensstrafrechts" bezeichnet.

1. Pflichtwidrigkeit und Garantenstellung

Zentraler Punkt für die Bestimmung dieser Verantwortlichkeit ist für ihn die Pflichtwidrigkeit des Schadensherbeiführung als einer Kategorie der strafrechtlichen Zurechnung.

a) In einem ersten Schritt scheidet er in einer negativen Prüfung die Fälle des erlaubten Risikos als unzurechenbar aus[306]. Für das Unternehmensstrafrecht ergebe sich daraus: Dürfen Industrieunternehmen betrieben werden, so ist das von ihnen gesetzte Risiko für die Umwelt, die Gesundheit oder die Sachen anderer erlaubt, wenn sie sich im Rahmen der gesetzlichen Beschränkungen für den Betrieb halten und damit die Bedingungen einhalten, unter denen das Risiko erträglich erscheint[307].

Die Bedingungen erlaubter Gefahrenverursachung seien freilich fraglich, zumindest wenn es keine spezifischen Regelungen zur Konkretisierung gibt. In der Beziehung zum potentiellen Opfer soll das Vertrauen und die Risikokenntnis des Opfers Abgrenzungskriterium sein[308]. Das erlaubte Risiko sei daher nichts Statisches, sondern die Bewertung der Pflichtwidrigkeit ist durch Information veränderbar. *Ransiek* spricht von der „Interaktion" über das Risiko[309]. Durch die Erkennbarkeit des Risikos für das Opfer und seine Möglichkeit zur Gefahrenabwehr gehe also die Zuständigkeit für die Gefahrenvorsorge auf das Opfer über, allerdings nur wenn noch die Wahlfreiheit bestehe, das Risiko einzugehen oder nicht[310]. Eine weitere Bedingung sei die Größe der Gefahr im Verhältnis zum Aufwand ihrer Beseitigung, eine positive Interessenabwägung.

Das zu schützende Vertrauen der gefährdeten Personen ergebe sich aus dem Vergleich mit dem sonst Üblichen; Erwartungen seien also berechtigt, wenn sie

---

306 AaO, S. 24 ff.

307 AaO, S. 25.

308 Anhand des Beispiels aus der Produkthaftung und mit Bezug auf die Lederspray-Entscheidung des BGH, aaO, S. 26.

309 AaO, S. 27.

310 AaO, S. 28.

sich am allgemeinen Standard des jeweiligen Verkehrskreises orientieren. Diesen Standard setzten die Verkehrsteilnehmer durch ständige Praxis selbst, er sei etwas Ontologisches, zunächst nichts Normatives. Es finde lediglich eine rechtliche Mißbrauchskontrolle statt[311], die einen Mindeststandard sichern solle. Auch dieser Standard als Maßstab für das erlaubte Risiko sei dynamisch.

Erlaubt sei aber immer nur, ein *Risiko* einzugehen; d.h. für *Ransiek* bedeutet Risiko wohl[312], daß der schädigendende Ausgang noch offen sein muß, denn sobald die Unsicherheit in Gewißheit umschlägt, werde das erlaubte Risiko zur unerlaubten Gewißheit[313]. Allerdings sei auch diese Grenzziehung verschwommen. Bei statistischer Gewißheit wie Verletzungen im Straßenverkehr werde dieses Risiko z.T. trotzdem hingenommen[314]. Entscheidend sei auch hier wiederum die allgemeine Gewöhnung an ein bestimmtes Verhalten, also die gesellschaftliche Akzeptanz eines Risikos und damit ein vorrechtlicher Faktor. Beim Betrieb gefährlicher Anlagen wirke sich ein Informationsvorsprung des Betreibers aber durch die Interaktion des Risikos zu dessen Lasten aus (wie auch sonst ein Sonderwissen bei der Vorsatz- oder Fahrlässigkeitsbewertung)[315].

Als Fazit zum erlaubten Risiko bleibt *Ransiek* nur, daß vieles vom Einzelfall und der Akzeptanz von Risiken abhängig ist. Im Zweifel sei aber zugunsten des einzelnen zu entscheiden. Dem BGH entsprechend sei bei besonders großen drohenden Schäden auch besondere Vorsicht geboten[316].

b) Konkreter soll dann aber die positive Feststellung der Pflichtwidrigkeit ausfallen. Die übliche Unterscheidung in der strafrechtlichen Verantwortung zwischen Tun und Unterlassen wird dabei von *Ransiek* zumindest für das Unternehmensstrafrecht als unergiebig und zu beliebig abgelehnt[317]: Hier komme es häufig zu Gefährdungen durch betriebliche Tätigkeiten ohne positive

---

311 AaO, S. 27.

312 *Ransiek* definiert seinen Risikobegriff nicht.

313 AaO, S. 28.

314 Vgl. die die Unterscheidung von *Vogel* beim erlaubten Risiko, der von einem Nullrisiko im jeweiligen Verkehrskreis ausgeht, Norm und Pflicht, S. 192 ff.

315 Auch der BGH geht in der Lederspray-Entscheidung von einer rein täterbezogenen Risikobeurteilung unabhängig von einer anderen (großzügigeren) Einschätzung von Verwaltungsbehörden aus, BGHSt 37, 106, 122.

316 AaO, S. 30.

317 AaO, S. 31 ff.

Maßnahmen der Geschäftsleitung, weil die bestehende Organisation den Fortlauf der Unternehmenstätigkeit gewährleiste. Arbeitgeber lassen aber auch ohne ständige neue Weisungen die Arbeitnehmer für sich (weiter)arbeiten[318], so daß ein Zurechnungsproblem entstehe[319] und die naheliegende (naturalistische) Einordnung des Verhaltens der Unternehmensleitung als (bloßes) Unterlassen zu undifferenziert erscheine. Entscheidend sei daher nicht die Einordnung als Tun oder Unterlassen, sondern die Feststellung der Pflichtwidrigkeit des Verhaltens, was durch die hinter der Abgrenzung von Tun und Unterlassen stehenden Wertungen eher verdeckt und nicht weiter thematisiert oder begründet werde. Zur Klärung der Pflichtwidrigkeit könne die Garantenstellung auch für das Begehungsdelikt von Bedeutung sein: Sei jemand Garant für bestimmte Erfolgsvermeidungen, dann dürfe er diese Erfolge auch nicht durch Tun herbeiführen.

Konsequenter Weise folgt nun eine Untersuchung der Voraussetzungen für Garantenstellungen als Begründung für die Pflichtwidrigkeit[320]. Im Unternehmensbereich stünden Überwachungspflichten im Vordergrund. In Abgrenzung zur allgemeinen Hilfspflicht des § 323c StGB bedürfe es einer besonderen Verpflichtung, die aus einer besonderen Beziehung zur Gefahr oder zum geschützten Rechtsgut resultieren könne. Im Unternehmensbereich lasse sich zunächst eine solche besondere Pflichtenstellung für die Überwachung von Gefahrenquellen entwickeln. Für die anerkannte Garantenstellung aus der *Herrschaft über eine gefährliche Sache* genüge aber nicht allein die tatsächliche Sachherrschaft, sondern die rechtlich fundierte Zuständigkeit für diese Sache müsse hinzukommen. Aus der rechtlichen Zuordnung zu einer Person unter Ausschluß anderer und der darauf beruhenden Herrschaft folge als Gegenstück die besondere Verantwortung, wenn die Sache Außenwirkung auf andere habe oder zu haben drohe. Denn die rechtliche Zuständigkeit mit der Befugnis, andere fernzuhalten, die sich deshalb vor den Gefahren dieser Sache nicht oder nur eingeschränkt schützen können, sei nur hinnehmbar, wenn dieser Ausschlußmöglichkeit eine Pflicht zum Schutz anderer entspreche. Vertrauensgesichtspunkte spielten daneben eine Rolle, da dieser Freiheitsbereich dem Inhaber nur gewährt werde, wenn andere darauf vertrauen

318 So auch *Frisch* in seinem noch unveröffentlichten Skript: Grundfragen der strafrechtlichen Verantwortlichkeit von Unternehmensorganen.

319 Die Problematik der Zurechnung der einzelnen Tätigkeiten der Arbeitnehmer im Unternehmen zur Unternehmensleitung vertieft *Ransiek* jedoch erst später bei der Frage der Täterschaft der Leitungsorgane, s. S. 43 ff.

320 AaO, S. 33 ff.

könnten, daß für ihren Schutz gleichwohl gesorgt werde[321]. Dieses Verantwortungsprinzip überträgt *Ransiek* dann auf die *Organisation als einer komplexeren Gefahrenquelle.* Garant sei auch, wer allgemein rechtlich zuständig sei für die jeweiligen Gefahren aus der Organisation für Dritte, z.B. der Geschäftsführer einer GmbH.

Unter diesem Blickwinkel meint *Ransiek* die herrschende Lehre dahin zu präzisieren, daß es nicht auf eine Garantenpflicht zur Verhinderung von Straftaten Untergebener, sondern auf die Überwachungspflicht von Unternehmensgefahren ankomme, da nach § 13 StGB nur die Abwendung tatbestandlicher Erfolge entscheidend sei. Die gesetzlichen und vertraglichen Bedingungen der Unternehmenstätigkeit müßten eingehalten werden, nach der Verantwortlichkeit für das Verhalten (eigenverantwortlicher) Dritter fragt *Ransiek* nicht gesondert[322] (dies wird für ihn erst bei der Frage nach der Beteiligungsform relevant).

c) Daraufhin sucht *Ransiek* dann den Adressaten dieser Überwachungspflicht. Ausgehend von einem Vergleich mit der zivilrechtlichen Beurteilung der Organisations- und Kontrollpflichten im Unternehmen, nach der nach außen i.d.R. nur die juristische Person deliktisch hafte, nicht aber die Geschäftsleitung persönlich[323], kommt er zu dem Ergebnis, daß *im Strafrecht zwar persönlich gehaftet werden müsse, dies aber nur abgeleitet durch Übernahme der Pflichten* gegenüber dem Unternehmen und des damit verbundenen Vertrauens Dritter. *Primär verpflichtet sei aber das Unternehmen als Organisation*, die die Gefahren schaffe[324]. Die persönliche Verantwortung des einzelnen ergebe sich aus der unternehmensinternen Zuständigkeitsverteilung für bestimmte Gefahrenquellen, entscheidend sei die tatsächliche Übernahme aufgrund einer Rechtsbeziehung zum Unternehmen. Delegation der Aufgaben sei möglich[325].

321 AaO, S. 35.

322 AaO, S. 36.

323 So z.B. *Mertens/Mertens*, JZ 1990, 488 ff.; a.A. jedoch der BGH(Z 109, 297 ff.), der von einer Garantenstellung der Geschäftsführung im Deliktsrecht nach § 823 I BGB ausgeht. Die Begründung dieser Garantenstellung bleibt jedoch undeutlich, angeknüpft wird aber an die Zuständigkeit im Unternehmen.

324 AaO, S. 38 ff., 40.

325 AaO, S. 41.

d) Bezüglich der Reichweite der Unternehmenspflichten wendet sich *Ransiek* gegen eine räumliche Betrachtungsweise[326]. Hier gehe es um die Zurechnung von Gefahren zu der Organisation; diese Gefahrenzuständigkeit ende aber nicht in jedem Fall mit dem räumlichen Herrschaftsbereich. Nach welchen Kriterien die Gefahrenzurechnung erfolgen soll, bleibt dagegen unklar. Lediglich am Beispiel der Produkthaftung stellt er dar, daß der Produzent auch nach Auslieferung an den Händler noch Einfluß auf das Produkt habe und er in der Verantwortung bleibe, weil nur er die Gefahren des Produkts insgesamt überschauen könne, während der Einzelhändler dazu gerade nicht in der Lage sei. Die effektive Gefahrenbekämpfungsmöglichkeit scheint also das entscheidende Kriterium der rechtlichen Gefahrenzurechnung zu sein[327]. Ein Gefahrübergang kann seiner Ansicht nach allerdings relativ einfach durch Information über das Risiko herbeigeführt werden. Eine Beschränkung der Verantwortung für Gefahrenbereiche ergebe sich auch bei der drohenden Realisierung der (Unternehmens-)Gefahren: Für ohnehin allgemein bestehende Gefahren sei das Unternehmen nicht besonders rechtlich zuständig, sondern jeder einzelne selbst sei zuständig, der unmittelbar Handelnde oder das Opfer. Letztlich müsse es sich also um eine spezifische Gefahr des Unternehmens handeln, die die Verantwortlichkeit dem Unternehmen zuschreibe[328]. Die spezifische Unternehmensgefahr besteht für *Ransiek* nun darin, daß durch die Organisation und Koordination von mehreren der einzelne die Verantwortung über sein Tun insofern verliere, wie er die Zusammenhänge nicht mehr durchschaue oder durchschauen bzw. beeinflussen könne[329].

2. *Bedenken gegen diese Verantwortungskonzeption*

Ransiek beschreitet sicherlich den richtigen Weg, wenn er die Unterscheidung von Tun und Unterlassen als zu starr kritisiert, die Erheblichkeit von Garantenstellungen beim Tun feststellt und auf die Pflichtwidrigkeit abstellt. Auch seine Ergebnisse überzeugen weitgehend. Jedoch bleibt seine Untersuchung doch weitgehend exemplarisch, seine Begründungen gehen nicht tief genug. So erklärt er nicht grundsätzlich, wie Verantwortung entsteht,

---

326 Eine solche stellt *Schünemann*, Unternehmenskriminalität, S. 99 ff. an.

327 AaO, S. 39.

328 *Ransiek* folgt auch hier - ohne näher darauf einzugehen - der Zurechnungslehre, wenn er die spezifische Gefahrverwirklichung als Einschränkungskriterium für die (weite) Gefahrenverantwortung auffaßt und nicht die spezifische Gefahrschaffung als Voraussetzung für die tatbestandliche spezielle Verantwortung.

329 AaO, S. 41.

sondern begründet die Garantenstellung des Unternehmens lediglich aus dem Vergleich mit einer anerkannten Form einer Garantenstellung, der Herrschaft über eine gefährliche Sache. Er kommt aber schon bei einer angemaßten, widerrechtlichen Zuständigkeit für Sachen in Schwierigkeiten, wenn er hierbei zur Begründung von Rechtspflichten quasi den Grundsatz von Treu und Glauben (venire contra factum proprium) bemühen muß: „Weil die rechtliche Zuständigkeit eines anderen nicht anerkannt wird, kann man sich nicht auf ihr Fehlen berufen[330]." Man soll also verantwortlich sein, weil man in der entsprechenden Rechtsposition ist oder sie sich anmaßt. Was unterscheidet diese Auffassung dann von der, die gleich auf die faktische Position abstellt und die zuvor abgelehnt wurde?[331] Das Vertrauen Dritter könnte nach *Ransiek* eine Rolle spielen, jedoch bleibt unklar, wie diese beschaffen und zu bestimmen ist.

Ransiek verwendet fast parallel die Begriffe „Zurechnung", „Verantwortung", „Pflichtwidrigkeit", „Garantenstellung" und „Garantenpflicht", „Zuständigkeit" und später auch „Täterschaft", ohne zu klären, wie diese Begriffe zueinander stehen. Normentheoretische Erwägungen werden nicht angestellt.

Bedenklich unter dem Aspekt eines personalen Strafrechts erscheint auch, daß er von der Organisation als Zurechnungssubjekt ausgeht, nicht von natürlichen Personen. Das Unternehmen als abstrakte Persönlichkeit kann kaum Träger strafrechtlicher Pflichten sein, von dem sich dann für bestimmte Einzelpersonen solche Pflichten weiter ableiten lassen, wenn das Strafrecht das Unternehmen selbst (bislang jedenfalls sogar positiv-rechtlich) als Haftungssubjekt ausschließt. Hier rächt sich besonders, daß die strafrechtliche Verantwortung nicht näher begründet und ihr Verhältnis zur Pflicht nicht beachtet wurde. Denn ferner würde eine solche Unternehmensverantwortung auch eine eigene Handlungsfähigkeit voraussetzen[332].

Unklar bleibt dabei auch, wann von einer solchen Organisation auszugehen ist, die einem die Verantwortung für das Handeln Dritter zuschreibt. Als einziges Kriterium wird die Undurchschaubarkeit für den einzelnen genannt. Der Aspekt der Eigenverantwortlichkeit Dritter wird bewußt ausgeklammert mit dem sehr formalen Hinweis auf das unpersönliche Erfolgsabwendungserfordernis in

---

330 AaO, S. 35 Fn. 132.

331 Vgl. *Schünemann*, Unternehmenskriminalität, S. 84 ff.

332 Siehe unten S. 93 ff., 98 f.; vgl. auch *Gracia Martín*, Madrid-Symposium für Tiedemann, S. 17 f.; a.A. *Tiedemann*, NJW 88, 1171 ff.

§ 13 I StGB. Später bei der Behandlung der Täterschaft erhellt sich das Ganze zwar etwas, dies erscheint dogmatisch aber zumindest der falsche Ort.

Auch das Ausmaß der Überwachungspflicht sollte noch näher geklärt werden. Hier sind das allgemeine Lebensrisiko und die Gefahrübernahme sicher nicht die einzigen Beschränkungen, zumindest sollten die Bedingungen dafür noch näher bestimmt werden. Das erlaubte Risiko als negative Voraussetzung für die Begründung einer Pflichtwidrigkeit und als Begrenzung der Reichweite einer Pflicht müßte noch weiter konkretisiert werden.

3. Täterschaft der Geschäftsleitung als Vervollständigung der angemessenen Verantwortung

Bei der Frage nach der Verantwortung von Geschäftsleitung und Arbeitnehmer als Täter oder Teilnehmer stellt *Ransiek* mit der herrschenden Lehre auf die Tatherrschaft ab[333]. Um zur Täterschaft der Geschäftsführung de lege lata zu kommen, müßte man aufgrund Tatherrschaft Mittäterschaft oder mittelbare Täterschaft bejahen können. Viel hänge daher vom Kenntnisstand der Arbeitnehmer als letzte Glieder in der Kette über die Betriebsgefahren ab. Daß bei fehlendem gemeinsamen Tatplan und Gefahrenkenntnis aber immer nur die Person, die den letzten Tatbeitrag erbringt, für die Straftat als tatnächste wesentlich und damit (Allein-)Täter sein soll, obwohl sie u.U. bei unbefangener Betrachtung die geringste Verantwortung im Unternehmen trägt, ist auch für *Ransiek* nicht einsichtig[334]. Er untersucht daher, ob man, wie es der BGH in seiner Lederspray-Entscheidung ohne weiteres tut[335], ohne Berücksichtigung des individuellen Wissens der einzelnen Arbeitnehmer immer die Tatherrschaft der Entscheidenden begründen kann. Er löst dies über zwei Ansätze: einmal die Täterschaft aufgrund faktischer Beherrschung des Geschehens und als neueren Ansatz die Täterschaft nach Pflichtenkreisen.

a) Eine faktische Tatherrschaft aufgrund des „organisierten Machtapparates" und der Fungibilität der einzelnen Mitarbeiter, die andere ja bejahen, lehnt *Ransiek* ab[336]. Die herrschende Lehre beschränke diese Figur bislang zurecht

---

333 AaO, S. 41 ff.

334 AaO, S. 45 f.

335 Vgl. BGHSt 37,106, 114.

336 AaO, S. 47 f.

auf rechtsgelöste Apparate[337] wie Unrechtsstaaten und „Mafia-Organisationen", weil hier den Befehlsempfängern keine rechtlichen Mittel zur Befehlsverweigerung zur Verfügung stehen, sondern sie vielmehr unter einem besonderen Nötigungsdruck durch das Unrechtsregime stehen. Dies sei ein entscheidender Unterschied zur Unternehmensorganisation. Auch an der Beliebigkeit der jederzeitigen Austauschbarkeit von Arbeitnehmern seien Zweifel angebracht, spätestens das ganze Kollektiv, aber auch schon ein beträchtlicher Teil davon, könne nicht einfach ausgetauscht werden.

Das Bild von den willenlosen Handlangern ohne Individualität für die Organisation sei allerdings auch schon für den Unrechtsapparat schief: Auch dort käme die Organisation zum Erliegen, weigerten sich nur genügend Befehlsempfänger[338]. Weil es auf die unmittelbar handelnden Organisationsmitglieder für die konkrete Tatausführung ankomme, spreche viel für deren Täterschaft. Die mittelbare Täterschaft (als Täter hinter dem Täter) soll nun nach *Ransiek* aber trotzdem *kraft Organisationsherrschaft* möglich sein, ohne daß es auf eine Werkzeugeigenschaft der Vorderleute ankomme. Vielmehr genüge für diese täterschaftliche Zurechnung bereits die *soziale Machtverteilung* zwischen handelndem Untergebenen und der entscheidenden Organisationsleitung durch die tatsächliche Einbindung des Untergebenen in die Organisation. *Ransiek* vertritt offenbar einen sozialen Handlungsbegriff und auch eine soziale Tatherrschaft, wenn er davon spricht (wie zuvor der BGH in seiner Lederspray-Entscheidung), der Entscheidungsträger handle durch seine Organisationsmitglieder, da die einzelnen Tatbeiträge gerade für die Organisation geleistet würden und auch geleistet werden sollen. Diese soziale Realität der Organisation müsse anerkannt werden[339]. Abgrenzungskriterium zur Anstiftung sei deshalb auch dieses Eingebundensein in die Organisation. Rechtlich wird das noch mit dem fragwürdigen Argument untermauert, daß im Unternehmen nicht nur rein faktisch über die Tatbegehung entschieden werde,

---

337 Vgl. z.B. *Roxin*, Täterschaft, S. 242 ff.; der BGH hat sich dazu inzwischen erstmals (am 26.7.1994) im Verfahren gegen Führungspersonen an der Staatsspitze der DDR geäußert und will die Figur der *Tatherrschaft in organisierten Machtapparaten* einigen obiter dicta zufolge offenbar auch auf weitere Organisationen ausdehnen, BGHSt 40, 218; so auch *Murmann*, GA 1996, 269, 270.

338 AaO, S. 48. Ganz abgesehen davon, daß im konkreten Einzelfall (am Tatort zum Tatzeitpunkt) selten ein Ersatzmann bereitstehen dürfte; so *Murmann*, GA 1996, 269, 273.

339 AaO, S. 48 f.

sondern daß auch die Nichtbegehung verbindlich angeordnet werden könne, was an *Schünemanns* „Verbandsherrschaft" erinnert[340].

Lehne man diesen Ansatz als zu weitgehend ab, müsse man auf die Figur der Mittäterschaft zurückgreifen[341]. Problematisch sei dabei allerdings, daß es an der für die Mittäterschaft typischen Gleichordnung zwischen Arbeitnehmer und Geschäftsleitung fehle. Auch der gemeinsame Tatentschluß nach § 25 II StGB ist laut *Ransiek* allenfalls bei einem überschaubaren Kreis von Tatbeteiligten begründbar; ansonsten wisse weder die Geschäftsführung, welche Arbeitnehmer Kenntnis von der Gefährdung haben und trotzdem weiterarbeiten, noch wüßten die bösgläubigen Arbeitnehmer, ob die Geschäftsführung unter Inkaufnahme der Schadensfolgen entschieden habe. Von einer Verabredung könne unter diesen Umständen keine Rede sein[342].

Als Ausweg aus diesem Dilemma schlägt *Ransiek* eine Mischform aus Mittäterschaft und mittelbarer Täterschaft vor: Es sei nicht einzusehen, warum einem die Tatbeiträge eines Tatmitbeherrschenden als Mittäter zugerechnet werden könnten, während diese Zurechnung unmöglich sei, wenn der Tatbeitrag des anderen nur eine untergeordnete Rolle (also eine geringere als bei der Mittäterschaft) spiele; für die mittelbare Täterschaft fehle es dagegen an der Werkzeugeigenschaft des Untergebenen (dafür sei der Tatbeitrag also wieder zu gewichtig). Jedoch sieht auch *Ransiek*, daß diese Mischform nicht mit der gegenwärtigen Gesetzeslage vereinbar ist, und lehnt deshalb eine täterschaftliche Zurechnung über § 25 II StGB ab[343].

b) Um deshalb die mittelbare Täterschaft der Entscheidungsträger zu untermauern, stellt *Ransiek* auf die Pflichtenkreise im Unternehmen ab. Sein erster Gedanke ist auch hier wieder, daß der, wer Garant nach § 13 StGB für die Erfolgsabwendung und damit Unterlassungstäter wäre, erst recht als Täter anzusehen sei, wenn er über das bloße Unterlassen hinaus noch Anstifter[344] sei. Täterschaftsbegründend sei dann nicht allein die tatsächliche Beherrschung des

---

340 Siehe oben S. 48 ff.

341 AaO, S. 49 ff.

342 AaO, S. 50.

343 AaO, S. 51.

344 Beispiel von *Rudolphi*, der bei der Anweisung des Chefs an seinen Arbeiter, eine Gewässerverunreinigung zu begehen, lediglich zur Anstiftung kommt, FS Lackner, S. 863, 870.

Geschehens, sondern die besondere Pflichtenstellung[345]. Freilich ist es nun gerade umstritten, ob der unterlassende Garant Täter oder nur Teilnehmer neben einem eigenverantwortlich Handelndem ist. Zur Beantwortung dieser Frage stellt *Ransiek* wiederum auf die Tatherrschaft ab und bejaht sie beim Vorgesetzten aufgrund der Weisungsmöglichkeit und die damit gegebene rechtliche Möglichkeit, die aktiven Tatbeiträge der Untergebenen zu verhindern. Bloße Teilnahme liege dagegen vor, wenn es sich nur um eine rein faktische Beeinflussungsmöglichkeit handle. Entscheidend ist für *Ransiek* also für die Täterschaft eine *„übergeordnete Garantenstellung"* über den Handelnden im Gegensatz zu sonstigen Erfolgsabwendungspflichten, letztlich wohl die Überwachungspflicht (oder etwa Garantenstellung plus [zufällige] übergeordnete Weisungsbefugnis?)[346].

Für Fallkonstellationen wie die der Lederspray-Entscheidung will *Ransiek* diesen Weg aber nicht gehen, weil es hierbei nicht nur um Erfolgsabwendungspflichten der Unternehmensleitung, sondern um die *(aktiv positive) Zurechnung des Verhaltens vieler einzelner Arbeitnehmer* gehe, die nicht eigenhändig einen Straftatbestand verwirklichen (an dem Teilnahme möglich wäre), sondern nur durch gemeinsames Handeln einen Erfolg herbeiführen[347]. *Über eine Pflichtenstellung nach § 13 StGB könne aber nicht fremdes Verhalten zugerechnet werden.*

Deshalb schichtet er hier nach Pflichtenkreisen ab. Durch die Verantwortungs- und Informationsverteilung im Unternehmen seien die Arbeitnehmer nicht zuständig für die Vermeidung von Betriebsgefahren, sondern die darüber unternehmensintern zur Entscheidung Berufenen. Durch diese Unzuständigkeit, die zu einem Haftungsausschluß der Arbeitnehmer führe, würden die Arbeitnehmer zu Werkzeugen der Entscheidungsträger[348]. Diese Enthaftung der einzelnen Arbeitnehmer soll im Lederspray-Fall sogar gelten, wenn sie über ihren zugewiesenen Aufgabenbereich hinaus Gefahren doch erkannt hätten, weil dies nur auf Zufall oder Vermutungen beruhe. Es bestünden keinerlei Pflichten der Arbeitnehmer gegenüber Dritten, denn solche würden allein aus dem intern zugewiesenen Zuständigkeitsbereich folgen, da es um Gefahren aus

345 AaO, S. 51 f.

346 AaO, S. 52 f.

347 AaO, S. 53.

348 AaO, S. 55.

der Organisation gehe[349] (und für diese Gefahrenabwehr - laut *Ransiek* - ja primär das Unternehmen selbst zuständig sei[350]). Eine Ausnahme gelte nur, insoweit das Verhalten nicht zum üblichen und gewöhnlichen betrieblichen Tätigkeitsbereich gehöre und die Rechtswidrigkeit offenkundig sei. Nur in diesem Fall sei das Handeln (auch) wieder dem eigenen Pflichtenkreis des Arbeitnehmers zuzuordnen, weil die Entscheidung des Anweisenden nicht mehr von dessen Aufgabenbereich gedeckt sei[351]. Der Arbeitnehmer handle pflichtwidrig und damit tatbestandsmäßig und hafte als Täter. Der Maßstab für die Offenkundigkeit der Rechtswidrigkeit sei ein objektiver, der nach den beteiligten Verkehrskreisen bestimmt werde. Sonderkenntnisse des Arbeitnehmers gingen zu seinen Lasten[352].

4. Kritik

Ransieks soziologischer Ansatz zur Begründung der mittelbaren Täterschaft der Entscheidungsträger weist wenig stichhaltige Argumente auf. So hinkt der Vergleich der mittelbaren Täterschaft aus Organisationsherrschaft bei rechtsgelösten Apparaten - wenn man diese problematsiche Figur denn überhaupt anerkennen will - mit der betrieblichen Organisation schon nach *Ransiek* selbst. Das einigende Band dieser beiden Fälle nun in der „sozialen Machtverteilung" zu sehen, ist zwar möglich, scheint aber als Begründung für die Täterschaft in diesem umstrittenen Bereich reichlich dünn. So ist auch bei ihm nicht ersichtlich, warum aus der „Anerkennung der sozialen Realität einer Organisation" rechtliche Pflichten oder täterschaftliche Zurechnungen begründet werden sollen: Aus einem reinen Sein ergibt sich kein Sollen. Auch der Hinweis, daß bei betrieblich veranlaßter Tat die Nichtbegehung von der Unternehmensleitung verbindlich angeordnet werden kann, besagt nichts über deren Tatherrschaft, da dafür die bloße Verhinderungsmöglichkeit gerade nicht ausreicht, sondern eine tatbestimmende Herrschaftsmacht hinzukommen muß. Umgekehrt kann eine deliktische Weisung aber entgegen der sozialen Realität gerade keine rechtliche Bindungswirkung beanspruchen. Festzuhalten bleibt

---

349 AaO, S. 54.

350 S.o. aaO, S. 40.

351 AaO, S. 54 f, 58. Im einzelnen bleibt hier aber unklar, ob es allein auf objektive Gewißheiten ankommen soll (dafür sprechen S. 55, 58 und 88) oder ob dazu auch noch subjektives (sicheres) Wissen kommen muß (dafür evtl. S. 56 f.).

352 AaO, S. 56.

aber, daß auch *Ransiek* ähnlich wie andere, die das viel unspezifischer als Einschränkungsmerkmal fordern[353], auf diese Weise die *Betriebsbezogenheit als Zurechnungsmerkmal* für die Haftung für Untergebene statuiert.

Den Ausführungen zur Mittäterschaft ist zuzustimmen. Ein gemeinsamer Tatplan zwischen Unternehmensführung und Arbeitnehmern wäre in aller Regel bloße Fiktion. Anders als in „Mafia-Organisationen" haben sich hier die Beteiligten nicht von vorneherein zur Begehung von Straftaten zusammengeschlossen. Auf das Problem des erforderlichen Tatbeitrags im Ausführungsstadium zur Begründung der Tatherrschaft bei Mittäterschaft braucht deshalb nicht eingegangen werden[354].

Erfolgversprechend ist auch die Überlegung, über die Verletzung einer Garantenpflicht zur Täterschaft zu kommen. Wer bereits seine Garantenpflicht als Täter verletzt, indem er die Rechtsgutsverletzung nicht verhindert, kann rechtlich nicht privilegiert sein, weil er auch noch aktiv an der Verletzung teilnimmt[355]. Allerdings ist auch hier wiederum die Begründung der Unterlassungs*täterschaft* bzw. der Tatherrschaft durch und im Unterlassen gerade mit der bloßen Verhinderungsmöglichkeit des Vorgesetzten nicht überzeugend. Denn auch ein Gehilfe kann u.U. die Tat verhindern. Über solche potentiell-faktische Überlegungen läßt sich keine Tatherrschaft eines bloß Passiven begründen, weil Beherrschen auch eine forcierende Anleitung voraussetzt. Nur normative Überlegungen können daher eine Tatherrschaft beim Unterlassen begründen. *Ransiek* schiebt als solche die „übergeordnete Garantenpflicht" nach, die sich aus rechtlichen Weisungsbefugnis ergeben soll. Insoweit bleibt allerdings das Problem der Eigenverantwortlichkeit des Arbeitnehmers, der doch von sich aus schon keine Straftaten begehen darf; die Weisung des Vorgesetzten, von Straftaten abzusehen, ist eine Selbstverständlichkeit, die sicher keine Täterschaft begründen kann. *Ransiek* kommt damit auch zum entgegengesetzten Ergebnis als die anderen Vertreter

---

353 Vgl. Sch/Sch-*Stree*, § 13 Rn 52.

354 Vgl. dazu *Bloy*, GA 1996, S. 424 ff.

355 Deshalb trifft die Kritik von *Rotsch*, Individuelle Haftung, S. 167 f. an *Ransiek*, dies sei ein „ziemlich offensichtlicher Taschenspielertrick", weil er ein eindeutiges Tun (Anstiftung) in ein (leichter zu begründendes) Unterlassen umdeute, nicht zu. Es ist schon ein grundlegendes Mißverständnis zu glauben, der Unterlassensvorwurf sei leichter zu begründen; siehe dazu und zum Folgenden unten B. Auf die Interpretation als Tun und Unterlassen kommt es nicht an – diese ist z.T. willkürlich -, sondern auf die persönliche Pflichtverletzung gegenüber dem Opfer bzw. die Rechtsverletzung und deren Gewicht.

einer vermittelnden Lösung, die den Beschützergaranten, nicht den Überwachungsgaranten wie *Ransiek* zum Täter machen wollen[356].

Erstaunlich ist, daß *Ransiek* diese „Garanten-Täterschaftsüberlegung" für die Lederspray-Fälle für nicht anwendbar hält. Denn er stellte doch zuvor selbst fest, daß es auf die Einordnung als Tun oder Unterlassen nicht ankomme und das Unternehmen eine allgemeine Erfolgsabwendungspflicht betrieblicher Gefahren treffe, wobei es gerade nicht auf eine besondere Verhinderungspflicht für Straftaten Dritter ankomme. Weil das Weiterarbeitenlassen seiner Meinung nach - vom BGH inspiriert? - aber ein gemeinsames Tun ist[357], stellt er hier die angeblich anders geartete Zurechnungsfrage, während er in Unterlassungskonstellationen nur nach der Erfolgsabwendungspflicht fragt. Die Garantenpflicht aus § 13 StGB hat aber auch mit Zurechnung zu tun, sonst müßte man den Erfolg, den andere aktiv herbeiführen, nicht abwenden. Die Garantenpflichtwidrigkeit ist wie die Pflichtwidrigkeit bzw. das mißbilligte Risiko beim Begehungsdelikt Voraussetzung für die strafrechtliche Zurechnung (in der Terminologie der Lehre von der objektiven Zurechnung gesprochen)[358]. Wenn es auf eine Unterscheidung von Tun und Unterlassen nicht ankommen soll - und so muß es in der Tat sein[359] -, dann kann man auch nicht zwischen Garanten- und sonstigen („normalen") zurechnungsfähigen (Unterlassungs-) Pflichten unterscheiden, sondern es kommt nur noch auf die konkrete Pflicht an. Die Frage nach der (Garanten-)Pflicht ist Teil der Zurechnungsfrage und insoweit dieselbe. Daß es im einen Fall erst das Zusammenwirken vieler ist, das den Erfolg herbeiführt, kann auch keinen Unterschied begründen, wenn auch über die vielen eine Aufsichtspflicht besteht. Wenn die einzelnen ihren Deliktsbeitrag nicht mehr als solchen erkennen und aufgrund der Arbeitsteilung rechtlich für die Gefahrvermeidung nicht mehr zuständig sind, spricht ja durch dieses Defizit im Gegenteil viel mehr für die mittelbare Täterschaft als in der eigenhändigen Variante. Und auch die Teilnahmefrage an Delikten der Untergebenen kann sich durchaus auch bei vielen kleinen Tatbeiträgen der

---

356 Vgl. Sch/Sch-*Cramer*, Vorbem §§ 25 ff. Rn 104 ff. m.w.N.

357 Vgl. aaO, S. 31, 53.

358 Vgl. für die Lehre von der objektiven Zurechnung, die ein mißbilligtes Risiko bzw. ein pflichtwidriges Verhalten des Täters (als erste Voraussetzung) und eine Verwirklichung dieses Risikos im Schadenserfolg (Pflichtwidrigkeitszusammenhang als zweite Zurechnungsvoraussetzung) verlangt, *Wessels*, AT, Rn 180 f.; Sch/Sch-*Lenckner*, Vorbem §§ 13 ff. Rn 93 ff.; *Lackner*, Vor § 13 Rn 14 (m.w.N.).

359 Vgl. zu den geradezu willkürlichen Manipulationsmöglichkeiten bei der strafrechtlichen Haftung je nach Einordnung, wenn es wirklich darauf ankäme, *Herzberg*, Arbeitsschutz, S. 203 ff. Grundsätzlich siehe unten B, S. 115 ff.

Arbeitnehmer stellen, wenn nur ein einzelner Arbeitnehmer das deliktische Geschehen überblickt und trotzdem seinen Tatbeitrag erbringt. Dieser ist dann eben selbst mittelbarer Täter mit den unwissenden Mitarbeitern als Werkzeugen eventuell in Nebentäterschaft mit anderen wissenden, mit denen er sich nicht verabredet hat. Wahrscheinlich kommt *Ransiek* im Anstiftungsfall von *Rudolphi* nur deshalb einfacher zur Täterschaft aus übergeordneter Garantenstellung, weil dort der (vorausgesetzte) Garant noch zusätzlich vorsätzlich aktiv eine Gefahr schuf, die er eigentlich sogar verhindern müßte, während im Lederspray-Fall zunächst die ursprüngliche, ex post als gefährdend eingestufte Weisung an die Arbeitnehmer, das Produkt herzustellen und zu vertreiben, deliktisch unvorsätzlich vorgenommen wurde und später, als die (möglichen) Gefahren der Geschäftsleitung bekannt wurden, „nur" ein Weiterarbeitenlassen mit (bedingtem) Vorsatzes vorlag. Warum nun die Geschäftsleitung durch eine bloße Änderung in der subjektiven Befindlichkeit eine Gefahr pflichtwidrig *aktiv* (über Dritte) schafft, versucht *Ransiek* nun unter der Rubrik „Zurechnung" zu begründen. Das ist aber originär die Garantenproblematik, die das Verhältnis des (objektiv [noch] nichts tuenden) Täter zum gefährdeten Rechtsgut zu klären hat. Deshalb ist hier die Einordnung als unechtes(!) Unterlassen entgegen *Ransiek* und dem BGH auch nicht „schief", sondern sie macht dies deutlicher. Letztlich dürfte *Ransieks* Motivation, unbedingt auf ein Tun abzustellen, am Ergebnis orientiert gewesen sein, weil er glaubte, so die erwünschte Täterschaft und die dazu erforderliche Tatherrschaft leichter oder gar nur anschaulicher begründen zu können[360].

Plausibel ist das Abstellen auf die Pflichtenkreise und innerbetriebliche Zuständigkeiten. Das widerspricht jedoch nicht einer Betrachtung unter Garantengesichtspunkten. Eine solche Betrachtungsweise könnte im Gegenteil die Pflichtenverteilung innerhalb des Betriebs besser begründen. Wie hier die Gefahrzuständigkeiten übergehen und eventuell auch wieder auf den einzelnen zurückfallen, muß noch näher untersucht werden. So ist nicht einzusehen, warum bei offenkundiger Rechtswidrigkeit der Tätigkeit der Arbeitnehmer selbst dann haften soll, wenn er in concreto die Rechtswidrigkeit nicht erkannt hat, da er keine Prüfpflichten (Pflichtenverteilung im Unternehmen, reibungslose Arbeitsabläufe und Arbeitsteilung) hat. Auch die Haftung des die Rechtswidrigkeit sicher erkennenden Arbeitnehmers als Täter scheint fraglich. In diesem Fall wäre doch die Zurechnung zur Entscheidungsebene, um die es *Ransiek* ja hier geht, unterbrochen, und die Unternehmensleitung könnte

360 Vgl. die insoweit berechtigte Kritik von *Rotsch*, Individuelle Haftung, S. 168.

allenfalls wieder über die „übergeordnete Garantenstellung" als Täter angesehen werden. Dies soll aber nach *Ransiek* gerade nicht möglich sein. Wie stehen nun aber die *beiden Zuständigen* (Unternehmensleitung und sicher wissender Arbeitnehmer) zueinander?

VI. *Busch*

Ganz ähnlich wie *Ransiek* und zuvor *Schmidt-Salzer* und *Eidam* nimmt *Busch* in seiner umfangreichen Dissertation zur Unternehmensdeliquenz im Umweltstrafrecht Stellung[361]. Auch für ihn kommt es für die Begründung von Garantenstellungen im Betrieb auf die normative Zuordnung von Verantwortungsbereichen an. Diese folge letztlich aus den betrieblichen Aufgaben und Kompetenzen bzw. aus dem Organisationsplan des Unternehmens. Für *Busch* steht hinter dieser Zuordnung als materielle Legitimation - ganz i.S. der herrschenden Meinung - das *Herrschaftsprinzip*. Herrschaft bedeutet für ihn mehr als die physisch-reale Abwendungsmöglichkeit, sie müsse außerdem rechtlich abgesichert sein, wie z.B. durch die Besitzrechte nach §§ 854 ff. BGB oder Direktionsrechte. Entscheidend ist für ihn, daß sich der Unterlassende als *„Zentralgestalt des Geschehens"* darstelle[362]. Dieses Bild erlaubt ihm dann freilich auch - in enger Anlehnung an *Schünemann* - die gewünschten Korrekturen des zu engen Herrschaftsbegriffs über soziale Anschauungen beherrschender Mächte, die (noch) nicht rechtlich begründet sind, aber institutionalisiert sind[363]. Demzufolge sei *die Geschäftsleitung als Inhaber der rechtlichen Organisationsherrschaft über den betrieblichen Machtapparat, die sowohl betriebliche Sachmittel als auch die personale Herrschaft über die fungiblen und von Arbeitsplatzverlust bedrohten einzelnen Mitarbeiter umfasse, Ausgangs- und Endpunkt sämtlicher betrieblicher Garantenpflichten*, und sie hafte ganz generell. Mit zunehmender Distanz der Geschäftsleitung zum unmittelbar schädigendem Geschehen wandeln sich die originären

---

361 Siehe den 2. Teil seiner Arbeit, *Busch*, Unternehmen und Umweltstrafrecht, 1997, zur individuellen Verantwortlichkeit, S. 291 ff., vor allem S. 512 ff.

362 *Busch*, Unternehmen, S. 521 ff.

363 *Busch*, Unternehmen, S. 520 f., 540 ff.

Garantenpflichten in spezifische Organisations-, Aufsichts- und Koordinationspflichten um[364].

Durch Delegation der Geschäftsleitung würden untergeordnete Mitarbeiter zu sekundären Adressaten der Garantenpflichten[365]. Durch die Stellung im Unternehmen konkretisiere sich die Pflicht des einzelnen[366] und sei deshalb *betriebsbezogen*[367]. Die Geschäftsleitung sei dadurch jedoch nicht vollständig von ihren Verpflichtungen befreit, sondern speziell in Krisen und Ausnahmesituationen, sofern das Unternehmen als Ganzes betroffen ist, bleibe sie zuständig. Dabei greift auch *Busch* auf den gesellschaftsrechtlichen Grundsatz der Allzuständigkeit und Generalverantwortlichkeit der Geschäftsleitung zurück[368].

Die Arbeit *Buschs* ist ein schönes Beispiel für die am praktischen und gewünschten Ergebnis orientierte moderne herrschende Meinung. Wegen der trotz allem auftretenden praktischen Schwierigkeiten bei den forensischen Feststellungen fordert auch er den Gesetzgeber[369]. Auch ihn trifft aber die bereits mehrfach geübte Kritik an der herrschenden Meinung und ihrem Herrschaftsprinzip verbunden mit dem Vorwurf der Mißachtung der persönlichen Eigenverantwortung, weil es ihm nicht gelingt eine rechtliche Verknüpfung von Herrschaft und Pflicht herzustellen. Intuitiv mag man ihm sicher spontan zustimmen, daß die „Zentralgestalt des Geschehens" wohl auch Garant sein muß. Doch impliziert dieser Begriff bereits die Garantenstellung und begründet sie nicht.

VII. *Köhler*

Köhler beschäftigt sich in seinem neuen Lehrbuch bei der Unterlassungsproblematik u.a. auch intensiver mit dem Problem der Geschäftsherrenhaftung und entwickelt ein Stück weit eine neuartige Lösung[370]. Während die herrschende Lehre heute überwiegend einem

364 *Busch*, Unternehmen, S. 545 ff., 556.

365 *Busch*, Unternehmen, S. 548 f.

366 *Busch*, Unternehmen, S. 545.

367 *Busch*, Unternehmen, S. 543.

368 *Busch*, Unternehmen, S. 546 ff., 552.

369 *Busch*, Unternehmen, S. 536, 543, 555, 558 ff.

370 *Köhler*, Strafrecht AT, S. 221 ff.

heteronomen generalpräventiven Strafrechtsverständnis folgt, vertritt er einen autonomen Rechtsansatz, aus dem folgt, daß auch das rechtliche Unterlassen bzw. *Tätigkeitspflichten autonom begründet* sein müssen. Neben der „allgemein-menschheitlichen Tätigkeitspflicht" bzw. Hilfspflicht der echten Unterlassungsdelikte, die sich menschenrechtlich auf das Vernunftgebot gründe, daß ein freier Mensch nicht dem existenzbedrohenden und daher unfreimachenden Zufall ausgesetzt sein dürfe[371], resultierten besondere Garantenpflichten aus einem besonderen autonom begründeten Verhältnis zwischen Garant und Opfer[372]. Über das allgemeine menschenrechtliche Pflichtenverhältnis hinaus entstünden solche Garantenverhältnisse aus der Bildung *freiheitlicher Institutionen*, indem - in Anlehnung an *E.A. Wolff*[373] - der Garant die Abhängigkeit einer anderen (bestimmten) Person von ihm begründe und eine spezifische Tätigkeitspflicht übernehme, während andererseits dieser andere (das Opfer) in einem *besonderen Rechtsvertrauen* auf die Erfüllung dieser Pflicht lebe. Die Rettungschance durch den einen (den Garanten) im Sonderrechtsverhältnis werde zum Teil des dem anderen (Opfer) gehörigen rechtlichen Daseins, und damit stehe die Nichterfüllung dieser Rettungspflicht einem aktiven Verletzungshandeln gleich.

Das besondere Problem der Garantenpflicht für fremdes Verletzungsverhalten bei der Geschäftsherrenhaftung behandelt *Köhler* entsprechend der Ingerenzhaftung. Eindeutig bestehe eine Garantenhaftung bei normwidrigem Vorverhalten, das eine objektive Deliktsbeihilfe darstelle. Allerdings ist diese Fallgruppe nahezu bedeutungslos, da bei einer vorsätzlichen unrechtsbewußten Beihilfehandlung die daraus resultierende Garantenpflicht keine selbständige Verantwortlichkeit mehr begründet[374].

Interessanter ist daher *Köhlers* Ansicht unter dem Gesichtspunkt der an sich erlaubten Gefahreröffnung (zweite Form der Ingerenz). Im Unterschied zu *Schünemann*, *Hsü* und anderen. trennt *Köhler* eine solche mögliche Haftung für fremdes Verhalten im Unternehmen strikt von Haftungsfragen aus Betreuungspflichten mit Personensorgequalität, weil der einzelne für seine Unrechtshandlungen zunächst selbst verantwortlich sei[375]. In Betracht zu

---

371 *Köhler*, aaO, S. 208.

372 *Köhler*, aaO, S. 210 f. und zu den Garantenpflichtstellungen im einzelnen S. 216 ff.

373 *E.A. Wolff*, Kausalität von Tun und Unterlassen, S. 36 ff.

374 So zuvor schon *Köhler* selbst, aaO, S. 220.

375 *Köhler*, aaO, S. 217, 222.

ziehen sei dagegen, daß auch rechtmäßig organisierte Zwecke typischerweise in der Gefahr stehen können, unter bestimmten Umständen in Unrechtsakte umzuschlagen. Als Beispiel einer *erlaubten, aber abstrakt gefährlichen Organisation* im behördlichen Bereich dient ihm dazu der Einsatz der Bereitschaftspolizei. Gegen eine Körperverletzung im Amt eines Polizisten müsse der Vorgesetzte einschreiten, aus der Einrichtung des abstrakt gefährlichen Zusammenhangs könne sich daher eine *Aufsichts- und Hinderungspflicht des Personenverbandes* (hier des Staates) gründen, die dann in abgeleiteter Weise den Vorgesetzten treffe. Eine Besonderheit erlaubt sich *Köhler* hinsichtlich der Gewichtung dieser Organisationspflicht: „Im Hinblick auf die verbotsbezogene Selbstverantwortlichkeit der unmittelbar handelnden Personen und den abstrakt allgemeinen Gefahrengrund" soll sie „nicht von derselben Dichte wie eine auf rechtswidrigem Vorverhalten beruhende Garantenpflicht" sein. Positivrechtlich werde daher die selbständige Sanktionierung von Aufsichtspflichten angemessen sein, die zwischen einer allgemeinen Gefahrenabwendungspflicht und einer Ingerenzgarantenpflicht anzusiedeln sei. De lege lata ist dem allerdings nicht so, so daß man diese Sentenz wohl als Kritik am gegenwärtigen Stand des positiven Rechts und seinem § 357 StGB, der gerade keine Strafmilderung gegenüber dem vom Untergebenen verwirklichten Delikt anordnet, verstehen muß. Auch eine Ahndung als Ordnungswidrigkeit nach § 130 OWiG dürfte der Gewichtung *Köhlers* jedenfalls nicht gerecht werden.

Gegen eine solche strafrechtliche Verpflichtung des apersonalen Verbandes ist dasselbe einzuwenden wie oben bei *Ransiek.* Die Aufsichtspflicht des amtlichen Vorgesetzten dürfte indes einen Sonderfall darstellen, der deshalb auch in § 357 StGB besonders geregelt ist. Hier hat schon *Hsü* mit Recht auf die Sonderstellung staatlicher Behörden und deren Organisation im Vergleich zu privaten Unternehmen hingewiesen[376]. Der Staat nimmt gegenüber dem Bürger (notwendigerweise) Sonderrechte zur Erfüllung seiner besonderen staatlichen Pflichten und Aufgaben in Anspruch. Solche Sonderrechte bergen das Risiko des Mißbrauchs, da damit das für die Konstituierung des Rechts elementare Verhältnis der Gleichheit aller Rechtsunterworfenen durchbrochen wurde. Der Staat steht aber - im Rechtsstaat - nicht außerhalb des Rechts, sondern seine besonderen Befugnisse wurden ihm (in der Demokratie) von den Bürgern nur im gesetzlich vorgegebenen Rahmen und um den Preis von Kontrollen der staatlichen Macht eingeräumt. Solche Kontrollen können nur mit

---

376 *Hsü*, Garantenstellung des Betriebsinhabers, S. 251 ff.; siehe auch oben S. 55.

übergeordneter staatlicher Macht geschehen[377]. Da es eine wesentliche und tragende Aufgabe des Rechtsstaates ist, Rechtsfrieden herzustellen und die Rechtsordnung zu garantieren, unter die sich die Bürger unterordnen und unter der sie dem Staat das Gewaltmonopol einräumen, was sie noch verletzlicher und schutzwürdiger macht, genießt das staatliche Handeln rechtlich ein besonderes Vertrauen auf Rechtmäßigkeit. Der Staat hat daher aus rechtsstaatlichen Gründen selbst Überschreitungen und Mißbrauch staatlicher Befugnisse zum Schutz und im Interesse der Bürger, die ihn erst unter dieser Voraussetzung legitimieren, zu unterbinden. Die strenge autoritäre disziplinarische Ordnung in der Exekutive dient einerseits der effektiven Durchsetzung der Staatsziele, andererseits aber auch diesem rechtsstaatlichen Prinzip der Kontrolle und der Aufrechterhaltung der Rechtsordnung. Der einzelne Amtsträger hat daher mit seinem öffentlichen Amt den Bürgern gegenüber auch die (strafrechtliche und in § 357 StGB sanktionierte) Pflicht übernommen, sie vor Straftaten ihrer Untergebener im Amt zu schützen. Dem privaten Geschäftsherrn sind dagegen keine Sonderrechte gegenüber den anderen Bürger eingeräumt worden; daher kann er aus diesem Grunde auch nicht sicherungspflichtig sein[378].

Hinsichtlich der (laut *Köhler*) überwiegenden Annahme einer Garantenpflicht des privaten Unternehmers sieht *Köhler* noch mehr Klärungsbedarf[379]. Er unterscheidet nach dem Grund der Unternehmenspflichten zwischen Organisations- und Betriebsgefahren im engeren und weiteren Sinne. Im engeren Sinne seien Aufsichts- und Abwendungspflichten „schon aus den allgemeinen Gründen der Ingerenz oder erlaubter Betriebs- oder Sachgefahreröffnung" begründet, die speziellen betrieblichen Aufsichtspflichten knüpften hier lediglich an schon begründete Sicherungspflichten an. Davon zu unterscheiden sei jedoch die Frage nach der Verantwortung für eigenverantwortlich deliquentes Handeln eines Untergebenen.

Zumindest in der vorgebrachten Kürze ist diese Trennung jedoch irreführend. Auch hinsichtlich der Verantwortung von betrieblichen Sachgefahren bleibt das

377 Zumindest in der Einzelfrage der jeweiligen Kontrolle muß zu diesem Zweck auch ein sonst bei- oder nebengeordnetes Staatsorgan (z.B. die höchsten Verfassungsorgane) übergeordnete Kompetenzen haben (und die Gewaltenteilung durchbrochen werden).

378 Vgl. auch *Heine*, Strafrechtliche Verantwortlichkeit, S. 117; *Brammsen*, Entstehungsvoraussetzungen, S. 228 ff.

379 *Köhler*, aaO, S. 222 f.

Problem der Eigenverantwortung der beteiligten untergebenen Arbeitnehmer noch bestehen. Mit dem „eigenverantwortlich deliquenten Handeln" meint *Köhler* wohl allein die besonderen Konstellationen der vorsätzlichen Begehung von Straftaten der Untergebenen. Tatsächlich spielen Sicherungsgarantenpflichten eine wesentliche Rolle bei der Verantwortung der Geschäftsherren, doch wird diesbezüglich noch weiter differenziert und manches konkretisiert werden müssen. Was eine (unproblematische) Garantenpflicht aus „erlaubter Betriebsgefahreröffnung" ausmacht, zumal im Unterschied zum eigenverantwortlich deliquenten Handeln Untergebener im Betrieb, oder ob sich Betriebsgefahr und Sachgefahr vollkommen decken, bleibt dagegen unklar. Eine pflichtbegründende Betriebsgefahr gilt es doch gerade zu begründen!

Was nun die Verantwortung für das (fremde) eigenverantwortliche deliquente Handeln im Betrieb betrifft, stellt *Köhler* (ähnlich wie zuvor *Schünemann* eine „kriminogene Verbandsattitüde") eine „empirisch-kriminologisch augenfällige" Tendenz der Unternehmensangehörigen fest, sich unter verschärfenden Konkurrenzbedingungen und dem davon ausgehenden Druck auch auf die Gefahr des Unrechtshandelns hin zu behaupten[380]. Diese generelle Gefahr der Verselbständigung des Erwerbszwecks im Unternehmen sei der Einrichtung erlaubt-gefährlichen Produktions-, Verkehrssysteme vergleichbar. Dort seien deshalb ordnungsrechtliche Organisationspflichten festgelegt, die aber lediglich den entsprechenden, zunächst privatrechtlichen Pflichten (z.B. auch „§ 31 BGB" -?) folgten. Auch im (nicht speziell kriminogenen) Unternehmen träfen daher den am besonderen Verbandszweck konstitutiv Beteiligten (vom Unternehmen) abgeleitete (strafrechtliche) Tätigkeitspflichten in seinem Organisationsbereich, wenn sich jene generelle Gefahr in einer konkreten Tatgefahr niederschlage. Letztlich wird also wieder aus Ingerenz bei erlaubtem Risiko gehaftet (wenn auch mit Unterschieden in der Gewichtung; dazu gleich). Diese Tätigkeitspflicht bestehe in der *Hinderung von Straftaten Untergebener, die im Zusammenhang mit der Verfolgung des Unternehmenszwecks unternommen werden.* Exzeßtaten fielen aber nicht darunter. Auch für *Köhler* spielt also die „Betriebsbezogenheit" eine gewisse Rolle.

In *Köhlers* Argumentation vermißt man allerdings ein stringentes normatives Element, warum das allgemeine und erlaubte Lebensrisiko, anderen zu einem Delikt Anlaß zu geben, im Augenblick der konkreten Gefahr über die

---

380 *Köhler*, aaO, S. 223. So auch *Stratenwerth*, SchwStrafrecht AT I, S. 383.

Schranken der Eigenverantwortlichkeit hinweg zu einem mißbilligten Risiko des Unternehmers werden soll. Denn die Errichtung eines Unternehmens mit Erwerbszweck oder deutlicher: die betriebliche Gewinnerzielungsabsicht stellt kein Sonderrisiko dar, das überwacht werden müßte[381]. Der wirtschaftliche Konkurrenzkampf ist ein allgemeines Problem - andererseits aber auch positiv die Chance und der erwünschte volkswirtschaftliche Antrieb - unserer (sozialen) Marktwirtschaftsordnung, das kaum einzelnen vor anderen über die Grenzen der Eigenverantwortlichkeit hinweg strafrechtlich verantwortungsbegründend vorgeworfen werden kann[382]. Eine solche allgemeine Veranlassungshaftung paßt ganz und gar nicht in das streng auf der Autonomie des einzelnen beruhende Konzept *Köhlers*. Die „empirisch-kriminologische Augenfälligkeit" könnte allenfalls in einem generalpräventiven kriminalpolitischen Strafrechtskonzept eine Verantwortung für fremdes Verhalten begründen. Ordnungsrechtliche Pflichten (Störereigenschaft) kennzeichnen allerdings solche empirischen Gefahrenherde und bekämpfen diese nach dem Effektivitätsprinzip, lassen aber nicht unbedingt auf eine wirkliche, strafrechtlich vorwerfbare Verantwortung schließen. Nach *Köhlers* eigener bedenkenswerten Auffassung, nach der diese staatliche Polizeitätigkeit nur aus allgemeineren, nicht öffentlich-rechtlichen Rechtsnormen abgeleitet ist und wohl auch sein muß, heißt eine solche Pflichtbegründung vom staatlichen Ordnungsrecht her, das Pferd von hinten aufzuzäumen, weil die (abgeleitete) polizeiliche Pflicht selbst auf ihre allgemeinere Berechtigung hinterfragt werden muß. Die (vorausgehende) zivilrechtliche Haftung müßte ebenfalls erst selbst näher untersucht werden und folgt auch z.T. anderen Grundsätzen als das Strafrecht, da dort häufig aus fachspezifischen Gerechtigkeitserwägungen nicht (mehr) die Verschuldenshaftung, sondern ein angemessener Ausgleich der Vermögens- und sekundären Haftungsrisiken im Vordergrund steht (Utilitätsprinzip, parteiliche Verteilungsgerechtigkeit, Leistungsfähigkeit und Opferschutz)[383] - insbesondere bei juristischen Personen (vgl. § 31 BGB)[384]. Freilich - könnte man einwenden - begründen solche rechtlichen Anforderungen an das Unternehmen auf Seiten Dritter auch ein gewisses Vertrauen auf deren

381 Vgl. NK-*Seelmann*, § 13 Rn 131.

382 Vgl. *Heine*, Strafrechtliche Verantwortlichkeit, S. 119 f. und diesem folgend *Rotsch*, Individuelle Haftung, S. 202 f.

383 Vgl. *Seelmann*, GA 1989, 241, 246 f., 251; *dens.*, in: Schmidt, Vielfalt des Rechts, S. 91; *Heine*, Strafrechtliche Verantwortlichkeit, S. 114, 123 f. Zur unterschiedliche Beurteilung von drittschützenden Pflichten im Betrieb im zivilen Deliktsrecht vgl. *Ransiek*, Unternehmensstrafrecht, S. 37.

384 „Organtheorie"; siehe Palandt-*Heinrichs*, § 31 Rn 1 ff. m.w.N.

Einhaltung, doch begründet eben nicht jedes rational nachvollziehbare Vertrauen schon eine strafrechtliche (Garanten-)Einstandspflicht. Es müßte begründet werden, daß es sich um das besondere, berechtigte und elementare Vertrauen eines Menschen handelt, das wirklich Teil seines (rechtlichen) Daseins und damit seiner Freiheit (bzw. seiner Rechtsgüter) in den Händen des anderen ist, und nicht nur um einen Reflex aus andersartigen Pflichten des anderen.

Köhler erkennt dann auch die Schieflage einer solchen allgemeinen Geschäftsherrenhaftung im heutigen Strafrechtssystem und taxiert sie ihrem Gewicht nach (wiederum) zwischen der bloße Jedermannspflicht zur Verbrechenshinderung und (näher) einer Obhuts(?)-Garantenpflicht in den „*Status einer relativ selbständigen Aufsichtspflicht*“, da es sich nur „um eine *Teilverantwortlichkeit* für einen gemeinschaftlichen (gesamtgesellschaftlich) konstituierten Zusammenhang handle“[385]. Diese sehr differenzierte Lösung, die auf die gemeinsame (Teil-)Verantwortung aller Beteiligten abstellt, ist nun sehr salomonisch und entspricht im Ergebnis (wohl) auch weitgehend dem Rechtsgefühl. Positivrechtlich betritt sie aber völliges Neuland und befriedigt de lege lata schon deshalb nicht. Auch warum allein der legitime Zusammenschluß zum gemeinsamen (erwerbsbezogenen und deshalb u.U. gefährlichen) Unternehmenszweck als Kompromißlösung eine Teilverantwortlichkeit für das Unrechtshandeln anderer quasi in Extension (und deshalb andererseits in mildernder Weise) der Mittäterschaftsregeln begründen soll, bleibt letztendlich ungeklärt und wird zum Postulat. Die subtilen differenzierenden Pflichtgewichtungen *Köhlers* lassen sich auch kaum mehr verläßlich nachvollziehen, wenn man bedenkt, daß auch bei einer echten Garantenpflicht keineswegs nur eine Täterhaftung in Betracht kommt, sondern auch eine weniger strenge Beihilfe zur Debatte steht[386]. Offen bleibt leider

385 *Köhler*, aaO, S. 223 f.

386 So *Köhler* selbst, aaO, S. 222 oben.

auch, ob die Haftung des Unternehmers nur bei Vorsatz oder auch schon bei fahrlässigen Aufsichtspflichtverletzungen eingreift.

C: Zusammenfassung des vorgefundenen Meinungsstandes

Wir haben festgestellt, daß (ganz) überwiegend ein Bedürfnis dafür gesehen wird, den Geschäftsherrn für die Vorgänge in seinem Betrieb verantwortlich zu machen. Leider bleiben die Begründungen für eine solche Verantwortung und ihre *strafrechtliche* Bedeutung meist nur vage und entspringen eher einem undifferenzierten Billigkeitsgefühl. So orientiert sich die Rechtsprechung sehr am Einzelfall und vertraut ihrem Judiz. Sie bejaht bei den Geschäftsherren oft ohne weiteres dogmatisch als notwendig anerkannte Voraussetzungen wie die Garantenstellung beim unechten Unterlassungsdelikt als mehr oder weniger selbstverständlich oder knüpft allenfalls pro forma an Äußerlichkeiten an.

In der Literatur wird weitgehend eine *kriminalpoltisches, generalpräventives Strafbedürfnis* aufgrund der empirischen besonderen Gefährlichkeit der unpersönlichen (wirtschaftlichen) Unternehmen bejaht. Wem ein solches Strafbedürfnis unter der selbstverständlichen Berücksichtigung des rechtsstaatlichen Verhältnismäßigkeitsgrundsatzes als alleinige Begründung für die strafrechtliche Verantwortung nicht genügt, findet in den betrieblichen Autoritäts- oder Herrschaftsstrukturen eine willkommene dogmatische Krücke, um den Geschäftsherrn als weisungsberechtigten Vorgesetzten für das Verhalten anderer haften zu lassen. Ältere Auffassungen nehmen noch Analogien zu gesetzlich normierten Aufsichtspflichten Vorgesetzter zu Hilfe, neuere neigen eher zu soziologischen Betrachtungsweisen von Verantwortungsbereichen. Dabei gerät insbesondere das „Vertrauen der Allgemeinheit“ zu einer willfährigen Generalklausel für die Begründung einer Garantenpflicht.

Andere Stimmen in der Literatur lehnen dagegen eine generelle Geschäftsherrenhaftung für andere - scheinbar streng dogmatisch - mit dem Hinweis auf das Eigenverantwortungs- bzw. „Autonomieprinzip“ kategorisch ab und lassen den Betriebsinhaber nur aufgrund der betrieblichen Sachgefahren haften. Subtilere Untersuchungen gelangen auf dieser Basis de lege lata zu einer weitverbreiteten Unverantwortlichkeit und fordern deshalb häufig vom Gesetzgeber eine angemessenere Regelung.

In die richtige Richtung weisen vereinzelte Ansätze, die nicht nur vom Ergebnis her funktional und generalpräventiv ansetzen, sondern normativ nach den jeweiligen Pflichten des Geschäftsherrn und seiner Mitarbeiter fragen.

Um die Fragen der strafrechtlichen Geschäftsherrenhaftung wirklich rechtlich fundiert beantworten zu können, darf man nicht von vornherein vom (wegen seines Erziehungseffektes) gewünschten Ergebnis (Haftung des Geschäftsherrn) ausgehen. Das „Autonomieprinzip" muß hinterfragt und geklärt und seine eventuelle rechtliche Bedeutung für den einzelnen und das Strafrecht näher untersucht werden. Es muß deshalb zuerst ganz allgemein der Frage nachgegangen werden, wie rechtliche Verantwortung und Pflichten, vor allem Garantenpflichten, im allgemeinen und persönliche Verantwortung für Dritte im besonderen entstehen. Dabei stellt sich dann auch die Frage, was es z.B. mit dem Vertrauen auf sich hat, und die Frage nach der Rolle des Strafrechts. Auf dieser fundierten Basis sollen dann in einem weiteren Schritt die besonderen Probleme der rechtlichen Verantwortung, der Aufsichtspflichten und der daraus resultierenden strafrechtlichen Haftung des Geschäftsherrn angegangen und der richtigen Lösung zugeführt werden.

D: Die Begründung von Pflichten im Strafrecht, insbesondere der Aufsichtspflicht des Geschäftsherrn

I. Entstehung von Pflichten

Um eine Aufsichtspflicht, die nicht gesetzespositiv geregelt ist, aber dennoch eine rechtliche und nicht nur eine sittliche sein soll, wie dies § 13 I StGB fordert, juristisch begründen zu können, lohnt sich ein Blick auf die Entstehung von Recht(en) und Pflichten überhaupt.

1. Überblick über strafrechtliche Normen und Pflichten

Im Strafrecht erscheint die Antwort auf die Frage der Pflichtbegründung hinsichtlich der reinen Erfolgsdelikte einfach: Man hat nur den tatbestandlich definierten Erfolg zu vermeiden, eine Unterlassungspflicht ist damit gesetzlich normiert. Die Schwierigkeiten beginnen hier scheinbar erst mit der Begründung von Handlungs- bzw. Garantenpflichten. Früher wurde daher auch die Auffassung vertreten, Handlungspflichten, die ja vom Verpflichteten einen

Aufwand fordern, seien gar keine Rechtspflichten, sondern nur sittliche Pflichten[387]. Inzwischen ist aber allgemein anerkannt, daß auch schon die aktive Tatbestandsverwirklichung zahlreiche Probleme aufwirft[388], weil die Tatbestände nicht jede Erfolgsverursachung verbieten können. Vielmehr handelt es sich bei den Tatbeständen nur um vertyptes unrechtes Verhalten, die die konkrete Begründung von Unrecht oder Pflichten bereits voraussetzen. Solche Pflichten oder (logisch vorrangig) Verhaltensnormen (Bestimmungsnormen), die Verbote und Gebote und damit die Pflichten konstituieren, werden bereits vorstrafrechtlich begründet[389], das Strafrecht knüpft (als Sanktionsnorm) an manche Verletzungen[390] dieser vorausgesetzten Pflichten als Rechtsfolge die Strafe, um den Rechtsgüterschutz, dem die Verhaltensnormen dienen[391], zu intensivieren und umfassend zu gewährleisten[392] und vor allem auch das begangene kriminelle Unrecht zu vergelten[393]. Die Verhaltensnorm ist dabei normentheoretisch abstrakt-generell, aus ihr ergibt sich für den einzelnen in der historischen Situation eine konkret-individuelle Pflicht durch Deduktion[394]. Die strafrechtsspezifische

---

387 Vgl. *Thomasius,* Fundamenta Iuris Naturae et Gentium, 1.Buch, 4.Kap., §§ 89 ff.; *Kant*, Metaphysik der Sitten, Einleitung in die Tugendlehre.

388 Vgl. *Frisch*, Tatbestandsmäßiges Verhalten, passim.

389 *Binding*, Normen I, S. 4 ff., 35 ff., 132 ff., 173. *Maurach/Zipf*, § 19 Rn 23 ff.; *Engisch*, Die Einheit der Rechtsordnung, S. 58; *Frisch*, Vorsatz und Risiko, S. 59 f., *ders*., Tatbestandsmäßiges Verhalten, S. 112 ff.; *ders*., Eigenständigkeit und Akzessiorität; *Freund*; Erfolgsdelikt und Unterlassen, S. 51 ff. jeweils m.w.N.

390 Nur auf *strafwürdige* Pflichtverletzungen darf mit angemessener Strafe reagiert werden. Außerdem ist noch zu unterscheiden, mit welcher Sanktionsnorm reagiert wird (z.B. Erfolgsdelikt oder echtes Unterlassensdelikt als Folge der Verletzung lediglich einer Solidarpflicht); siehe dazu *Frisch*, Tatbestandsmäßiges Verhalten, S. 77 ff., 282 Fn 173. Zur umstrittenen Problematik eines materiellen Straftatbegriffs siehe *Frisch*, in: Wolter/Freund, Straftat, S. 135 ff. (m.w.N.).

391 Vgl. *Maurach/Zipf*, § 19 Rn 17.

392 *Frisch*, Tatbestandsmäßiges Verhalten, S. 77; *Maurach/Zipf*, § 19 Rn 32. Siehe dazu auch die (relativen) Straftheorien, z.B. bei *Roxin*, AT I, § 3 Rn 11 ff. Am deutlichsten bringt diese Funktion der Sanktion der Gedanke der normstabilisierenden Wirkung der (staatlichen) Strafe (positive Generalprävention) zum Ausdruck.

393 Die Strafe dient ganz wesentlich und unmittelbar der *Geltung bzw. Wiederherstellung des Rechts an sich* (vgl. insoweit auch *Jakobs*, AT, 1/11, 21 allerdings unter dem gesellschaftlichen Aspekt der positiven Generalprävention). Personales Schuldstrafrecht richtet sich in erster Linie (rückwirkend) gegen den Deliquenten und kann sich nicht auf zukünftige allgemeine (gar negativ generalpräventive) Gefahrenabwehr beschränken; vgl. *Arthur Kaufmann*, Das Schuldprinzip, S. 201 ff., insbes. S. 207 (Fn 421). A.A. die h.L.: z.B. SK-*Rudolphi*, Vor § 1 Rn 1, *Maurach/Zipf*, § 7 Rn 16 f. *Roxin*, AT I, § 2 Rn 1 ff, § 3 Rn 8, 36.

Sanktionsnorm begründet dagegen selbst keine Pflichten[395], sondern nimmt nur Bezug und kann daher hier vorerst vernachlässigt werden.

2. *Die Entstehung von Recht*

Wie entstehen aber diese (vorstrafrechtlichen und nicht positivierten) Pflichten, auf die die strafrechtlichen Tatbestände Bezug nehmen, und die Rechtsgüter, die sie schützen sollen?

a) *Recht als individuelle und interpersonale Leistung*

Recht und Unrecht richten sich immer an Menschen und bestimmen nur das Verhältnis zwischen den Menschen, d.h. Rechtssubjekt - und letztlich auch Objekt vermittelt über die einzelnen Rechtsgüter - ist immer der Mensch; Vorgänge ohne zwischenmenschliche Auswirkungen sind neutral und rechtlich nicht zu beurteilen. Nachdem damit dem reinen Rechtspositivismus hier gerade die Grenzen aufgezeigt werden sollen und richterliche wie auch gesetzgeberische bzw. staatliche Willkür bei der Schaffung von Rechtspflichten weder Gerechtigkeit für sich in Anspruch nehmen können noch unserer verfassungsmäßigen Rechtsordnung entsprechen, muß sich das Recht aus dem menschlichen Wesen selbst begründen.

Der wesentliche Unterschied zwischen dem Menschen und allen anderen Lebewesen ist seine Freiheit und die Begabung der Vernunft[396]. Das mag zwar letztendlich nicht beweisbar sein, wenn es aber (sinnvolles) Recht und Gerechtigkeit überhaupt gibt, ist der Mensch in seinen Entscheidungen grundsätzlich nicht determiniert und insoweit frei. Insofern wird zwar nun wieder vom Wesen und Sinn des Rechts auf das (logisch vorrangige) Wesen des Menschen (zirkulär) geschlossen und das letzte vielleicht auch ein Stück weit postuliert, jedoch ist diese anthropologisch-philosophische Prämisse notwendig. Sie entspricht unserer Erfahrung und unserem Selbstverständnis und bestimmt

---

394 Vgl. *Lesch*, Sukzessive Beihilfe, S. 264. Z.T. a.A. *Vogel*, Norm und Pflicht, S. 41 f. unter sprachanalytischen Gesichtspunkten; im Ergebnis fließen aber auch bei ihm aus den Sollensnormen Wollenspflichten.

395 A.A. *Vogel*, aaO, S. 63.

396 Vgl. zu dieser Wesensbestimmung und der darausfolgenden einzigartigen Subjektsqualität des Menschen und zur Aktualität dieses (überkommenen) idealistischen Standpunkts trotz moderner naturwissenschaftlicher (biologistischer) Sichtweisen *Krijnen*, ARSP 97, 369 ff.

unsere Denkweise und unser Verhalten anderen gegenüber und daher auch unserer Vorstellung von Recht[397].

In der Rechtsphilosophie *Kants*, *Fichtes* und *Hegels* wurde die besondere Freiheit des Menschen näher untersucht, deren Ergebnisse wurden in neueren strafrechtlichen Arbeiten bereits des öfteren fruchtbar gemacht[398]. Darauf soll auch hier zurückgegriffen werden, um das Fundament des Rechts aufzuzeigen. Die Freiheit des Menschen zeigt sich vor allem in seinem theoretischen Erkenntnisvermögen und der praktischen Fähigkeit, sein Verhalten an als richtig erkannten Maßstäben auszurichten[399]. Die menschliche Erkenntnis ist nicht von außen fremdbestimmt, sondern durch das Vernunftvermögen (Anschauung und Verstand[400]) eine eigene aktive Leistung des Menschen[401], wenn sie auch zu einem Teil von der Erfahrung und somit Zufälligem abhängt[402]. Der Mensch ist als solches intelligibles Wesen außerhalb des Kausalprinzips der Natur, nach dem jede Veränderung in der Wirklichkeit gesetzmäßig mit einer Ursache verbunden ist. Zwar ist der Mensch selbst auch (äußerlich) Teil dieser Natur und daher auch als Objekt dem Kausalgesetz unterworfen, jedoch ist er in seinen Entscheidungen aufgrund seines unabhängigen Vernunftvermögens autonom[403]. Setzt der Mensch seine Entscheidung durch sein äußeres Verhalten um und verändert dadurch die Wirklichkeit, ist er (autonomer) Ausgangspunkt einer Kausalreihe und nicht

---

397 Vom Standpunkt des handelnden Subjekts aus ist die Freiheit jedenfalls Realität. Dieses *Freiheitsbewußtsein* ist Grundlage für Verantwortlichkeit und Schuld des einzelnen, von der unsere Rechtsordnung ausgeht. Diese Grundlage ist rechtlich unerschütterlich (Art. 1 I GG). So *Eser/Burkhardt*, Strafrecht I, 14 A 25; *Otto*, GA 1981, 488; *Jescheck/Weigend*, AT, S. 412; *Krijnen*, ARSP 97, 389; *Arth. Kaufmann*, Henkel FS, S. 96, 97; *Lesch*, Sukzessive Beihilfe, S. 165.

398 Siehe insbesondere *E.A. Wolff*, Kausalität und Unterlassen; *Köhler*, Die bewußte Fahrlässigkeit; *dens.*, Strafrecht AT; *Zaczyk*, Das Unrecht der versuchten Tat; *Kahlo*, Das Problem des Pflichtwidrigkeitszusammenhanges; *Murmann*, Die Nebentäterschaft im Strafrecht.

399 Vgl. *Krijnen*, ARSP 97, 373 ff., 384 ff.

400 Dazu näher *Kahlo*, Das Problem des Pflichtwidrigkeitszusammenhanges, S. 277.

401 *Zaczyk*, Das Unrecht, S. 130. Vgl. auch *Krijnen*, ARSP 97, 383 ff.

402 *Kant*, Kritik der reinen Vernunft, 2. Aufl., S. 355.

403 Lehre von den beiden Welten, die Welt des Beobachtbaren mit der empirischen Kausalität und die (freie) Welt des Intellekts, *Kant*, Kritik der reinen Vernunft, S. 472. Siehe zu dieser „Antinomie von Freiheit und Naturkausalität" auch *Murmann*, Nebentäterschaft, S. 164 f.

selbst ihr unterworfen[404]. Die Veränderung kann daher (nur bis) zu ihm zurückverfolgt und ihm zugeschrieben werden.

Die Freiheit wird praktisch, wenn der Mensch vor der Entscheidung steht, ob und wie er in die äußerliche Welt eingreifen will bzw. *soll*[405]. Denn die Freiheit des Menschen bedeutet keine Willkür, vielmehr richtet er als Vernunftwesen sein Verhalten an Ideen oder Maximen aus. Der Wille folgt dem vernünftigen Sollen. Diese konkreten Sollensregeln ergeben sich aus allgemeinen „Imperativen" der Vernunft[406]. *Das Recht* ist (formal) die Gesamtheit solcher Maximen (das Sollen), die das äußere Verhalten zu den anderen Personen betreffen und *Allgemeingültigkeit* beanspruchen, da diese anderen ebenso frei und mit der gleichen Vernunft begabt sind und daher diese Maximen akzeptieren und selbst nach ihnen handeln. Das Recht ist eine Frage der praktischen Vernunft, dessen Begründungsleistung jeder vollbringen kann und auch muß. Denn der absolute Imperativ, der die geforderte Allgemeingültigkeit unter allen Personen jenseits aller individuellen und relativen Vorlieben beanspruchen kann und damit nur dem überindividuellen Zweck der Gerechtigkeit dient, fordert kategorisch: „Handle nur nach derjenigen Maxime, durch die du zugleich wollen kannst, daß sie ein allgemeines Gesetz werde!"[407] Dieser Imperativ folgt aus der Erkenntnis der eigenen Freiheit bzw. Autonomie, Maxime aufzufinden, und der Gleichheit der anderen[408]: Die eigene Freiheitsbetätigung darf vernünftigerweise nicht die Freiheit anderer über Gebühr beschränken, weil sonst eben jenen anderen *als Gleichen* auch *dasselbe Recht* zur Freiheitsbeschränkung zusteht und so letztendlich die eigene Freiheit beschränkt wird. Das Befolgen dieser Maxime bedeutet also die Sicherung der eigenen Freiheit durch Selbstbeschränkung[409].

Hat der einzelne diese oberste rechtliche Maxime des kategorischen Imperativs erkannt, kann er anhand dieser Regel Normen für sich, aber auch immer gleichzeitig mit dem Anspruch auf Allgemeinheit autonom setzen. Ein solches Normensystem entwickelt sich also aus dem einzelnen selbst, er erkennt es

---

404 Vgl. *Köhler*, Bewußte Fahrlässigkeit, S. 160; *Welp*, Vorangegangenes Tun, S. 274.

405 *Murmann*, Nebentäterschaft, S. 165.

406 *Kant*, Grundlegung zur Metaphysik der Sitten, S. 414 ff.

407 *Kant*, Metaphysik, S. 421.

408 Näher dazu *E.A. Wolff*, ZStW 97 (1985), 786, 811 ff.

409 Vgl. *Zaczyk*, Das Unrecht der versuchten Tat, S. 165.

daher als richtig und vernünftigerweise als verbindlich an[410]. Gleichzeitig bestimmt er aber auch sein Verhältnis zu den anderen, indem er sich selbst ihnen gegenüber Rechte und Pflichten auferlegt, die er aber den anderen aufgrund der Allgemeinverbindlichkeit auch zugestehen muß[411].

b) Das gegenseitige Anerkennungsverhältnis als Inhalt des Rechts

Aus dieser individuellen Anerkennung jedes einzelnen anderen als Freien und Gleichen, dessen Freiheit notwendigerweise respektiert werden muß, ergibt sich aus abstrakter Perspektive, weil jedes Individuum diesem kategorischem Imperativ folgen muß, ein *gegenseitiges Anerkennungsverhältnis*[412], auf dessen Beachtung jeder vertraut und auch vertrauen darf[413]. Dieses Anerkennungsverhältnis beinhaltet die allgemeingültigen interpersonalen Regeln, die ein wirklich freies (und damit auch friedliches) Zusammenleben erst möglich machen, und ist daher materiell mit dem Recht gleichzusetzen[414]. Das Recht ist die notwendige Ordnungsinstanz des Gebrauchs der äußeren Freiheit[415]. Die Anerkennung des anderen äußert und konstituiert sich praktisch im Verhalten des Menschen, das die Freiheit des anderen achtet. Ein solches Verhalten ist rechtsgemäß, da es dem Verhältnis gegenseitiger Anerkennung, das man aufgrund der praktischen Vernunft notwendigerweise selbst begründet und als richtig und verpflichtend empfindet, entspricht. Die Sicherung und Verwirklichung der menschlichen Freiheit ist eigene und aufgrund der

410 *Murmann*, Nebentäterschaft, S. 167. *Krijnen*, ARSP 97, 391.

411 Siehe *Murmann*, Nebentäterschaft, S. 168.

412 Siehe zum gegenseitigen Anerkennungsverhältnis *E.A. Wolff*, ZStW 97 (1985), 786, 811 ff.; *ders.*, Die Abgrenzung von Kriminalunrecht zu anderen Unrechtsformen, in: Hassemer, Strafrechtspolitik, 1987, S. 178 ff.; zum Begriff, der von *Fichte* herrührt, *Zaczyk*, Das Strafrecht in der Rechtslehre J.G. Fichtes, S. 22 ff.

413 *Murmann*, aaO, S. 169.

414 Hier geht es um den *Kernbereich des Rechts*, d.h. um Fragen der vorpositiven personalen Gerechtigkeit. Denn nur dieser Bereich kann (strafwürdiges) Kriminalunrecht begründen und und die subsidiäre staatliche Strafe als notwendig rechtfertigen; vgl. *Frisch*, FS Stree und Wessels, S. 85 ff.; *Seelmann*, in: Schmidt, Vielfalt des Rechts, S. 98; *Arth. Kaufmann*, FS Henkel, S. 102 ff. Das Recht im weiteren Sinne (z.B. Ordnungswidrigkeiten oder weite Teile des Zivilrechts) folgt häufig einfach nur zweckrationalen (oft gesellschaftspolitischen) und technischen Erwägungen und wird dann ausschließlich rechtspositiv (auch gewohnheitsrechtlich) durch Konsens begründet.

415 *Krijnen*, ARSP 97, 386.

Gegenseitigkeit allgemeine Aufgabe und damit Aufgabe des Rechts. Daraus folgt auch ein *rechtlicher Anspruch auf Anerkennung* durch die anderen[416].

c) Die Rechtsgüter und Verhaltensnormen

Die menschliche (Wesens-)Freiheit, die rechtlich sicherzustellen ist, ist freilich vielschichtig und an zahlreiche Voraussetzungen gebunden. Diese Voraussetzungen sind daher vom Recht zu beachten und vor inadäquater Beeinträchtigung oder gar Unterdrückung zu bewahren. Im Prozeß wechselseitiger Anerkennung werden deshalb diese Voraussetzungen oder Daseinselemente der Freiheit als *Rechtsgüter* interpersonal konstituiert[417]. Individualrechtsgüter sind unmittelbare Voraussetzungen der Freiheit des einzelnen, Gemeinschaftsrechtsgüter des Staates sind als mittelbare freiheitsschützende Elemente legitimiert[418].

Normentheoretisch können diese Maximen, die die Rechtsgüter konstituieren, als *Bewertungsnormen* bezeichnet werden[419]. Sie geben das zu beachtende rechtliche Kriterium der Anerkennung - was sein soll - in der Entscheidungssituation vor. Anhand dieser Vorgaben richtet nun der einzelne sein Verhalten aus und stellt dafür *Verhaltensnormen* (bzw. Bestimmungs- oder Pflichtnormen) auf[420], die diese Rechtsgüter schützen sollen. Wenn aber nicht die persönliche Selbstentfaltung und jedes soziale Leben erstickt werden soll, können auch diese Rechtsgüter nicht völlig frei von Beeinträchtigungen konstituiert werden. Daher ist es ungleich schwerer die richtige Verhaltensnorm

---

416 *Zaczyk*, Das Unrecht der versuchten Tat, S. 165; *Murmann*, aaO, S. 170.

417 *Zaczyk*, Das Unrecht der versuchten Tat, S. 165. Schon *Welzel*, ZStW 58 (1939), 491, 516 sah die Rechstgüter interpersonal bzw. sozial begründet.

SK-*Rudolphi*, Vor § 1 Rn 4 ff. betont dagegen die positivrechtliche Natur der Rechtsgüter, weil er zu sehr auf die (Rechtsgüter-)Schutzfunktion des Strafrechts und damit auf das Auswahlermessen des Strafgesetzgebers rekurriert und dabei verkennt, daß die Rechtsgüter schon durch die vorstrafrechtlichen Verhaltensnormen geschützt werden. Er stellt aber auch klar, daß der Gesetzgeber bei der Konstituierung von Rechtgütern nicht frei, sondern an die Zielsetzungen unserer Verfassung gebunden ist. Diese Zielsetzungen stimmen jedoch mit den Ergebnissen der wechselseitigen Anerkennung überein. Ähnlich wie Rudolphi *Roxin*, AT I, § 2 Rn 9.

418 Näher dazu *Zaczyk*, Das Unrecht der versuchten Tat, S. 166 ff.; *Murmann*, aaO, S.170.

419 Vgl. dazu *Baumann*, AT, 1. Aufl., S. 207 und noch *Baumann/Weber*, AT, 9. Aufl., S. 259 (§ 19 II 1); (in der 10. Aufl. finden sich diese normentheoretischen Aspekte nicht mehr): Die Bewertungsnorm beschreibt den sozial erwünschten *Zustand*, der sein soll, (und bewertet daher den Vorgang abschließend durch sein Ergebnis als rechtmäßig oder rechtswidrig).

420 Vgl. *Baumann/Weber*, aaO; a.A. *Vogel*, Norm und Pflicht, S. 44 f.

zu finden als schützenswerte Rechtsgüter. Regelmäßig kollidieren das eigene Handlungsinteresse, das ja ebenfalls ein Rechtsgut darstellt (die wesenseigene Freiheit des Menschen erschöpft sich ja nicht in der geistigen Freiheit, sondern die Selbstbestimmung will auch gelebt sein), mit den Rechtsgütern anderer. Diese Rechtsgüter müssen im Wege wechselseitiger Anerkennung abgewogen werden mit dem Ziel, die Freiheit des einzelnen und der Allgemeinheit zu optimieren. Daraus resultiert die Synthese aus der auch von *Welp* vertretenen Dialektik von Täter- und Opferperspektive. Das Ergebnis dieser Abwägung ist wiederum Zielvorgabe für die Verhaltensnorm, die das äußere Verhalten (das Tun-Sollen) regelt. Dieses Abwägungsergebnis muß daher bereits in der rechtsgüterkonstituierenden (und dann relativen) Bewertungsnorm enthalten sein, oder es bedarf einer Über-Bewertungsnorm[421]. So können Verhaltensweisen, die ein in der äußeren Wirklichkeit vorhandenes Rechtsgutsobjekt (im Unterschied zum abstrakten Rechtsgut)[422] gefährden, trotzdem erlaubt sein. An den Verhaltensnormen kann sich der Entscheidende daher unmittelbar orientieren und motivieren und daraus seine konkreten Pflichten ableiten, da in der Verhaltensnorm alle rechtlich relevanten Wertungen verarbeitet sind und die Verhaltensnorm weiter die mögliche (ins Auge gefaßte) Handlung als erlaubt oder verboten bezeichnet.

2. *Das Unrecht*

Unrecht ist die Negation des Rechts, materiell also ein Bruch des Anerkennungsverhältnisses[423]. Eine solche Verletzung kann nur durch eine Handlung geschehen. Denn Recht als Ausfluß der praktischen Vernunft wird erst beim Eingreifen in die äußere Welt relevant, und durch Handlungen gestaltet der Mensch (sinnbezogen) die Wirklichkeit zu den anderen[424]. Handlung ist „die durch die Entscheidung einer Person gestaltete Wirklichkeit“[425] bzw. „ein freies, sinnbezogenes Ergreifen einer dem einzelnen

---

421 Letztendlich ist diese oberste Maxime der kategorische Imperativ. Wieviele normentheoretische Ableitungen man vornimmt, ist letztlich egal.

422 Vgl. zur Unterscheidung Rechtsgut und Rechtgutsobjekt *Murmann*, aaO, S. 170 f.; *Roxin*, AT I, § 2 Rn 24.

423 Vgl. *Frisch*, in Wolter/Freund, aaO, S. 146 und zur Qualifizierung als solche Nichtanerkennung (unter dem Gesichtspunkt der Strafbarkeit) S. 147 Fn 33 u. S. 148 ff. Siehe auch oben bei der Begründung des Rechts Fn 414.

424 Dazu, daß auch ein Unterlassen rechtlich Handlung sein kann, siehe unten S. 115 ff. und Fn 492.

425 *E.A. Wolff*, Der Handlungsbegriff in der Lehre vom Verbrechen, S. 16.

offenstehenden Möglichkeit“[426] oder verkürzt eine „Persönlichkeitsäußerung“[427]. Wie das Recht liegt auch das Unrecht im Wesen des Menschen begründet: Der Mensch ist frei und aufgrund seiner Entscheidungsfreiheit auch für seine vernunftswidrigen Handlungen verantwortlich. Unrecht liegt erst durch die Äußerung der Nichtanerkennung des anderen vor, indem die Handlung den Sollensanforderungen des Anerkennungsverhältnisses widerspricht. Während das Recht als Maxime der Vernunft der Handlung vorausgeht, wird Unrecht erst durch die Handlung in die (äußere) Welt gesetzt[428]. Wenn auch der Vorwurf auf die fehlerhafte (vernunftswidrige) Intention des Vernunftbegabten gerichtet ist, so ist das Anerkennungsverhältnis doch erst durch die entsprechende rechtsfeindliche Persönlichkeitsäußerung verletzt, die die freiheitsgefährdende Einstellung manifestiert[429], damit das gegenseitige Vertrauensverhältnis zerstört und eine rechts- und vernunftwidrige Norm mit Anspruch auf Allgemeinheit behauptet[430]. In diesem personalen Unrechtsverständnis ist die Schuld notwendiger Bestandteil des (Kriminal-)Unrechts[431]. Das Anerkennungsverhältnis wird materiell nur verletzt, wenn sich der Mensch auch anders motivieren und anders in tatsächlicher Hinsicht verhalten, d.h. die richtige Verhaltensnorm auffinden und ihr folgen konnte. Eine rein äußerliche Verletzung (oder Gefährdung) eines Rechtsgutsobjekts begründet kein personales (= materielles; und nur darum geht es im Strafrecht) Unrecht.

---

426 *E.A. Wolff*, aaO, S. 17.

427 *Roxin*, AT I, § 8 Rn 42.

428 Vgl. *Murmann*, aaO, S. 172, 173. Schon *Ulpian* meinte: „Cogitationis poenam nemo patitur“.

429 Vgl. den untauglichen Versuch: Das bloße Intentionsunrecht allein genügt nicht, vielmehr muß es sich durch eine entsprechende Handlung verobjektiviert haben. Die Gesinnung ist dem Recht entzogen (hier beginnt die Moral). Vgl. auch *Welzel*, Lehrbuch, 11. Aufl., S. 62 f., 187 ff.

430 Aufgrund des kategorischen Imperativs tritt der Mensch immer mit dem Anspruch auf, rechtmäßig zu handeln; vgl. *Köhler*, Bewußte Fahrlässigkeit, S. 327 f.; *Murmann*, aaO, S. 179. Mit der Begehung des Unrechts ist immer auch eine Selbstnegation als praktisch Vernünftigem verbunden. Deshalb muß diesem Rechtsbruch auch (durch Strafe) widersprochen und der Rechtsbrecher durch die Vergeltung wieder in das gegenseitige Anerkennungsverhältnis zurückgeführt werden. Laut *Hegel* wird er dadurch als Vernünftiger geehrt und hat einen Anspruch auf Strafe. Vgl. *Köhler*, Der Begriff der Strafe, S. 49 ff.

431 So schon die (alte) Imperativentheorie.

3. Das positivierte Recht im Staat

Nach dieser individualen Rechtsbegründung stellt sich - der Vollständigkeit halber - die Frage, welche Rolle überhaupt noch das positive Recht spielt. Fest steht nun, daß der Staat Recht (i.S. des Strafrechts) nicht einfach willkürlich schaffen kann. Die Aufgabe des Staates in Form der Legislative beinhaltet vor allem die Schaffung von Rechtssicherheit, indem er das aus dem und für das Individuum entwickelte und noch zu entwickelnde Recht in geschriebenen Gesetze fixiert. Zwar sind jedem einzelnen theoretisch die Leistungen der praktischen Vernunft zuzutrauen, so daß jedem vor allem der kategorische Imperativ offenkundig und jeder daher in der Lage ist, Recht aus sich selbst heraus zu entwickeln und zu begreifen, doch differieren die individuellen Ergebnisse der Vernunftsleistungen im Einzelfall und damit die selbstgesetzten Maximen, da sie auf der jeweiligen Erkenntnis des einzelnen basieren. Die Erkenntnis wiederum hängt aber auch von der subjektiven individuellen (und in der konkreten Entscheidungssituation gegenwärtigen) Erfahrung und damit von den Zufälligkeiten der äußeren Welt ab[432]. Einzelinteressen beeinflussen das individuelle Urteil und stellen so die Allgemeingültigkeit der gefundenen Norm in Frage. So kann der einzelne sich in seiner subjektiven Befindlichkeit (auch durch intellektuelle Fehlleistungen) irren, oder die Triebe, die unbestritten auch den Menschen beeinflussen oder gar beherrschen können, können sich in Affektsituationen gegen das Vernunftvermögen durchsetzen[433]. Durch das staatliche Gesetzgebungsverfahren sollen deshalb diese verbleibenden rechtlichen Zweifel ausgeräumt, und die wirklich allgemeingültige und verbindliche freiheitssichernde Regelung durch den Konsens vieler soll gefunden werden[434]. Auf diese Weise kommt dem Staat auch die Funktion der (richtigen) Rechtsfindung zu. Aus praktischen Erwägungen wird dieses positive Recht, wenn auch hier natürlich noch Zweifel an der Gerechtigkeit bleiben, vernünftigerweise auch tatsächlich allgemein als verbindlich anerkannt und zur gelebten Praxis: Die staatlichen Gesetze geben dem einzelnen die vernünftige Verhaltensordnung, nach der er sich nur zu richten braucht, (z.T.) positiv vor. Ebenso wichtig ist, daß dadurch erst die anderen wirklich auf das richtige - d.h. nun dem positivierten Gesetz entsprechenden - Verhalten ihrer Mitmenschen

---

432 Siehe oben S. 94; vgl. auch *Köhler*, Der Begriff der Strafe, S. 45.

433 *Murmann*, aaO, S. 171; *Kahlo*, Pflichtwidrigkeitszusammenhang, S. 295.

434 *Köhler*, Der Begriff der Strafe, S. 46 spricht von einem intersubjektiven Vermittlungsprozeß und einem durch die subjektive Rechtsvernunft begründeten Bildungsprozeß des objektiven Rechts.

(und auch des Staates) vertrauen können[435] und so Freiheit gewinnen, die in einer Mißtrauensgesellschaft nicht möglich wäre[436].

Das positive Recht ist daher richtig verstanden kein originär staatlich begründetes Recht, sondern muß vielmehr materiell dem personalen Vernunftrecht entsprechen, das der einzelne nicht als fremdbestimmt empfindet, sondern als seinem Wesen entsprechend akzeptiert[437]. Demokratisch legitimiert bietet es die größtmögliche Gewähr dafür, tatsächlich das „richtige" Recht zu sein, und schafft wirkliche Allgemeinheit. Letztendlich ist die Freiheitssicherung des Menschen als Aufgabe des Rechts in der Praxis weitgehend nur durch positive Gesetze zu realisieren, da nur sie die notwendige Rechtssicherheit (und Rechtsstaatlichkeit) gewährleisten und die notwendige allgemeine Anerkennung genießen[438].

Freilich sind der Positivierung durch die Fülle der möglichen Lebenssachverhalte natürliche Grenzen gesetzt. Wenn auch durch ein hohes Abstraktionsniveau der Gesetze weite Bereiche abgedeckt werden können, so sind doch ausfüllungsbedürftige Generalklauseln und konkretisierungsbedürftige Rechtsbegriffe und Tatbestände[439] unvermeidlich. Spätestens bei der Bildung der konkreten Pflicht im Einzelfall aus der positivierten oder nichtpositivierten Verhaltensnorm ist i.d.R. die praktische (rechtliche) Vernunft des einzelnen gefordert.

II. Dogmatische Konsequenzen

1. Dogmatische Einordnung und allgemeine Voraussetzungen von Pflichten

a) Unrecht und Schuld in der Dogmatik der Delikte

Von diesem umfassenden personalen Unrechtsverständnis ausgehend könnte man auf eine eingliedrige Deliktsprüfung schließen. Jedoch sollen hier die Vorteile einer systematisierten, schrittweisen (dreistufigen) Prüfung nicht

435 Vgl. *Murmann*, aaO, S. 172.

436 Vgl. auch zum Aspekt einer Mißtrauensgesellschaft (und deren rechtlichen Folgen) *Frisch*, Tatbestandsmäßiges Verhalten, S. 269, 351; *Freund*, Erfolgsdelikt, S. 206 f., 227 f.

437 Vgl. *Kahlo*, Pflichtwidrigkeitszusammenhang, S. 300 f.; *Murmann*, aaO, S. 171.

438 Vgl. *Zaczyk*, Das Unrecht der versuchten Tat, S. 195.

439 Z.B. die Bildung (zu weiter) Erfolgstatbestände, die auf personales Unrechtsverhalten beschränkt werden müssen.

wegdiskutiert werden, im Gegenteil lassen sich Probleme so besser eingrenzen und präziser beantworten. Nur muß man das dogmatische Unrecht (= tatbestandliches und rechtswidriges Verhalten), das von der Schuld unterschieden wird, als *Unrecht im engeren Sinne* verstehen. Dieses Unrecht i.e.S. ist der bloße (äußerliche, aber vorsätzliche oder fahrlässige) Verstoß gegen eine Pflicht oder Verhaltensnorm, die aus der verobjektivierten vernünftigen (vertrauensbildenden) Verhaltensordnung entnommen wird und nach der sich der Täter hätte richten müssen. Die Schuld umfaßt dann die Vorwerfbarkeit dieser Entscheidung gegen das Recht. Diese kann ausnahmsweise ausgeschlossen sein, wenn der individuelle Mensch gar nicht in der Lage war, die richtige Verhaltensnorm aufzufinden und die richtige Entscheidung zu treffen. Das personale Unrecht (i.w.S.) umfaßt freilich immer auch diese individuelle Vorwerfbarkeit. Für die Konstituierung von Pflichten, um die es hier geht, kann aber dieser (Schuld-)Aspekt der fehlenden Motivierbarkeit des Täters ausgespart werden, es kommt vielmehr nur auf die Begründung der Verhaltensanforderungen (Unrecht i.e.S.) an.

b) Verhaltensnormen im Vorsatz- und Fahrlässigkeitsdelikt

Die strafrechtlichen Tatbestände sind zwar vor allem Rechtsquellen der Sanktionsnormen, sie positivieren aber auch z.T. die Verhaltensnormen bzw. sprechen sie wenigstens an, am allgemeinsten in den reinen Erfolgsdelikten, und wählen die zu bestrafenden Verhaltensnormverstöße als tatbestandsmäßig aus, indem sie die Verletzung eines Rechtsguts(objekts) schildern, zu dessen Vermeidung die in Frage kommenden Verhaltensnormen dienen müssen[440]. Die ganz allgemeine Verhaltensnorm lautet, daß die bestimmten Verletzungen des anderen durch die Schaffung mißbilligter Gefahren zu vermeiden sind (verkürzt: neminem laede!). Insoweit wird auch beim Vorsatz- wie beim Fahrlässigkeitsdelikt dieselbe Verhaltensnorm (äußere Sorgfalt, Risikonorm) durch die objektiv mißbilligte Risikoschaffung, die in dem Verhalten liegt, verletzt[441]. Das Vorsatzunrecht besteht in der bewußten Gefährdung fremder

---

440 Vgl. *Freund*, Erfolgsdelikt, S. 112 ff., 119 f.

441 Vgl. *Frisch*, Vorsatz und Risiko, S. 84 ff. m.w.N. Meist wird aber nur in der vorsätzlichen Normübertretung eine (strafrechtlich relevante) Verletzung des Anerkennungsverhältnisses liegen (vgl. § 15); gleich mehr dazu.

Es gibt freilich auch Risikonormen wie Vorsichts-, Kontroll- und Überwachungsgebote, die so weit vor der möglichen konkreten Rechtsgutsverletzung liegen, daß ihre bewußte Verletzung schwerlich als vorsätzlicher Rechtsgutsangriff i.S. der Erfolgsdelikte gewertet werden kann; vgl. *Jescheck/Weigend*, AT, S. 580; *Frisch*, Vorsatz und Risiko, S. 208 ff.; *Jakobs*, AT, 7/40.

Rechtsgüter, die durch die Verhaltensnorm geschützt werden (bzw. in der direkten Negierung dieser Verhaltensnorm[442]). Das Fahrlässigkeitsunrecht ist graduell geringer und unterscheidet sich nur im subjektiven Tatbestand[443], da diese (äußere) Norm subjektiv nur mittelbar negiert wird, indem im Vorfeld dieser Verhaltensnorm die rechtlich geforderte adäquate *Sorgfalt*, sein Verhalten auf seine schädigenden Auswirkungen zu überprüfen und solche Gefahren rechtzeitig zu erkennen (Sorgfaltsnorm der inneren Sorgfalt, Vorprüfungspflicht, *Obliegenheit*[444]), nicht beachtet wurde[445].

c) *Individuelle Vermeidbarkeit als tatbestandliche Pflichtvoraussetzung*

Das im Deliktstatbestand vertypte Unrecht (i.e.S.) setzt immer auch die individuelle Vermeidbarkeit des Erfolgs voraus, weil ansonsten die jeweilige Verhaltensnorm den Täter als Adressaten gar nicht zum richtigen Verhalten motivieren konnte: ultra posse nemo obligatur. Während auf das individuelle Handlungsvermögen bereits die objektive Verhaltensnorm Rücksicht nehmen muß[446], ist die subjektive Kenntnis (Vorsatz) oder zumindest die konkrete Fähigkeit zur Kenntnisnahme (Fahrlässigkeit) der Verhaltensnorm eine (weitere) Voraussetzung für eine persönliche Pflicht bzw. für das Unrecht (i.e.S.)[447] und damit eine Voraussetzung der Sanktionsnorm[448]. Damit sind als

---

442 Dabei genügt nach der herrschenden Schuldtheorie und den ihr angepaßten §§ 16, 17 für das Vorsatzunrecht bereits die bloße Kenntnis der Tatumstände, also der Voraussetzungen der Verhaltensnorm, während das fehlende Unrechtsbewußtsein lediglich bei Unvermeidbarkeit die Schuld ausschließt. Dies ist nicht unbedenklich. Vgl. *Frisch*, Vorsatz und Risiko, S.70 f., 98 f., 111 ff.

443 Keine aktuelle Kenntnis des zu Vermeidenden, sondern nur eine Fehleinschätzung; vgl. *Jakobs*, AT, 9/1, 4; *Frisch*, Vorsatz und Risiko, S. 97 f.; *Burkhardt*, in Wolter/Freund, Straftat, S. 114 ff, 130 f.

444 Ein bloßer Verstoß gegen eine solche Obliegenheit bleibt rechtlich folgenlos, weil erst mit dem äußeren Verhalten Unrecht vorliegt (s.o.). Vgl. auch *Jakobs*, AT, 9/2 (und auch 6): „Es gibt keine Pflicht, sich Kenntnis zu verschaffen, sondern nur eine Pflicht erkennbar tatbestandsmäßige Handlungen im Fall ihrer Rechtswidrigkeit zu vermeiden; letzteres mag der Täter über eine Kenntnisverschaffung leisten oder, wenn sich der dafür erforderliche Aufwand seines Erachtens nicht lohnt, indem er blind unterläßt.“

445 Str. ist dabei, ob geringe Sorgfaltsverstöße wirklich noch strafrechtliches Unrecht begründen können; vgl. *Frisch*, FS Stree und Wessels, S. 97 f.; *ders.*, in: Wolter/Freund, Straftat, S. 149 (Fn 42).

446 Vgl. *Freund*, Erfolgsdelikt, S. 56 f., 60. Zumindest unbedacht äußert sich deshalb der BGH (StV 98, 126, 127), wenn er einerseits Pflichtwidrigkeiten feststellt, dann aber andererseits diese für nicht vorwerfbar (schuldhaft?) hält, weil die verlangte Handlung dem Garanten nicht möglich sei.

447 Vgl. *Frisch*, in: Wolter/Freund, Straftat, S. 122 ff.

448 Siehe *Frisch*, Vorsatz und Risiko, S. 128 (Fn 37).

Grenzen der Begründung und des Umfangs jeglicher rechtlicher Pflichten die *individuellen Möglichkeiten des einzelnen* aufgezeigt[449]. Die Pflicht des einzelnen ergibt sich aus seiner individuellen Subsumtion der allgemeinen Verhaltensnorm (des Verletzungsverbots)[450]. Anders ausgedrückt bedeutet das, daß erst mit Bejahung des subjektiven Tatbestandes (mindestens Fahrlässigkeit) auch eine Pflicht bejaht werden kann. Die mangelnde Unrechtseinsichtsfähigkeit, d.h. die Möglichkeit, sich rechtlich motivieren zu lassen bzw. die richtige Verhaltensnorm aufzufinden, ist dagegen eine Frage der Schuld[451].

d) Pflichten im Vorfeld einer Rechtsgutsverletzung, äußere Sorgfalt

Ein dogmatisches Phänomen sind auch Verhaltensanforderungen, die schon im Vorfeld der eigentlichen Rechtsgutsverletzung angesiedelt sind: Allgemeine Risikovermeidungs- bzw. Risikominimierungspflichten in Form von Erkundigungs-, Kontroll-, Prüf- und Überwachungspflichten[452]. Die Aufrechterhaltung des Anerkennungsverhältnisses als strafrechtliche Begründung für eine solche Verhaltensnorm ist hierbei kaum noch zu erkennen.

Nicht zu verwechseln sind diese Pflichten mit den Pflichten, die die Gefährdungsdelikte beinhalten. Denn bei diesen Delikten handelt es sich um ganz normale Verhaltensnormen, deren Mißachtung zu einer Rechtsgutsverletzung (Verhaltensunwert) führt, wenn auch ein konkretes Rechtsobjekt keinen Schaden nimmt (geringerer Erfolgsunwert, da als Verletzungserfolg die Gefährdung genügt).

Gemeint sind hier solche Verhaltensanforderungen, die noch vor der Deliktsverwirklichung liegen, aber bei der eigenen Organisation zu beachten sind, um eine spätere Gefährdung anderer zu vermeiden. Separat kann die Verletzung solcher Pflichten, auf die z.T. auch in außerstrafrechtlichen (abstrakten) Gefährdungstatbeständen Bezug genommen wird (vgl. § 130

---

449 Diese Individualisierung ergab sich bereits aus dem freiheitlichen (individuellen) Handlungsbegriff: Handlung als freies sinnbezogenes Ergreifen einer dem einzelnen offenstehenden Möglichkeit (s.o. Fn 36); vgl. auch *Jakobs*, AT, 9/8 ff., 13.

450 Vgl. *Jakobs*, AT, 9/12; *Lesch*, Sukzessive Beihilfe, S. 264.

451 So auch *Jakobs*, Studien zum fahrlässigen Erfolgsdelikt, S. 48, 64 ff.; *Stratenwerth*, FS Jescheck, S. 285 ff., 287 f.; *ders.*, AT, Rn 1096 ff., 1099; a.A. die wohl h.M, nach der die Verhaltensordnung bzw. das Unrecht generell für alle feststehen muß: vgl. *Schünemann*, FS Schaffstein, S. 159 ff., 164.

452 *Jescheck/Weigend*, AT, S. 580 f.

OWiG, wenn auch verbunden mit einer objektiven Bedingung der Ahndung[453]), wiederum vorsätzlich oder fahrlässig als echtes Unterlassen geschehen. Hinsichtlich der allgemeinen strafrechtlichen *Erfolgsdelikte*, die für die mißbilligte Schaffung von Verletzungserfolgen bestrafen, ist aber eine *konkrete Rechtsgutsgefährdung* als Verhaltensunrecht von Nöten[454]. Trotz vorsätzlicher äußerer Verhaltensnormverletzung im Vorfeld dieser konkreten Gefährdung muß deshalb kein Vorsatzunrecht i.S. der Erfolgsdelikte vorliegen. Das fahrlässige Erfolgsdelikt kann dagegen durch die spätere unvorsätzliche konkrete Gefährdungshandlung (u.U. auch ein unechtes Unterlassen) begründet werden, die durch Einhaltung der (Sorgfalts-)Pflichten im Vorfeld hätte vermieden werden können. Bei den Pflichten im Vorfeld handelt es sich letztlich um notwendige Informations- und Kenntnisverschaffungsgebote, deren Nichtbeachtung den subjektiven Tatbestand der Fahrlässigkeit begründen, oder um Gebote zur Schaffung von gewissen Rahmenbedingungen, ohne die das spätere Verhalten verboten ist. Zur Begründung eines bestimmten Vorsatzunrechts (i.S. der Erfolgsdelikte) genügt also nicht nur die bewußte Verletzung (irgend)einer sekundären Verhaltensnorm, sondern die Entscheidung gegen das Recht ist mehr oder weniger gravierend, je nach dem wie deutlich sie eine Entscheidung gegen ein bestimmtes geschütztes Rechtsgut darstellt; für das schwerwiegendste Vorsatzunrecht der Erfolgsdelikte muß eine bereits konkrete Rechtsgutsgefährdung bewußt eingegangen werden[455].

Problematisch an diesen Prüf- und Kontrollpflichten ist allerdings ihre Begründung aus Sicht der (unechten) Unterlassungsdogmatik, da sie dem einzelnen Handlungspflichten auferlegen. Von der herrschenden Meinung werden diese Pflichten im Vorfeld der eigentlichen Verletzung einfach als allgemeine Sorgfaltspflichten (äußere Sorgfalt) verstanden und als solche akzeptiert[456]. Nach Garantenstellungen oder -pflichten wird deshalb nicht gefragt. In der Tat schafft (häufig) erst eine weitere, spätere Handlung die eigentliche und auch für das fahrlässige Erfolgsdelikt erforderliche konkrete Gefahr, so daß erst dann ein rechtliches Handlungsverbot (die Unterlassungspflicht des fahrlässigen Begehungsdelikts) - bzw. gegebenenfalls

---

453 KK-*Cramer*, § 130 Rn 81; *Göhler*, § 130 Rn 17. Die Verortung dieser abstrakten Gefährdung im OWiG deutet schon darauf hin, daß allein solche Normübertretungen im Vorfeld der eigentlichen Rechtsgutsgefährdung schwerlich schon eine Verletzung des Anerkennungsverhältnisses (= Strafunrecht) begründen können.

454 Vgl. *Frisch*, Vorsatz und Risiko, S. 119 ff., 126.

455 Vgl. *Frisch*, Vorsatz und Risiko, S. 208 ff.

456 Vgl. *Jescheck/Weigend*, AT, S. 580 f.; *Wessels*, AT, Rn 668.

auch eine Garantenhandlungspflicht - eingreift, während das Handlungsgebot zuvor nur eine *Obliegenheit*, die nicht sanktioniert werden muß, derart darstellt, daß man sich so organisieren muß, daß sein potentielles (späteres) Verhalten niemanden verletzten wird. Die Nichterfüllung der Obliegenheit führt also subjektiv zur Fahrlässigkeit hinsichtlich einer verbotenen Handlung oder macht die nachfolgende Handlung zur rechtlich mißbilligten und damit verbotenen Gefährdung. Die (strafrechtliche) Verantwortung knüpft also an das spätere Tun oder Unterlassen an. Indes muß die Frage nach der Garantenverantwortlichkeit (bei den Begehungsdelikten) oder sonstiger Verantwortung immer dann gestellt werden, wenn zur mißbilligten Gefährdung keine weitere (eigene) Handlung hinzukommen muß, sondern das Unterlassen allein einen strafrechtlichen Pflichtverstoß begründen soll[457]. Zu solchen Fällen der Aufsichtspflicht kommen wir später. Für die strafrechtliche Aufsichtspflicht des Geschäftsherrn sei hier die Erkenntnis gewonnen, daß eine solche Aufsichtsgarantenpflicht relativ leicht aus Sorgfaltserwägungen gewonnen werden kann, wenn er selbst weiter aktiv Gefahren schafft, daß aber ansonsten eine Garantenverantwortlichkeit begründet werden muß.

2. *Inhalt und Umfang tatbestandlicher Pflichten*

Wie bereits erwähnt werden die strafrechtlichen Rechtsgüter, die in den Tatbeständen benannt werden, nicht absolut i.S. eines allgemeinen Verletzungsverursachungsverbots geschützt[458], sondern die Verhaltensnormen als Ausfluß des Anerkennungsverhältnisses ergeben sich aus der interpersonalen Abwägung zwischen Handlungsfreiheit und Rechtsgüterschutzinteresse des anderen. Auf Tatbestandsebene muß deshalb geklärt werden, welche Handlungen generell erlaubt sind und was generell verboten ist[459]. In concreto kann dann im Einzelfall auf Rechtswidrigkeitsebene eine höherrangige Erlaubnisnorm eingreifen. Die allgemeine Pflicht im

---

457 Dies verkennen z.B. der BGH (NJW 1955, 1488) und *Jescheck/Weigend*, AT, S. 581, indem sie die „Aufsichts- und Überwachungspflicht des Arztes gegenüber ungeschultem oder neu eingestelltem Personal" als bloße Sorgfaltspflicht einordnen. Denn auch beim fahrlässigen (unechten) Unterlassungsdelikt muß eine (besondere) Garantenpflicht zum Tätigwerden gefordert werden. Wird eine solche Garantenpflicht verletzt, ist diese Verletzung selbstverständlich immer auch (sorgfalts)pflichtwidrig i.S. der Fahrlässigkeitsdelikte; umgekehrt begründen aber allgemeine Sorgfaltserwägungen als solche keine (gewichtigeren) Garantenpflichten.

458 Vgl. auch *Jakobs*, AT, 7/37.

459 Vgl. dazu ausführlich und im einzelnen *Frisch*, Tatbestandsmäßiges Verhalten, S. 70 ff.; *Freund*, Erfolgsdelikt, S. 54 ff. und auch *Jakobs*, AT, 7/35 und 41.

Tatbestand umfaßt die Vermeidung *generell mißbilligter Gefahrenschaffungen* (die das Gewicht von Verletzungen des Anerkennungsverhältnisses haben). Gefahrzuständigkeiten in der sozialen Vielfalt müssen zugeordnet werden. Diese Fragen werden in den dogmatischen Figuren des tatbestandsmäßigen Verhaltens und der objektiven Zurechnung verortet. Mißbilligt ist eine Gefahrschaffung dann, wenn (ex ante) jemand für die Gefahrvermeidung normativ zuständig ist (dazu gleich unten) und die Gefährdung fremder Rechtsgüter (Kosten) nicht generell vom Nutzen der Handlung aufgewogen wird[460]. Ist dies aber der Fall, handelt es sich um ein *erlaubtes Risiko*, das von der allgemeinen Handlungsfreiheit umfaßt und geschützt wird. Eine Gefahrschaffung ist erst dann mißbilligt, wenn sie das erlaubte Risiko überschreitet[461].

Wie die individuelle Möglichkeiten die Pflichten des einzelnen begrenzen, dehnt umgekehrt ein individuelles Sonderkönnen (incl. Sonderwissen) den Inhalt der Pflichten des einzelnen aus: Das generell erlaubte Risiko, das eingegangen werden darf und nicht jedes Mal aufs Neue überprüft werden muß, wird zum mißbilligten, sobald in concreto positive (Sonder-)Kenntnis einer speziellen Gefährdung vorliegt[462] (z.B. im Radfahrer-Fall[463]: Wissen um Trunkenheit des Radfahrers oder Erkennen des Schwankens). Eine personale Rechtsordnung verlangt von jedem, innerhalb seiner Fähigkeiten den anderen anzuerkennen. Wer es vermeiden kann, einen anderen zu verletzen, und es trotzdem tut, bricht persönlich das Anerkennungsverhältnis zum anderen, auch wenn eine solche Verletzung der Durchschnittsmensch gar nicht vermeiden könnte (und deshalb auch nicht müßte). Eine Verobjektivierung des Pflichtinhalts auf ein Durchschnittsmaß macht keinen Sinn, da die Einbeziehung seines verfügbaren Sonderkönnen den einzelnen grundsätzlich

---

460 Siehe auch *Jakobs*, AT, 7/36, der neben der Legitimation erlaubter Risiken aus Risikoabwägungen noch die *„historische Legitimation"* durch überkommene gesellschaftliche Akzeptanz treten läßt. An dieser Beobachtung ist sicher richtig, daß manche akzeptierte (und deshalb erlaubte) Risiken vom heutigen Standpunkt nicht mehr als unbedenklich eingeordnet werden können (z.B. das Rauchen und die Gefährdung für Passivraucher). Jedoch ist eben auch gerade die allgemeine Akzeptanz und Gebräuchlichkeit mancher Gefährdungshandlungen ein gewichtiger Posten für die Handlungsfreiheit (z.B. als Teil der Kultur) in der Abwägung. Wenn eine Neubewertung der Risiken aber zu einem eindeutigen Überwiegen des Güterschutztes gelangt, muß dieses Risiko (ggf. gesetzlich festgestellt) als mißbilligt angesehen werden.

461 *Jakobs*, AT, 7/39.

462 Vgl. *Jakobs*, AT, 7/38, allerdings stellt *Jakobs* selbst letztlich auf den generalisierten „Rollenzuschnitt" ab, siehe 7/49 f. und 9/11.

463 BGHSt 11, 1 ff.

nicht mehr belastet als die anderen, die Gleichheit also gewahrt bleibt, und die anderen dies deshalb auch von ihm erwarten[464].

3. Die Zuständigkeit zur Gefahrvermeidung als Begründungsvoraussetzung für die Pflichten

Unter dem Stichwort der „Zuständigkeit" soll hier hinterfragt werden, wen die Verhaltensnorm überhaupt etwas angehen bzw. wer im Verhältnis zu den anderen verpflichtet werden kann[465]. Aus der maßgeblichen Sicht des handelnden Individuums scheint dies unproblematisch, solange es nur nach der pflichtgemäßen Entscheidung für sein (aktives) Handeln sucht: Denn das Recht wurde ja gerade aus dieser Handlungssituation heraus entwickelt. Bedeutung erlangt die Frage nach der Zuständigkeit jedoch, wenn man sich fragt, ob überhaupt und u.U. in welcher „Rolle" (rechtlich gesehen) „gehandelt" wird (z.B. bei den Unterlassungsdelikten).

Die Verantwortung für das eigene Tun wird aufgrund der Freiheit des (schuldfähigen) Menschen vorausgesetzt. Verantwortung bedeutet in diesem Sinne die rechtliche Zuständigkeit in seinem Autonomiebereich für die Vermeidung von Gefährdungen aus diesem Bereich, noch nicht die Verantwortung für das fremde Rechtsgut, also nicht die Pflicht selbst. Für sein Handeln ist (meist: ausschließlich) der Handelnde selbst zuständig. Andere nicht aktiv durch seine Handlungen zu gefährden, obliegt ganz selbstverständlich (zuerst) dem handelnden Menschen selbst, der die autonome Ursache für seine willkürlichen Veränderungen der Außenwelt und aufgrund seiner (praktischen) Vernunft rechtlich motivierbar ist[466]. Jeder einzelne ist für diese Gefahrvermeidung aufgrund der gegenseitigen Anerkennung Garant und als solcher (originär) zuständig, was ihn erst zum *Normadressaten* der (bestimmten) Verhaltensnorm macht[467], die gefährdende Handlung zu unterlassen. Auch für die Normbegründung hat dies schon Bedeutung (was

---

464 Vgl. *Stratenwerth*, AT, Rn 1098, 1100, 1169; *Frisch*, Vorsatz und Risiko, S. 133 ff., mit dem ausdrücklichen Hinweis, daß der Sonderbefähigte im Bereich der Sorgfalt aber nicht im Gegensatz zu den sonstigen mit ungleich größeren Anstrengungen, um seine besonderen Fähigkeiten zu mobilisieren, belastet werden dürfe.

465 Vgl. *Jakobs*, ZStW 89 (1977), 2, 30; *Freund*, Erfolgsdelikt, S. 67; *Köhler*, AT, S. 206.

466 Vgl. *Sangenstedt*, Garantenstellung, S. 352.

467 Dabei wird im Tatbestand generell von einer rechtlichen Motivierbarkeit eines jeden Menschen als notwendiger Prämisse ausgegangen (Unrecht i.e.S.); sollte dies ausnahmsweise nicht der Fall sein, wird erst die Schuld und damit auch die Zuständigkeit dieses Menschen im Einzelfall verneint.

bisher vernachlässigt wurde): Erst wenn die (potentielle) Zuständigkeit geklärt ist und der (potentielle) Normadressat feststeht, kann auch die Norm durch Abwägung wirklich begründet und näher ausgestaltet werden, weil erst damit feststeht, was bzw. wessen Handlungsfreiheit in die Abwägung einfließt. Für den Normanwender bedeutet das: Die Zuständigkeit ist damit auch erste Voraussetzung für die Begründung der gesuchten persönlichen Pflicht, bevor diese durch weitere Subsumtion gewonnen werden kann, weil sie klärt, wer überhaupt durch die Norm angesprochen wird und seine Pflicht daraus abzuleiten hat.

a) Jedermannspflichten und besondere Verantwortung

Nun wäre die Frage nach der Zuständigkeit völlig überflüssig, wenn sich alle Verhaltensnormen ohnehin ausnahmslos an jeden einzelnen richten würden. De lege lata ist aber hinsichtlich der Zuständigkeit zwischen *Jedermannspflichten*, die sich an jeden gleichermaßen richten, weil an die Zuständigkeit keinerlei persönliche Voraussetzungen geknüpft ist (die Frage nach der Zuständigkeit stellt sich hier gar nicht), und *Sonderpflichten*, die nur einzelne mit einer besonderen Verantwortung treffen (hier wird die Zuständigkeit relevant), zu unterscheiden. Wenn man bedenkt, daß - vielleicht entgegen dem ersten Anschein - die normalen Handlungsunterlassungspflichten der Begehungsdelikte keine Jedermannspflichten, sondern ganz im Gegenteil Sonderpflichten - für die freilich im Unterschied zu den echten Sonderdelikten generell jeder Autonome als Adressat in Betracht kommen kann - durch die (ausschließlich) persönliche und damit im Verhältnis zu anderen „besondere“ Verantwortung für das eigene Tun darstellen (andere sind grundsätzlich nicht für das Unterlassen dieser Handlung zuständig)[468], kommt man zu der Einsicht, daß Jedermannspflichten die seltene Ausnahme bilden.

---

468 Auch in den Fällen des „normativen Unterlassens“ bleibt der Mensch der Mensch für sein Tun, seinen „psychophysischen Output“ (*Jakobs*), originär verantwortlich (Verantwortung für die Gefahrschaffung). Nur läßt sich keine rechtliche Pflicht begründen, Handlungen zu unterlassen, die *andere Risiken* Dritter nicht beseitigen oder hemmen. Es gibt keine interpersonale Pflicht, anderen zu Hilfe zu kommen (anders nur aufgrund von Solidarpflichten wie z.B. § 323c; dazu gleich im Text); deshalb darf auch eine eigene (fortwährende) freiwillige Hilfsleistung aktiv für die Zukunft ausgesetzt (bereits geleistete Hilfe allerdings nicht wieder entzogen) werden. Solches Tun ist von der Handlungsfreiheit umfaßt, da die Anerkennung des anderen keine Hilfsaufwendungen fordert und daher das gefährdete Rechtsgut insoweit nicht geschützt ist. Erst aufgrund mangelnder normativer Mißbilligung der Gefahrschaffung ist dieser Verursacher der Gefahr im Ergebnis *für das Rechtsgut nicht verantwortlich*. Vgl. *Frisch*, Tatbestandsmäßiges Verhalten, S. 132 ff. Konstruktiv anders *Freund*, Erfolgsdelikt,

Man mag dieses Verständnis einer „Sonderpflicht“ im Bereich der aktiven Begehung als überflüssig, selbstverständlich oder wenig hilfreich empfinden[469]. Doch zeigt es die Struktur und Berechtigung strafrechtlicher Pflichten im Hinblick auf das Verantwortungsprinzip. Die pragmatisch orientierte Kritik *Schünemanns*[470] an einer solchen normativen Sicht als „ungeheure semantische Verarmung“, zu unbestimmt und „schiefe Sicht“ der Begehungsdelikte hinsichtlich der klareren deskriptiven Fixierung der pflichtwidrigen Tathandlungen im StGB ist deshalb so kurzsichtig wie seine Reduzierung der Pflichtwidrigkeit auf die kausale Rechtsgutsverletzung bei aktueller Beherrschung des Verletzungsgeschehens. Natürlich geht das Gesetz von der Verantwortlichkeit des Handelnden aus, und natürlich ist eine notwendige (gesetzlich begründbare) Voraussetzung für eine Pflicht die „Beherrschbarkeit“ des Geschehens i.S. einer realen Vermeidemöglichkeit (*Schünemann* verlangt allerdings für seine „aktuelle Herrschaft“ offenbar mehr[471]), doch ist es keinesfalls eine „schiefe Sicht“, Verantwortung, Pflicht und die Beherrschung des Geschehens nicht einfach gleichzusetzen, sondern das Wesen der menschlichen Verantwortung in der Norm näher und differenzierter zu betrachten. Auch von einer „Verarmung“ des Tatbestandes kann keinesfalls die Rede sein, da ja auf das Merkmal der „Beherrschung“ (im oben genannten Sinn) als „sachlogische Struktur“ der Realität nicht verzichtet wird, sondern im Gegenteil darüber hinaus mehr gefordert wird. Allerdings wird entgegen *Schünemann* das faktische Herrschaftsverhältnis nicht als das wesentliche konstitutive gesetzliche Pflichtmerkmal anerkannt. Ein rein faktisches Datum wie die aktuelle Beherrschung kann niemals allein etwas Rechtliches begründen, sondern nur ein Datum in einer normativen Begründung und damit bestensfalls Indiz für eine Pflicht sein. *Schünemann* selbst räumt ja

---

S.70 f., der ein mißbilligtes Verhalten noch für möglich hält, aber die Sonderverantwortlichkeit normativ (allerdings ohne nähere Begründung) verneint. Ähnlich *Jakobs,* AT, 7/61, der - schon vom Ansatz her weiter - auf die „Organisationszuständigkeit“ und hier auf den „Output des Organisationskreises“ abstellt und damit letztlich eine Gefahrschaffung verneint.

469 So geht z.B. *Schünemann*, in: Gimbernat/Schünemann/Wolter, Internationale Dogmatik, S. 56 beim aktiven Tun von der allg. „Verantwortlichkeit des handelnden quivis ex populo“ aus.

470 *Schünemann*, aaO, S. 53.

471 Vgl. *Schünemann*, aaO, S. 55, 72, 76. Es geht ihm um einen räumlich-gegenständlichen *sozialen Bereich*, der vom Täter kraft seiner Willensmacht *kontrolliert* wird. Das Herrschaftskriterium soll aber trotzdem „zum größeren Teil“ ein entnormativiertes Existentialurteil aus der „*Natur der Sache*“ sein; vgl. *dens.*, Grund und Grenzen, S. 241. Damit bleibt aber auch sein angeblich deskriptives strafbegründentes Pflichtkriterium - außerhalb des aktiven Tuns - reichlich vage, das Problem der Konkretisierung wird nur mit dem fragwürdigen Hinweis auf die „Natur der Sache“ geleugnet.

ein, daß für das rechtliche Unwerturteil noch „normative Restprobleme" aufzuarbeiten sind. Er unterscheidet offenbar zwischen der deskriptiven naturalistischen Tathandlung und der normativen Zurechnung[472]. Warum der normative Teil nur den zu vernachlässigenden „Rest" des Unrechts ausmachen soll, ist allenfalls unter dem praktischen Gesichtspunkt der Haftungsprüfung ex post anhand des Strafgesetzestextes einsichtig, nicht aber wenn ex ante die richtige Rechtspflicht gesucht wird. Mit *Schünemann* ließe sich eine (nach seiner Ansicht sachlogische) Garantenpflicht nur mit der zweckrationalen (normativen!) Erwägung heteronom begründen, daß wer die Herrschaft über etwas hat, auch diese Herrschaft zum Wohle anderer ausüben müsse. Dagegen soll hier dargelegt werden, daß sich eine Rechtspflicht aus autonomer Verantwortung begründet.

Vor allem *Freund* propagiert ein zweistufiges Modell der Verhaltensnormen. Das erste und grundsätzliche verhaltensnormfundierende Datum sei der (durch Abwägung gewonnene) „berechtigte Nutzen der Normeinhaltung" für einen umfassenden Rechtsgüterschutz (Jedermannspflichten)[473]. Quasi als Qualifizierung weisen dann manche Normen daneben noch zusätzlich eine „besondere Verantwortlichkeit" einzelner als weiteren Legitimationsgrund auf (Sonderpflichten). Nur wenn beide Legitimationssäulen die Verhaltensnorm tragen, könne mit ihr ein Begehungsdelikt begründet werden. Sei die Norm jedoch nur aufgrund eines berechtigten Nutzens zu legitimieren, dann könne sie nur aus den unqualifizierten echten Unterlassungsdelikten sanktioniert werden[474]. Daran ist jedoch zu kritisieren, daß schon die erste Stufe, der berechtigte Nutzen der Norm, ohne eine (eventuelle) besondere Verantwortlichkeit zu berücksichtigen, die erst danach festgestellt und dann hinzuaddiert wird, nur unvollständig bewertet werden kann. Der Unterschied zwischen Jedermannspflicht und Sonderpflicht ist nicht quantitativer Art, sondern ein qualitativer[475]. Die besondere Verantwortung des einzelnen vor den anderen ist vielmehr entscheidende Voraussetzung für eine gelungene Güterabwägung; denn warum sollten alle verpflichtet werden, wenn ein einzelner ohnehin zuständig ist?

---

472 Vgl. *Schünemann*, aaO, S. 54.

473 *Freund*, Erfolgsdelikt, S. 52 ff.

474 *Freund*, Erfolgsdelikt, S. 68 ff., 102 f., 154 ff.

475 So auch *Freund* selbst, Erfolgsdelikt, S. 71.

b) Rechtspflicht aus Solidarität ohne (besondere) Verantwortung?

Für eine dogmatisch saubere Lösung ist dann aber schon ganz grundsätzlich zu fragen, warum man im Strafrecht ganz überwiegend Sonderpflichten findet und ob überhaupt strafrechtsrelevante Verhaltensnormen ohne besondere Verantwortung legitimiert werden können. Die Begründung und Entwicklung von Recht zeigten, daß Voraussetzung und Grund des Rechts die menschliche Autonomie ist. Die besondere Verantwortung ist kein pflichtverstärkendes oder beim Verstoß erschwerendes Merkmal, sondern die wesenhafte Freiheit und die damit verbundene originäre individuelle Verantwortung für sein Tun ist notwendiges Handlungsmerkmal. *Freund* hat richtig erkannt, daß diese „besondere Verantwortlichkeit" deshalb auch beim begehungsgleichen (unechten) Unterlassen zu finden sein muß[476]. Ohne Verantwortung liegt gar keine rechtliche Handlung vor. So stellt sich dann die Frage, ob auch eine rechtliche Verantwortung außerhalb dieser „besonderen Verantwortung" einfach zweckrational durch einen „berechtigten Nutzen" heteronom (gesetzlich) zugeschrieben werden kann. Solche Normen gründeten sich nicht primär auf das Individuum, sondern würden von außen als *Solidarnormen* (Jedermannsnormen; vgl. § 323c StGB) an ihn herangetragen. Da das Strafrecht nicht nur ein Instrument für eine möglichst weitgehende Gütererhaltung (nicht jeder Schaden verletzt auch das Rechtsgut!) ist, sondern die adäquate Reaktion auf eine wirkliche personale Rechtsverletzung darstellt, läßt sich eine solche Zuschreibung von Verantwortung aus Solidarität aufgrund einer bloßen Kosten-Nutzen-Abwägung schwerlich begründen[477]. Denn durch mangelnde *Aufopferung* oder Hilfsbereitschaft versagt man dem anderen nicht die Anerkennung: Wer einfach nicht hilft, greift nicht in die Welt des anderen ein, verletzt ihn nicht in seiner Freiheit, sondern dehnt sie nur nicht weiter aus. (Eine Maxime: „Ich helfe nicht und erwarte deshalb auch keine Hilfe!" verletzt das Anerkennungsverhältnis zum anderen in keiner Weise[478].) Daß es allerdings negative Solidarpflichten wie z.B. § 34 StGB gibt, die eine Aufopferung in Form eines Duldens eines rettenden Eingriffes beinhalten, besagt nicht, daß es auch positive *strafbewehrte* Solidarpflichten geben muß. Denn solche solidarische rechtfertigende Eingriffsbefugnisse besagen nur, daß es unter gewissen Ausnahmeumständen kein Unrecht des in Not geratenen darstellt, marginal in fremde Güter einzugreifen, um ganz wesentliche Freiheitsverluste

---

476 *Freund*, aaO, S.71 ff.

477 Vgl. *Seelmann*, in: Vielfalt des Rechts, S. 91 ff., 93 ff.

478 Vgl. *Köhler*, AT, S. 207 f.

abzuwenden (d.h.: keine Rechtsgutsverletzung), weil ein solches (unverschuldetes) Notverhalten nicht als Bruch der Anerkennung verstanden werden kann. Im Gegenzug darf der andere dann solche Zugriffe auf „seine" Güter nicht als rechtswidrigen Angriff verwehren, da in der Not dieses Rettungsbemühen zur rechtlichen Freiheit des anderen gehört[479]. Diese Pflicht, nicht in die notwendigen, erlaubten Rettungszugriffe des anderen einzugreifen, ist eine in unserer Rechtsordnung akzeptierte Solidarpflicht - da die Rechtsgüter nicht immer statisch verteilt sind - , was nicht bedeutet, daß der Verstoß gegen sie auch das Anerkennungsverhältnis verletzt und strafbewehrt sein muß[480]. Schon gar nicht bedeutet das aber, daß man darüber hinaus auch auf den anderen zugehen und seine Güter solidarisch (aktiv und damit als höchstpersönliche Pflicht - aufwendiger -) anbieten müßte[481], wenn der andere nicht auf einen zugreift oder auch nicht (mehr) zugreifen kann[482]. Die konkrete

479 Beachte aber die zivilrechtliche Ersatzpflicht des § 904 S. 2 BGB: Die Aufopferung ist nur vorläufig! Ein ganz anderer Fall ist es, wenn man selbst den Eingriff veranlaßt hat (§ 228 BGB), weil dann gerade nicht mehr das Solidaritätsprinzip, sondern das Verantwortungsprinzip gilt.

480 *Jakobs*, AT, 7/63, geht sogar soweit, daß er den Duldungspflichtigen wegen des Eingriffs in den (durch § 34 erweiterten) Organisationskreis des anderen voll aus dem Begehungsdelikt haften lassen will. - Damit würde es sich also nicht einmal hier um eine echte Solidarpflicht handeln, sondern schon wieder um eine „Sonderpflicht". - Insofern gelte nichts anderes als in den sonstigen Fällen des „Abbruchs rettender Kausalverläufen", die ja nach ganz h.M. aus dem Begehungsdelikt bestraft werden (nicht nur § 323c); vgl. dazu *Kühl*, AT, 18/20; Sch/Sch-*Stree*, Vorbem §§ 13 ff. Rn 159. Das geht jedoch zu weit: Aus einer solidarischen Duldungspflicht wird keine Verletzung einer (Sonder-)Rettungspflicht - nur eine solche könnte zur vollen Haftung führen! - für das bedrohte Rechtsgut des anderen, wenn man seine Güter nicht zur Verfügung stellt. Wenn *Jakobs* mit dem Notstandsfall schon das benötigte Gut dem Organisationskreis des anderen zuschlägt, müßte er konsequenterweise auch eine (aktive) Herausgabepflicht dieses Guts bejahen, was er aber ausdrücklich ablehnt.

481 Freilich bleibt man auch dann nicht auf seinen materiellen Kosten sitzen, da man (insofern parallel zu § 904 S. 2 BGB) Ersatz über das Rechtsinstitut der GoA erlangen kann. Die GoA wird jedoch nicht als Erfüllung einer Solidarpflicht, sondern als rein altruistisches Geschäft zwischen zwei Einzelpersonen (quasi vertragliche Regelung) verstanden; vgl. auch § 680 BGB (Haftungsbeschränkung des Helfers). Bezeichnenderweise gibt es umgekehrt aber keine zivilrechtliche deliktische Haftung für unterlassene Hilfe *(§ 323c StGB ist kein Schutzgesetz i.S. § 823 II BGB*; vgl. Palandt-*Thomas*, § 823 Rn 154; OLG Frankfurt NJW RR 89, 794 = MDR 89, 638), was bei einer strafbewehrten Pflichtverletzung zumindest seltsam ist. Denn natürlich soll die Pflicht aus § 323c (auch) dem Schutz des (zivilrechtlich: geschädigten) Hilfsbedürftigen dienen und nicht nur einem (welchem?) nicht faßbaren vergeistigten Allgemeininteresse an der Nothilfe (und damit einer besseren Welt an sich?); vgl *Freund*, Erfolgsdelikt, S. 71. Wenn aber der Eingriff in das Individuum so gering ist, daß er nicht einmal zur Kompensation des zugefügten (materiellen) Schadens verpflichten soll, ist schwer einzusehen, warum man dann andererseits, nachdem auch keine weiteren Rechtsgüter der Gemeinschaft betroffen sind, für bloßes „asoziales" Verhalten *bestraft* werden soll, was schließlich *ultima ratio* sein muß.

Pflicht aus § 34 StGB - nachdem es auf eine (zufällige) Unterscheidung von Tun und Unterlassen nicht ankommen kann, sondern nur auf die jeweilige Pflicht - lautet also nicht generell: „Hilf dem anderen!“

Verdeutlicht werden die Zweifel an einer strafbewehrten Solidarpflicht auch durch die folgende Überlegung: Wenn Strafe nur die Rechtsfolge eines Bruchs des gegenseitigen Anerkennungsverhältnisses (Kriminalunrecht) sein kann, muß umgekehrt, wenn Strafe gerechtfertigt ist, auch ein solcher Bruch vorliegen, und wenn Strafe nicht verhältnismäßig ist, kann auch keine (solche) Anerkennungsverletzung[483] vorausgegangen sein. Strafe, d.h. vor allem Freiheitsstrafe, ist aber ein massiver Eingriff in die Freiheit des Täters. Wenn der Täter dem anderen (nur) die Solidarität versagt hat, ist es als Sanktion angemessen, ihm auch solidarische (selbstverständliche) Zuwendungen zu entziehen oder ihn gesellschaftlich zu tadeln, aber (als Vergeltung mit Strafe) in seine Freiheit massiv einzugreifen, erscheint unverhältnismäßig[484].

Allerdings sind vereinzelte Solidarpflichten wie die Hilfeleistung nach § 323c StGB in unserer Gesellschaft tief verwurzelt. In solchen Not- und Ausnahmesituationen wird allgemein die freiwillige Hilfeleistung des anderen als Akt zumutbarer Mitmenschlichkeit und Mindestsolidarität gefordert. Es bleibt aber der starke Verdacht, daß es sich hier nur um moralische Vorstellungen (christliche Nächstenliebe?) und eine sittliche Pflicht (die in einer Gesellschaft gewaltige Bedeutung erlangen kann: z.B. das „Verbot“ der Selbsttötung[485]) handelt. Eine solche „Pflicht“ läßt sich auch berechtigterweise zweckrational aufgrund allgemeinen Konsenses positivrechtlich (im nicht strafrechtlichen Bereich) begründen. Ob darüber hinaus aber auch eine (Mindest-)Verantwortung für den anderen aus dem autonomen gegenseitigen Anerkennungsverhältnis aufgrund der gemeinsamen Menschenwürde, die alle

---

482 Ganz in diesem Sinne wird auch überwiegend ein Notwehrrecht gegen den untätigen Hilfspflichtigen aus § 323c abgelehnt; vgl. *Wessels*, AT, Rn 326; *Stratenwerth*, AT, Rn 418; *Roxin*, AT I, 15/13; darstellend (auch zur Gegenauffassung) *Kühl*, AT, 7/30. Dies wird damit begründet, daß das *echte Unterlassen keine Rechtsgutsverletzung* darstelle (s. vor allem *Roxin*, aaO). Fehlt es aber an einer Rechtsgutsverletzung, kann auch kein Strafunrecht begründet werden!

483 Siehe Fn 423.

484 Siehe zu diesem Gedanken, das Talionsprinzip als Obergrenze der strafwürdigen Tat, *Frisch*, in: Wolter/Freund, S. 148 f.; *Seelmann*, in: Schmidt, Vielfalt des Rechts, S. 93 f., 95.

485 *Köhler*, AT, S. 208 will allerdings auch hier eine Rechtspflicht begründen, was m.E. nur ein weiteres Beispiel dafür ist, daß man gerne aus seinem tiefen moralischen Bewußtsein heraus versucht, aus sittlichen Pflichten Rechtspflichten zu konstruieren.

Menschen in der Not positiv solidarisieren müßte, oder aufgrund elementarer, in der Gesellschaft für unabdingbar gehaltener (heteronomer) sozialer Erfordernisse bestehen kann, erscheint sehr zweifelhaft[486] und müßte erst näher und sicher mit großem Aufwand begründet werden[487]. Gelingt eine solche Begründung nicht, kann jedenfalls auf die Pflichtverletzung nicht mit Strafe reagiert werden (d.h. § 323c müßte aus dem StGB entfernt werden); eine Sanktionierung als Ordnungswidrigkeit läge dann nahe. Jedoch muß dies hier nicht weiter verfolgt werden. Hier sollte nur dargelegt werden, daß die Zuständigkeit, als persönliche Verantwortung für ein Geschehen verstanden, wesentliche und notwendige Voraussetzung für eine strenge individuelle Rechtspflicht ist. Mit der Aufsichtspflicht des Geschäftsherren soll ja auch eine solche individuelle Pflicht und keine bloße Solidarpflicht begründet werden.

4. *Handlungspflichten, Garantenstellung und Garantenpflicht*

Beim Unterlassungsdelikt wird der Täter dafür bestraft, daß er einem rechtlichen Gebot nicht nachkam bzw. *die gebotene Handlung schuldhaft nicht vornahm*[488]. Voraussetzung für Unterlassungsdelikte ist also das Bestehen von rechtlichen Handlungspflichten, die strafrechtliches Unrecht begründen, wenn gegen sie verstoßen wird. Die Begründung solcher Handlungspflichten gehört zu den umstrittensten Themen in Strafrecht. Nach dem vorher Ausgeführten ist klar, daß es zur Begründung von wirklichen individuellen Handlungspflichten als Voraussetzung für die unechten Unterlassungsdelikte i.S. § 13 I StGB - „unecht", weil das Unterlassen doch (wie) eine (aktive) Handlung ist - einer besonderen Verantwortung bedarf.

---

486 Vgl. die Bedenken *Seelmanns*, GA 1989, 252 f.

487 So *E.A. Wolff*, in: Hassemer, Strafrechtspolitik, S. 174 ff., 177; *Köhler*, AT, S. 208 ff. Beide begründen eine solche „allgemeine menschliche Tätigkeitspflicht" (parallel zum Verbot der Selbsttötung) noch autonom damit, daß das eigene gebotene vernünftige Erhaltungsinteresse (das Leben und die Autonomie des Menschen sind Selbstzweck) ferner gebiete, daß *ein Mensch sich selbst nicht unfrei dem Zufall überlassen dürfe* und deshalb der Maxime gegenseitiger Nothilfe bedürfe. Vorausgesetzt ist dabei freilich, daß der Mensch diese *Rechtspflicht gegen sich selbst*(!) zum Selbsterhalt hat. Folgt man dem, wird aber auch deutlich, daß diese Pflicht von ganz anderer (minderer) Qualität ist; denn es geht dann nicht um eine reale und akute Gefahrvermeidung, sondern nur um den Abschluß einer *Pflichtversicherung* für potentielle Autonomie ausschließende Not.

488 „Die" gebotene konkrete Handlung gibt es vielfach gar nicht, sondern es kommen mehrere Handlungen in Betracht, um *dem Gebot zu genügen*. „Geboten" können also mehrere Handlungen sein, wirklich rechtlich geboten ist nur die Verfolgung des genannten Ziels; siehe dazu gleich unten und vgl. *Freund*, Erfolgsdelikt, S. 77.

a) Begriffe, Herleitung und Verhältnis von Garantenstellung und -pflicht

Ganz allgemein wird diese besondere Verantwortung in der „Garantenstellung", die dem Schutz des jeweiligen Rechtsgutes dient, gesehen. Aus ihr folgt (zusammen mit weiteren tatbestandlichen Voraussetzungen) die „Garantenpflicht", die in § 13 I 1. Bed. StGB als gesetzlich verankert gilt[489]. Dort wird als Voraussetzung für die Bestrafung aus dem Begehungsdelikt gefordert, daß der Täter „rechtlich dafür einzustehen hat, daß der Erfolg nicht eintritt". Zusammen mit der sekundären Entsprechensklausel (§ 13 I 2. Bed.) wurden hieraus strafrechtliche Gleichstellungslehren entwickelt, die gewährleisten sollen, daß das von den Tatbeständen (angeblich) nicht erfaßte Unterlassen ebenso strafwürdig sei wie ein (hypothetisches) denselben Erfolg verursachendes deliktisches Tun, aus dessen Tatbestand bestraft werden soll[490].

Dabei wird aber übersehen, daß die Straftatbestände nicht wegen naturalistisch verursachter Schädigungserfolge eine Straftat begründen, denen nun ein sozialwidriges und irgendwie rechtswidriges, aber nicht (in diesem naturalistischen Sinne) kausales Unterlassen zum Vergleich gegenübergestellt werden muß. Das Strafrecht knüpft an Rechtsgutsverletzungen an, der *Grund für die Bestrafung* liegt im personalen *Unrecht*, im Bruch des Annerkennungsverhältnisses zum anderen. Dieser Grund muß nun notwendigerweise auch im (unechten) Unterlassen vorliegen[491]. Die strafrechtlichen Tatbestände knüpfen an Verhaltensnormverstöße (als strafrechtliche Handlungen[492]) an. Wenn eine Verhaltensnorm zur Vermeidung einer im Tatbestand geschilderten Rechtsgutsverletzung eine aktive Rettungshandlung fordert, bedeutet das Unterlassen dieser Rettungshandlung

---

489 Vgl. für viele *Lackner*, § 13 Rn 6; *Tröndle*, § 13 Rn 5; *Jescheck/Weigend*, AT, S. 620. Zur Terminologie und zum teilweisen synonymen Gebrauch von Garantenstellung und Garantenpflicht siehe *Linnenbrink*, Wegfall, S. 23 ff.

490 Vgl. *Wessels*, AT, Rn 715; *Jescheck/Weigend*, AT, S. 600 ff., 620 f., 629 f.; *Tröndle*, § 13 Rn 4.

491 Vgl. zum materiellen Strafgrund bzw. zum Unrecht als Kriterium der Strafbarkeit des Unterlassens *Schünemann*, Grund und Grenzen, S. 233, 237; *Jakobs*, AT, 29/3; *Freund*, Erfolgsdelikt, S. 139 f.; *Seebode*, FS Spendel, S. 340 f.

492 In diesem rechtlichen Sinne ist das Unterlassen auch „Handlung" und vom *strafrechtlichen Handlungsbegriff* umfaßt. Handlung ist also - schon vom Standpunkt des Strafrecht ausgedrückt - ein *Verstoß gegen eine Rechtspflicht.* Oben (S. 94 f., 98 f.) wurde Handlung (noch) vorrechtlich als „die durch die Entscheidung einer Person gestaltete Wirklichkeit" definiert. Da das Recht Teil der Wirklichkeit ist, ist auch nach dieser ontologischen Definition das Unterlassen der gebotenen Handlung selbst Handlung, weil damit das Dasein des Opfers, zu dem der Schutz durch den Garanten gehört, verändert wird; siehe *E.A. Wolff*, Kausalität von Tun und Unterlassen, S. 37, 46 Fn 26.

eine solche strafrechtsrelevante Rechtsgutsverletzung und ist tatbestandsmäßig. (Auch das zusätzliche *Sanktionserfordernis der Erfolgsverursachung* als Schädigung eines Rechtsgutsobjekt [Erfolgsunrecht] wird erfüllt: Das Unterlassen ist durch den Pflichtwidrigkeitszusammenhang zwischen der Handlungspflicht und dem eingetretenen Erfolg normativ kausal. Die Garantenpflicht müßte sich deshalb in der Dogmatik der Lehre von der objektiven Zurechnung als Frage nach der Zurechenbarkeit wiederfinden.) Auf eine Unterscheidung oder einen Vergleich zwischen Tun und Unterlassen kommt es also nicht an, sondern auf die verletzte Rechtspflicht (egal ob Unterlassungs- oder Handlungspflicht)[493] bzw. die tatbestandlich mißbilligte Risikoschaffung[494]. § 13 StGB begründet selbst keine Strafbarkeit, sondern stellt die Strafbarkeit des Unterlassens nach den strafrechtlichen Tatbeständen nur klar. Eine solche Klarstellung ist auch wegen Art. 103 II GG formal als gesetzliche Verankerung der Strafbarkeit notwendig[495], insofern kann man auch von einer Ausdehnung der Strafbarkeit (nicht des Unrechts!) auf die Unterlassungsvariante der Begehungsdelikte reden[496].

Die strafrechtlich relevante Garantenpflicht als konkrete Handlungspflicht ergibt sich im Einzelfall aus der *Gefährdung des geschützten Rechtsguts* und dem *Gebot*: „Rette dieses Gut!“ als Verhaltensnorm. Die Garantenstellung ist die rechtliche Voraussetzung für dieses Gebot und ein Teil davon, sie nennt den Normadressaten, den „Garanten“, für diese besondere (Garanten-)

---

493 Auf diese Weise löst sich auch der Ziegenhaar-Fall (RGSt 63, 211) ganz einfach, der seine Brisanz als Schulfall nur aus der falsch verstandenen und formalen Unterscheidung von Tun und Unterlassen erhält: Die freiheitssichernde rechtliche Pflicht nach der Maxime, den anderen nicht zu verletzen, lautet, keine gefährlichen Tierhäute anderen so auszuhändigen, daß sie sich infizieren können. Oder einfacher: Tierhäute mit Infektionsrisiko dürfen nicht weitergegeben werden! (Unterlassungspflicht; d.h. erst das aktive Handeln, das Ausgeben an die Arbeiterinnen, verletzte das Recht.) Die Pflicht lautet dagegen nicht pauschal: Desinfiziere Tierhäute! Denn solange die Tierhäute nicht mit anderen in Kontakt kommen, sind sie nicht gefährlich. Die Desinfektion ist nur eine Obliegenheit im Vorfeld, wenn man die Häute weitergeben will. Falsch desh. *Eidam*, Unternehmen und Strafe, S. 127.

Ein anderes Problem ist dagegen die *Zurechnung des Erfolgsunrechts*: Wenn ein gewisses Risiko auch nach einer pflichtgemäßen Desinfektion zurückbliebe (erlaubtes Risiko), kann der konkrete Erfolg mangels (nachweisbarem) Pflichtwidrigkeitszusammenhang nicht zugerechnet werden (außer man folgt - contra legem - der Risikoerhöhungslehre). Dies verkennt z.B. *Otto*, JK StGB § 13/14.

494 *Freund*, Erfolgsdelikt, S. 51 ff., 124 ff.

495 Vgl. *Tröndle*, § 13 Rn 3; *Lackner*, § 13 Rn 1.

496 Siehe *Jakobs*, AT, 29/3.

Verhaltensnorm[497], für ein fremdes Rechtsgut aktiv tätig werden zu sollen. Diese Verhaltensnorm regelt generell-abstrakt, wer (Garant) für welche Rechtsgüter (Tatbestand) unter welchen Umständen (Zumutbarkeit; mißbilligtes oder erlaubtes Risiko) aktiv einstehen soll. Daraus ergibt sich für den Normadressaten in der historischen Situation des Einzelfalles die dieser Situation gerecht werdende konkret-individuelle Handlungspflicht als Garantensonderpflicht. „Besonders" ist diese Verhaltensnorm, weil sie eine Ableitung der allgemeinen Verhaltensnorm ist, den anderen nicht zu verletzen, und für eine solche Verletzung eine besondere Beziehung zwischen Täter und Opfer voraussetzt. Die Begründung dieser besonderen Beziehung (Garantenverhältnis), wer fremde Rechtsgüter garantiert bzw. wer überhaupt durch Unterlassen „verletzen" kann, muß die Garantenstellung sicherstellen.

b) Der Inhalt der Garantennorm (das Handlungsgebot)

Das Gebot hat wie das Verbot die Vermeidung mißbilligter Gefahrschaffungen zum Gegenstand[498]. Verhaltensnormen, die eine positive Handlung zur Vermeidung einer Rechtsgutsverletzung verlangen (Gebote), haben die Schwierigkeit, ihren Inhalt allgemeingültig und präzise zu umschreiben. Verbote nennen präzise bestimmte Handlungen oder Handlungsrisiken, die zu unterlassen sind, und begrenzen dadurch eindeutig den erlaubten Handlungsspielraum[499]. Gebote sind dagegen interpretationsbedürftiger, da sie

497 Vgl. BGHSt 37, 119.

498 Siehe *Freund*, Erfolgsdelikt, S. 51 ff., 154 ff. Strafrechtssystematisch gehört das Garantengebot daher wie das Verbot zum Tatbestand, das ausnahmsweise durch eine höherrangige Erlaubnisnorm auf Rechtswidrigkeitsebene aufgehoben werden kann; vgl. z.B. *Lackner*, § 13 Rn 6; zum Überblick: *Linnenbrink*, Wegfall, S. 25 ff. A.A. aber BGHSt 16, 155, 158 ; *Jescheck/Weigend*, AT, S. 631, die nur die Garantenstellung zum Tatbestand des unechten Unterlassungsdelikts zählen, nicht aber die aus dem (offenen?) Tatbestand folgende Garantenpflicht, die sie erst auf der Rechtswidrigkeitsebene ansiedeln, weil sich der Vorsatz nur auf die Umstände der Garantenstellung zu beziehen brauche, aber nicht auf die „Gesamtbewertung". Diese Argumentation ist jedoch falsch, da sich nach der herrschenden Schuldtheorie (§ 17) der Vorsatz nie auf das Unrecht selbst (ob Verbot oder Gebot) oder eine Erlaubnis beziehen muß, während sich andererseits der (Unrecht ausschließende) Vorsatz durchaus auch auf rechtfertigende Umstände der Rechtswidrigkeitsebene beziehen muß. Die Einordnung einer Pflicht zum Tatbestand oder zur Rechtswidrigkeit wird von Vorsatzfragen überhaupt nicht berührt. Da es beim Gebot wie beim Verbot um *vertypte Verhaltensweisen* geht, die im Einzelfall noch mit (höherrangigen) anderen Normen kollidieren können, gehört die Garantenpflicht zum Tatbestand.

499 Vgl. *Seelmann*, GA 1989, 247. So können bestimmte gefährliche Handlungen (durchaus generell-abstrakt) *untersagt* werden, auch wenn solche Verbote nur Konkretisierungen abstrakterer Normen (Verbote) sind. Spätestens in der konkreten individuellen Pflicht stellt sich die Handlung, die unter eine abstrakte Verbotsnorm fällt, ohnehin konkret als

keine bestimmte Handlung vorschreiben, sondern nur das zu erstrebendes Ziel, den Erhalt des gefährdeten garantierten Rechtsguts, vorgeben[500]. Wie der Garant dieses Ziel im Rahmen seiner Möglichkeiten und des Zumutbaren erreichen will, bleibt dagegen ihm innerhalb seiner (von Verboten umgrenzten) Handlungsfreiheit überlassen[501]. Geboten ist (nur), dieses Ziel in ex ante vernünftiger Weise zu verfolgen.

Mit der materiellen Funktionenlehre[502] kann der Norminhalt idealtypisch grob dahingehend näher bestimmt werden, daß der Garant entweder eine bestimmte Gefahrenquelle zugunsten jedweder geschützten Rechtsgüter überwachen und neutralisieren soll (Überwachungs- oder Sicherungsgarant) oder bestimmte Rechtsgüter gegen Verletzungen (aus jeglichen Gefahren) schützen soll (Beschützer- oder Obhutsgarant). Da es letztlich immer um den Rechtgüter*schutz* geht und sich der Umfang der Sicherungs- oder Schutzleistung nur mit Blick auf den jeweiligen konkreten Rechtsgrund präzisieren läßt, werden hier aber nicht zwei verschiedene oder alternative Pflichten genannt, sondern nur verschiedene Sichtweisen, einmal von der Gefahr aus und das andere Mal vom Rechtsgut aus, formuliert[503]. Für die deliktische Haftung ist dagegen wichtig, daß im Rahmen der Erfolgsdelikte nur konkrete Gefahrschaffungen bestraft werden bzw. daß generelle Voraussetzung eine wirkliche Rechtsgutsverletzung sein muß. Die strafrechtlich relevante Verhaltensnorm, die eine echte Rechtspflicht erzeugt, greift erst ein, wenn fremde Rechtsgutsobjekte gefährdet werden bzw. beim Unterlassungsdelikt in

---

verboten dar. Einzelne Handlungen schon auf der allgemeinen Normebene zu verbieten, mag regelungstechnisch im staatlichen Gesetzgebungsverfahren sehr umständlich sein, rechtlich nicht legitimierbar ist dies aber keinesfalls. Die generalpräventiven Einwände *Freunds*, Erfolgsdelikt, S. 74 ff., gegen solche Verhaltensnormen, *es mangele solchen inhaltlich bestimmten Normen an Akzeptanz*, weil der dahinterstehende Legitimationsgrund aus ihr nicht mehr ersichtlich sei, schlägt dagegen nicht durch, weil dieser Legitimationsgrund nicht von außen heteronom an den Rechtsunterworfenen herangetragen wird, sondern autonom aus jedem einzelnen und damit auch jedem zugänglich entwickelt wurde. Anhand der Verhaltensnormen muß der einzelne in der Lage sein, sein Verhalten rechtlich einwandfrei und eindeutig auszurichten. Es gehört nicht zu den Legitimationsbedingungen einer Norm, den rechtlichen Diskurs „auf der Stirn zu tragen" und so für ihre Einhaltung zu werben.

500 Vgl. *Seelmann*, GA 1989, 247.

501 Ein bestimmtes Verhalten zur Zielerreichung vorzuschreiben, wäre mangels Erforderlichkeit dieses Eingriffs in die Freiheit gar nicht legitimierbar; vgl. *Freund*, Erfolgsdelikt, S. 73 f., 77.

502 Vgl. *Armin Kaufmann*, Dogmatik, S. 283 ff; vorher schon: *Mayer*, Tatbestände, S. 80 f. und *Nagler*, GS 111 (1938), 60 ff; zur heutigen Bedeutung: *Tröndle*, § 13 Rn 5b f.; *Lackner*, § 13 Rn 12 (jeweils m.w.N.).

503 Vgl. *Jakobs*, AT, 29/27.

Gefahr sind und gerettet werden müssen (Garantenpflichten sind „Rettungspflichten“). Überwachungs- und Sicherungspflichten von Gefahrenquellen befinden sich (außer es kann ein abstraktes Gefährdungsdelikt begründet werden) noch im Vorfeld dieser (konkreten) Gefährdung oder Rechtsgutsverletzung und dienen nur zur Sicherstellung der Erfüllbarkeit der nachfolgenden bereits angelegten Garantenrettungspflicht, wenn ein Rechtsgut in den Gefahrenkreis kommt[504]. Die Überwachung und Sicherung ist also nur eine Obliegenheit[505], die den subjektiven Vorwurf der Fahrlässigkeit begründen kann, solange noch kein Rechtsgut konkret gefährdet wird und noch weitere Rettungsmöglichkeiten offen bleiben.

Vom Umfang her begrenzt das erlaubte Risiko die Garantenpflicht nach unten. Was als Gefahr aktiv geschaffen werden darf, muß auch nicht abgewendet werden. Der Garant muß erst tätig werden, wenn das erlaubte Risiko überschritten ist, und seine Pflicht endet, sobald er die Gefahr auf das erlaubte Maß reduziert hat[506]. Er hat zur Erfolgsabwendung *ex ante taugliche* Mittel einzusetzen. Dabei verlangt das Recht vom Garanten, daß er das ihm (subjektiv) erfolgversprechendste Mittel wählt[507], solange sich das noch im Rahmen des Zumutbaren bewegt. Sollte kein Mittel mit absoluter Sicherheit die Rechtsgutsverletzung verhindern, entfällt keineswegs die Garantenpflicht, sondern nur die Erfolgszurechnung. Aufgrund seiner Verantwortung für das

---

504 Anders als beim Tun, wo man die aktive Gefährdung nur zu unterlassen braucht, wenn man seiner Sorgfalt im Vorfeld nicht nachgekommen ist, hängt es beim Unterlassen nicht mehr vom Täter, sondern nur vom *Zufall ab, ob sich die Gefährdung eines Rechtsguts konkretisiert.* Abstrakte Gefährdungsnormen, die die Sicherung vor solchen unbeherrschbaren Gefahren gebieten, können daher vertretbar schon Strafunrecht begründen. Aus den Erfolgs- und konkreten Gefährdungsdelikten kann dies aber nur als *Versuch* bestraft werden, wenn der Täter die Gefahr ganz aus der Hand gegeben und keine sonstige Möglichkeit zur Rettung mehr hat und die subjektiven Voraussetzungen (Ernstnahme des konkreten Risikos!) vorliegen. Gibt es kein abstraktes Gefährdungsdelikt, bleibt ansonsten nur das Fahrlässigkeitsdelikt als Sanktionsnorm, wenn die bloße Sicherungspflicht vorsätzlich nicht eingehalten wurde; allerdings ist von einem gesteigerten Maß der Fahrlässigkeit auszugehen.

505 Vgl. *Köhler*, AT, S. 220. Die zivilrechtlichen Verkehrssicherungspflichten bestimmen so vor allem Sorgfaltspflichten. Auch deshalb lassen sich keine Garantenpflichten aus ihnen unmittelbar ableiten; vgl. auch *Neudecker*, Mitglieder von Kollegialorganen, S. 112 ff.

506 Vgl. *Jakobs*, AT, 29/19. Freilich kann erlaubt riskantes Verhalten Sonderpflichten zur Sicherung auslösen. Droht sich die erlaubt geschaffene Gefahr zu verwirklichen, ist das erlaubte Risiko überschritten, und die Garantenpflicht greift ein.

507 Wählt der Garant ein ihm weniger erfolgversprechendes Mittel, nimmt er eine Rechtsgutsverletzung in Kauf und haftet aus dem Vorsatzdelikt. Vergreift er sich dagegen unvorsätzlich im (weniger tauglichen) Mittel, so kommt nur eine Fahrlässigkeitshaftung in Frage, wobei die Sorgfaltsanforderungen nicht überspannt werden dürfen.

Rechtsgut hat der Garant eine reelle, wenn auch ungewisse Rettungschance zu ergreifen[508]. Schwieriger ist die Frage nach der Obergrenze zu beantworten, wieviel der Garant zu leisten bzw. aufzuwenden hat, was ihm zumutbar ist[509]. Hier kommt es zu einer Kollision zwischen den Gütern des Garanten und dem zu schützenden Rechtsgut. Wie beim erlaubten Risiko handelt es sich dabei um eine generelle Abwägungsfrage. Das Recht kann nicht generell die völlige Selbstentäußerung zur Rettung des anderen verlangen (und daraus folgende Unzumutbarkeiten allenfalls als Entschuldigung strafausschließend zu berücksichtigen). Abstrakt geht es wieder um die Grenze zur Anerkennung des anderen.

Die Reichweite der Einstandpflicht richtet sich jedenfalls auch nach dem Grund der Verpflichtung. So kann der, der sich durch Übernahme als Garant verpflichtet, auch den Rahmen seiner Haftung vereinbaren[510]. Geschieht das nicht ausdrücklich, kann durchaus auf eine allgemeine Erwartung an die

---

508 Die *Verhaltensnorm* verlangt vom Garanten, *das Risiko der drohenden Rechtsgutsverletzung zu verringern* (sonst wird ein mißbilligtes Risiko geschaffen), wie sie beim Tun verlangt, auch kein (unerlaubtes) Risiko einer nur mögliche Verletzung zu schaffen oder zu erhöhen. Ob man auch den Verletzungserfolg zurechnen kann oder mangels Pflichtwidrigkeitszusammenhangs (weil das rechtmäßige Alternativverhalten den Erfolg nicht mit Sicherheit verhindert hätte) nicht, ist dagegen eine (zweitrangige) Frage des Erfolgsunrechts und der Sanktionsnorm. Die Verhaltensnorm wird nicht von der potentiellen Erfolgszurechnung her bestimmt, sondern von der Mißbilligung des Risikos. Wenn ex ante schon die Erfolgszurechnung eines Verhaltens ausgeschlossen ist (wie dies auch beim Tun der Fall sein kann; vgl. oben S. 117 Fn 493 den „Ziegenhaar-Fall"), kann man daher allenfalls sagen, daß das Verhalten nicht tatbestandsmäßig i.S. des vollendeten Erfolgsdelikts ist; das (eigenständige) strafbare *Versuchsunrecht* ist damit aber keineswegs auch ausgeschlossen. Vgl. aber *Otto*, JK StGB § 13/14, der irrig ein solches Verhaltens- und Versuchsunrecht nur über Zurechenbarkeit des Erfolgs und damit (notwendigerweise) über die Risikoerhöhungslehre begründen können will, um nicht von vornherein zur Straflosigkeit ungewisser Rettungsbemühungen zu kommen.

509 Die Zumutbarkeit wird allgemein als Grenze der Garantenpflicht anerkannt; vgl. BGHSt 3, 203, 206; 11, 135, 138; BGH NStZ 84, 164. In der Lit. ist streitig, ob es sich bei der Zumutbarkeit um ein Tatbestands- oder um ein Schuldproblem handelt; für Tatbestand: Sch/Sch-*Stree*, Vorbem §§ 13 ff. Rn 155 f.; *Lackner*, § 13 Rn 5; *Tröndle*, § 13 Rn 15 f.; NK-*Seelmann*, § 13 Rn 63; für Schuld: SK-*Rudolphi*, Vor § 13 Rn 31 ff.; *Wessels*, AT, Rn 731. Ganz ablehnend LK-*Jescheck*, Vor § 13 Rn 98, der aufgrund der Gleichwertigkeit von Tun und Unterlassen nach § 13 den Unterlassungstäter nicht durch ein zusätzliches Tatbestands- oder Schuldkriterium der Zumutbarkeit besser stellen möchte. Dabei verkennt er jedoch, daß nur die Handlungspflichten inhaltlich normativ näher umschrieben werden müssen und es daher schon eine Frage der Gleichwertigkeit i.S. von § 13 ist, wieweit die Handlungspflicht geht. Auch die Vertreter der Schuldlösung brauchen deshalb auf Tatbestands- oder Rechtswidrigkeitsebene (so *Stratenwerth*, AT I, Rn 1054) eine allgemeine Angemessenheitslösung für die Interessenkollision zwischen Garant und Schützling, wenn die „Unzumutbarkeit" als besondere persönliche Konfliktslage nur entschuldigend zu berücksichtigen sein soll; vgl. *Stratenwerth*; AT I, Rn 1053 ff.

510 Vgl. SK-*Rudolphi*, § 13 Rn 63; *Stree*, FS Hellmuth Mayer, S. 161.

übernommene Rolle zurückgegriffen werden. Danach muß beispielsweise der Babysitter weder mit seinem Leben noch unter (einer wirklich belastenden) Gefährdung seines Vermögens eintreten, sondern darf sich in seinem Einsatz auf die ihm zur Verfügung überlassenen Gegenstände und Einrichtungen beschränken.

Plausibel, wenn auch nicht unbedingt zwingend, ist es darüber hinaus auch eine Rettungspflicht mit requirierten fremden Mitteln im Rahmen des § 34 StGB und damit auch eine aktive Aufopferung (Leistungspflicht) des Garanten mit eigenen Mitteln in diesem Fall bis zur oberen Grenze dessen zu fordern, was jeder selbst nach § 34 StGB zu dulden verpflichtet wäre[511]. Denn man kann annehmen, daß ein solcher, eher geringfügiger Einsatz dem Garanten allgemein zugemutet wird. Ein Feuerwehrmann muß dagegen durchaus auch ein gewisses Risiko für sein Leben eingehen. In den sicheren Tod zu gehen, kann dagegen nicht verlangt werden; das ist immer unzumutbar. Bei einer Garantenstellung aus enger familiärer Verbundenheit hat der BGH eine zumutbare Leistungspflicht des Garanten bis zur Gleichwertigkeit der Interessen angenommen[512]. Haftet der Garant aus Ingerenz und ist für die Gefahr in vollem Umfange verantwortlich, muß er für die Abwendung der Gefahr grundsätzlich einstehen. Je nach dem eingegangen (evtl. sogar erlaubten[513]) Risiko und dem Stadium der Gefahr haftet er wegen des Unterlassens als Veranlasser nach den Grundsätzen des Defensivnotstandes, d.h. er ist solange rettungspflichtig, bis sein Aufwand außer Verhältnis zum Rettungserfolg ist[514]. Zu weit würde es allerdings gehen, den Ingerenten bis hin zur Einstandspflicht des Angreifers bei der Notwehr (mit ihren „sozialethischen" Beschränkungen) haften zu lassen, wenn ein pflichtwidriger, gegenwärtiger Angriff des Ingerenten auf das Rechtsgut bereits vorliegt. Denn der Gerechtigkeitsaspekt des natürlichen Rechts auf Selbstverteidigung des Rechtstreuen gegenüber einem rechtsuntreuen Angreifer fehlt bei der Ingerenz. Daher muß der Angreifer

---

511 Siehe *Jakobs*, AT, 29/14.

512 BGH NStZ 84, 164.

513 Siehe dazu unten S. 122 f.; vgl. auch *Hruschka*, JuS 79, 392 Fn 31.

514 Vgl. NK-*Seelmann*, § 13 Rn 64; aber auch *Hruschka*, JuS 79, 385 ff., 391 f. und *Vogel*, Norm und Pflicht, S. 186 ff., die von einer Umkehrung des § 34 zur Einschränkung bei *Sicherungsgarantenpflichten* ausgehen, weil diese Pflichten das axiologische Ergänzungsstück zu den Unterlassungspflichten der Begehungsdelikte bilden. Für Obhutsgarantenpflichten gelte dieses Prinzip dagegen nicht, da diese nicht mit den Begehungsdelikten korrelieren, sondern § 323c näher stünden. Bei der Abwägung muß ggf. auch das objektive rechtliche Interesse, begangenes Unrecht wieder gut zu machen, dem Ingerenten belastend in Rechnung gestellt werden.

aus Gründen der gerechten Risikoverteilung in der Konfliktsituation der Notwehr mehr dulden, als er verpflichtet ist, selbsttätig aktiv zur Rettung einzusetzen[515]. Wer also fahrlässig eine tödliche Falle stellt, ist grundsätzlich verpflichtet, alles zu versuchen, um einen akut Gefährdeten zu retten. Ein hohes Risiko von schwerwiegende Körper- oder Gesundheitsverletzungen oder gar des Verlust des Lebens muß aber auch der Ingerent nicht in Kauf nehmen. Denn es wäre nicht gerecht, daß er nur deshalb aus dem vorsätzlichen Unterlassungsdelikt - und nicht nur aus dem fahrlässigen Begehungsdelikt - haftet, weil er nicht bereit ist, zur Erfolgsabwendung Leben oder Gesundheit aufs Spiel zu setzen.

Auf alle Fälle kann vom Garanten grundsätzlich verlangt werden, seine optimalen individuellen (auch überdurchschnittlichen) Fähigkeiten einzusetzen[516]. Ein den einzelnen ignorierender generalisierender objektiver Standard verbietet sich[517]. Eine unzumutbare Belastung tritt dadurch nicht ein, die individuellen Eigenschaften sind Teil des intersubjektiven Rechtsverhältnisses zwischen den Menschen. Die Zumutbarkeit ist daher zwar (objektiv) abstrakt-generell nach den beeinträchtigten Rechtsgütern zu bestimmen, in den jeweiligen Rechtsgütern als Ausdruck des Anerkennungsverhältnisses ist jedoch immer die individuelle Komponente mitberücksichtigt[518].

Ein sehr viel weiterer allgemeiner Maßstab gilt freilich für den Bereich der Gefahrenprävention im Vorfeld, also bei den Obliegenheiten. Ist noch keine

---

515 Vgl. NK-*Seelmann*, § 13 Rn 65.

516 Siehe schon oben S. 108 Fn 464. Vgl. *Stratenwerth*, AT, Rn 1098.

517 A.A. *Jakobs*, AT, 29/14.

518 *Jakobs*, aaO, ist daher zu entgegnen: Der Garant verpflichtet sich nicht auf einen Standard. Z.B.: Der babysittende Arzt (der nicht beruflich eine Behandlung des Kindes übernommen hat) darf sich im gesundheitlichen Notfall des Babys nicht darauf zurückziehen, schon jeder verantwortungsbewußte Minderjährige dürfe Babysitten. Das hat auch nichts mit einem ominösen „besonderen Vertrauen auf besondere Leistungsfähigkeit" (laut *Jakobs* ein Fall institutioneller Zuständigkeit bei Rettungsorganisationen) zu tun, sondern mit der Anerkennung des anderen innerhalb der eigenen Möglichkeiten. *Jakobs'* Beispiel mit dem überobligationsgemäßen Heckscheibenwischer ist nur richtig im Bereich des allgemeinen erlaubten Risikos, das im Autofahren steckt. Sobald aber eine konkrete Gefährdung eines anderen eintritt und damit das erlaubte Risiko der Garantenpflicht zur Unfallvermeidung weicht, muß auch der Heckscheibenwischer (oder das ABS) eingesetzt werden, wenn das zur Rettung notwendig ist; vgl. dazu auch *Freund*, Erfolgsdelikt, S. 66 Fn 52. An das erlaubte Risiko im Vorfeld der Verletzung, das hier den objektiven Sorgfaltsmaßstab bzw. die Obliegenheit vorgibt, kann kein Vorwurf geknüpft werden, an die mangelhafte Einsatzfreunde bei Einsetzen der akuten Garantenpflicht schon.

konkrete Gefahr ersichtlich, muß man nur den üblichen bzw. den allgemein als sinnvoll verstandenen Aufwand betreiben. Gerade auch im Unternehmensbereich darf es nicht zu überspannten Anforderungen kommen, die zu contraproduktiven Effekten wie die Hemmung jeglicher Innovation führen würden, wie dies von *Heine* befürchtet wird[519]. Das verbleibende Risiko in diesem Bereich, z.B. der Forschung, Entwicklung und Innovation, muß vernünftigerweise die Allgemeinheit tragen, die daran auch ein erhebliches Interesse hat[520].

c) Die Garantenstellung als Legitimationsvoraussetzung des Gebots

Ferner nennen die individuellen (Sonder-)Handlungsgebote den Garanten abstrakt als Normadressaten. Während Verbote den (aktiv) Handelnden als Normadressaten und Garanten für sein Tun nennen, ist es bei den Geboten ungleich schwerer, den Garanten zu erkennen, und der Begriff des Garanten ist materiell ausfüllungsbedürftig. Die Frage nach dem Normadressaten ist aber nicht nur eine inhaltliche, sondern immer auch eine nach der rechtlichen Legitimation. Die Garantenstellung des Aktiven zum geschützten Rechtsgut, die die Verbote rechtlich legitimiert, ergibt sich direkt aus der Autonomie des Menschen und der Vernunftmaxime der gegenseitigen Anerkennung. Dieser Normlegitimation des Verbots aus der besonderen Verantwortung für sein Tun muß beim Gebot eine besonderen Verantwortung für sein Unterlassen entsprechen. Diese Garantenstellung des Passiven zum geschützten Rechtsgut muß als wesentliche Voraussetzung einer Rechtsnorm zuerst begründet werden, um das Gebot rechtlich zu legitimieren und inhaltlich zu vervollständigen. Deshalb hat *Freund* zwar Recht, wenn er bemerkt, daß die Garantenstellung kein zusätzliches und eigenständiges Tatbestandsmerkmal des unechten Unterlassungsdelikts sei[521], es ist jedoch seiner Konsequenz zu widersprechen, daß deshalb auf das Merkmal der Garantenstellung ganz verzichtet werden sollte[522]. Denn zwar liegt die „Garantenstellung“ beim Tun ganz selbstverständlich auf der Hand und muß dort nicht problematisiert werden.

---

519 *Heine*, Strafrechtliche Verantwortlichkeit, S. 139 f.

520 Vgl. dazu auch unten S. 128 f., S. 138 ff. *Heine*, Strafrechtliche Verantwortlichkeit, S. 144 spricht hier zurecht vom „rechtlich erlaubtem und politisch noch tolerablen Restrisiko“ und - in der Praxis - vom „Kooperationsprinzip“ und „informalen Verhandlungsprozessen“ z.B. zwischen Anlagenbetreibern und Umweltbehörden in der Umweltpolitik.

521 *Freund*, Erfolgsdelikt, S. 44 ff., 154.

522 *Freund*, Erfolgsdelikt, S. 155 f.

Beim unechten Unterlassen empfiehlt es sich aber, den problematischen in Frage kommenden Normadressatenkreis zuerst unter dem Gesichtspunkt der Garantenstellung zu bestimmen und dann nach dessen Pflicht zu fragen.

aa) Klassisch sollten diese besondere Normadressateneigenschaften durch formell begründete Rechtsstellungen aus Gesetz, Vertrag, Ingerenz und (schon viel weniger formal) „enger Lebensgemeinschaft“[523] begründet werden (sog. „formelle Rechtspflichtlehre“)[524]. An dieser Lösung gefällt ihre Rechtssicherheit durch die formelle Anbindung an andere bestimmte, positivrechtliche Gegebenheiten. Es ist auch richtig, daß die Begründung für die Handlungspflicht vorstrafrechtlich gefunden werden muß wie bei den Unterlassungspflichten auch. Jedoch fehlt einer solchen formalen Betrachtung der strafrechtliche Hintergrund. Das Strafrecht sanktioniert nicht jeden Rechtsbruch, sondern nur den einer tatbestandlich erfaßten Rechtsgutsverletzung. Wenn beispielsweise zivilrechtliche Normen Pflichten begründen, müssen diese nicht unbedingt auch dem strafrechtlichen Rechtsgüterschutz dienen[525]. So wollen §§ 1353, 1626 BGB nur familienrechtliche Regelungen treffen. Daß Verstöße dagegen (mit dem entsprechenden Erfolg) per se strafwürdig sind, besagen sie dagegen nicht. Noch deutlicher ist es, daß nicht jede Vertragsverletzung schon Strafunrecht bewirkt[526]. Diese Frage kann nur das Strafrecht beantworten. Ebenso können auch per Gesetz oder Vertrag nicht einfach Zuständigkeiten bzw. Verantwortlichkeiten zugeschrieben werden, sondern die strafrechtliche Verantwortung für die Rechtsgutsverletzung muß nach dem Schuldgrundsatz tatsächlich vorhanden sein. Einer gesetzlich normierten Position wie z.B. der des Gewässerschutzbeauftragten in §§ 21a ff. WHG müssen deshalb auch die entsprechenden Möglichkeiten und Kompetenzen zum Schutz des Rechtsgutes zustehen[527]. Die formellen Rechtsquellen können also für eine Garantenstellung zu weit greifen, soweit sie die strafrechtlichen

---

523 RGSt 69, 323.

524 So die ältere Lehre und noch heute weitgehend die Rspr.: z.B. RGSt 63, 392; BGHSt 2, 150, 153; 19, 167, 168; BGH NStZ 84, 164.

525 Vgl. zum strafrechtlichen Ultima-ratio-Prinzip im Verhältnis zum Zivilrecht *Peters*, FS Eb. Schmidt, S. 502; *Arth. Kaufmann*, FS Henkel, S. 102.

526 Vgl. z.B. § 266 StGB, der für eine Straftat der Untreue nicht jede vorsätzliche rechtswidrige Schädigung genügen läßt, sondern darüber hinaus noch eine Sonderpflicht, die Vermögensbetreuungspflicht für das fremde Vermögen, fordert.

527 Vgl. dazu und zum Streit, ob den Gewässerschutzbeauftragten überhaupt eine Garantenstellung neben dem Betriebsinhaber und der verantwortlichen Stelle nach § 21e WHG zukommt, *Tröndle*, § 324 Rn 9; *Rudolphi*, Lackner FS, S. 875 ff. (m.w.N.).

Haftungsvoraussetzungen nicht beachten. Andererseits können sie ebenso zu eng sein, weil sie nur an Formalitäten orientiert sind, die für die sachlichen Kriterien der strafrechtlichen Verantwortung blind sind, so daß nicht alle strafrechtlich relevanten Fälle erfaßt sind[528]. Die materiellen strafrechtlichen Kriterien müssen also auf alle Fälle gefunden werden, die formellen Rechtsquellen sind nur ein Indiz für eine Garantenstellung. Ist diese Garantenstellung dann auch materiell fundiert, findet man in Gesetz oder Vertrag wichtige Regeln über den Inhalt des Garantenverhältnisses; denn was dort geregelt wurde, durfte das Opfer normativ berechtigt erwarten[529].

bb) Die neuere „Funktionenlehre“ stellt dagegen auf Gegenstand und Inhalt einer Rechtspflicht und damit auf materielle Gesichtspunkte ab[530]. Doch leistet die Differenzierung nach der Funktion nicht mehr als eine Ordnung nach ihrem Inhalt. Die Pflicht selbst bzw. ihr Rechtsgrund werden dabei aber in Wahrheit schon vorausgesetzt[531]. Immerhin kann mit Hilfe der „Funktionenlehre“ nicht nur auf den Zweck, sondern umgekehrt auch auf den Ursprung der Pflicht geschlossen werden. Man ist entweder für eine Gefahr und dadurch für die durch sie gefährdeten Rechtsgüter oder speziell für ein Rechtsgut verantwortlich. Dort muß man also den Grund für die besondere Verantwortlichkeit suchen[532].

cc) Materielle Begründungsversuche über soziale Erwartungen, das Vertrauen des Opfers oder soziale Standards wurden bereits oben kritisiert, weil sie weitgehend inhaltsleer sind, was die personale strafrechtliche Verantwortung des Täters betrifft. Soziale Standards bestimmen beim Fahrlässigkeitsdelikt die verkehrsübliche Sorgfalt, echte strafbewehrte Handlungspflichten können sie jedoch nicht begründen. In der Lehre von der objektiven Zurechnung begrenzen sozialadäquate Verhaltensweisen richtigerweise die strafrechtliche Haftung

---

528 So kommt es z.B. auf die zivilrechtliche Gültigkeit eines Vertrages nach ganz h.M. nicht an; vgl. RGSt 64, 81, 84; *Lackner*, §13 Rn 9; *Tröndle*, § 13 Rn 8.

529 So ist heute durch das neue ProdSG, insbes. §§ 4, 5, die Produkthaftung weitgehend geregelt, wenn man die Garantenstellung des Herstellers oder Händlers strafrechtlich akzeptiert (wie dies BGHSt 37, 106, 115 in der Lederspray-Entscheidung bereits zuvor getan hat). Auf diesen Standard darf sich dann der Verbraucher verlassen.

530 LK-*Jescheck*, § 13 Rn 19.

531 *Jakobs*, AT, 29/ 27.

532 Vgl. *Freund*, Erfolgsdelikt, S. 71 f. (dort auch Fn 71), 157, der zwischen dem „besonderen Bezug“ zum Ursprung und zum Zielort der abzuwendenden Gefahr unterscheidet. Von der angebrachten Betrachtung vom Rechtsgut aus (anstatt von der Gefahr) geht es immer nur um den Ursprung der Verantwortung.

negativ, das kann aber nicht heißen, daß sie beim unechten Unterlassungsdelikt umgekehrt nun die Zurechnung positiv begründen[533]. Die strafrechtliche Mißbilligung geht über die bloße Sozialinadäquanz hinaus.

dd) Diese Mißbilligung oder die besondere individuelle Verantwortung des einzelnen muß sich wieder aus seiner Autonomie und seinem Rechtsverhältnis zu den anderen ergeben[534]. Durch Handlungen äußert sich der Mensch, bestimmt sein Verhältnis zu den anderen und schafft dadurch eine besondere personale Beziehung zum Rechtsgut. Er ist für seine Handlungen verantwortlich und begründet durch sein Verhalten auch selbst die Verantwortung für die Folgen[535]. Damit organisiert er autonom seine Zuständigkeiten. Zu seiner und zur Freiheit aller gehört es, privatautonom Rechtsverhältnisse zu begründen, die bestimmte Handlungspflichten zum Inhalt haben. Verantwortung wird ihm nicht von außen durch die Gesellschaft zugeschrieben, sondern er muß sie durch sein Verhalten begründet haben[536]. Bei den Handlungspflichten geht es darum, seiner Verantwortung aus den Folgen seines Tuns nachzukommen. Wer sich rechtlich für ein Rechtsgut für zuständig erklärt hat, muß dieses bei konkreter Gefährdung auch retten. Darauf vertrauen die anderen aus dem gegenseitigen Anerkennungsverhältnis berechtigter Weise[537]. Das ist die Kehrseite der individuellen Handlungsverantwortung. Die Zuständigkeit des Garanten bzw. ein solches rechtliches Vertrauens- oder Garantenverhältnis wurde dann geschaffen, *wenn der Garant das Opfer in bestimmter Hinsicht von sich abhängig gemacht hat und das Opfer daher schutzbedürftig ist*[538].

Der einzelne kann eine solche verantwortungsbegründende Abhängigkeit schaffen, indem er den *Schutz* für bestimmte Rechtsgüter oder vor bestimmten Gefahren durch individuelle Vereinbarung mit dem anderen *übernommen* hat (Beschützergarantenstellung) oder indem er eine *Gefahr für ein bestimmtes geschütztes Rechtsgut eines anderen gesetzt* hat[539]. Dann kommt dem, der die

---

533 *Seelmann*, GA 1989, 248.

534 *Köhler*, AT, S. 210 f.

535 *Seelmann*, in: Vielfalt des Rechts, S. 96 ff. unter Berufung auf *Hegel*.

536 Vgl. *Seelmann*, GA 1989, 253 ff.

537 Vgl. *E.A. Wolff*, Kausalität, S. 33 ff.; *Köhler*, AT, S. 210.

538 *E.A. Wolff*, Kausalität, S. 37 ff.; *Welp*, Vorangegangenes Tun, S. 178 ff., 216, 220 f.; *Köhler*, AT, S. 210, 218.

539 Vgl. *Seelmann*, GA 1989, 253, der noch die Entziehung der Abwehrbereitschaft als Fallgruppe der Obhutspflicht anführt. Jedoch hat diese Fallgruppe keinen wirklich eigenständigen Wert; siehe dazu gleich unten.

Gefahr geschaffen hat, die Pflicht, diese Gefahr zu bannen (Überwachungsgarantenstellung), zu. Auch darauf wird im Rahmen des Rechts als interpersonalem Anerkennungsverhältnis berechtigt vertraut. Denn die anderen sind im Rahmen des praktischen Zusammenlebens und der rechtlichen (vernünftigen) Freiheitssicherung darauf angewiesen, daß derjenige, der solche besonderen Freiheiten in Anspruch nimmt, daß Gefahren für andere entstehen, auf die die anderen in ihrer normalen privaten Lebensführung nicht gefaßt sein müssen, diese Gefahren beherrscht. Dieses normativ notwendige Vertrauen spielt deshalb für die Begründung von Garantenpflichten dann – im negativen Fall - eine wichtige Rolle, wenn gar kein Vertrauen besteht, weil die Gefahrschaffung allgemein als notwendiger Freiheitsraum des Handelnden bzw. als allgemeines Lebensrisiko eines jeden akzeptiert wird. Wie beim Tun das sozialadäquate Handeln zu keiner Mißbilligung führen kann, haftet man beim Unterlassen dort nicht, wo eine Rettungshandlung gar nicht (besonders) erwartet wird, weil in diesen Fällen das Opfer nicht schutzwürdig, sondern selbst für die Gefahrenabwehr verantwortlich ist.

Andererseits bedeutet das aber nicht, daß jede erlaubte (Gefahr schaffende) Handlung nur ein nicht Pflicht begründendes allgemeines Lebensrisiko schafft und daß umgekehrt für eine spätere Unterlassungshaftung eine pflichtwidrige Vorhandlung, wie dies meist bei der Ingerenz verlangt wird, notwendig ist[540]. *Derjenige, der den jedermann sozialadäquat zustehenden Freiheitsraum zwar durch eine (noch) rechtmäßige Handlung potentiell auf Kosten anderer ausdehnt, aber kein Eingriffsrecht in die Freiheit anderer hat, hat für die Gefahren einzustehen, die daraus für Rechtsgüter Dritter entstehen*[541]. Auch eine zunächst erlaubte Handlung (erlaubtes Risiko) kann so (als *Sonderrisiko*) eine besondere Verantwortung für ihre späteren Folgen begründen, weil diese Handlung nur unter dem Vorbehalt erlaubt ist, die daraus entstehenden Gefahren für andere zu bannen[542]. So verhält es sich z.B. beim Fahren im Straßenverkehr. Auch (zunächst unbekannte) Restrisiken eines Verhaltens, die sich später zu konkreten Gefahren verdichten, stellen solche Sonderrisiken dar, die dann zurechenbar sind und (wenn sie entdeckt oder zumindest aufgrund der

---

540 Vgl. *Welp*, Vorangegangenes Tun, S. 215 ff., 219 ff.; *Arzt*, JA 80, 715 f.; *Seelmann*, GA 1989, 255; NK-*Seelmann*, § 13 Rn 117.

541 *Otto*, JK StGB § 13/10; *ders.*, Grundkurs Allg. Strafrechtslehre, 9/81 (S. 163); *Ranft*, JZ 87, 864; *Stratenwerth*, AT, Rn 1009.

542 *Freund*, Erfolgsdelikt, S. 182 (s. auch Fn 82); *Jakobs*, AT, 29/39; *Köhler*, AT, S. 220.

erforderlichen Sorgfalt zu überprüfen und auch neutralisierbar sind) zu Lasten des Verursachers gehen[543].

So ganz überkommene (Schutz-)Garantenstellungen wie die aus engen Lebens- oder Gefahrengemeinschaften erklären und begründen sich richtiger Weise aus der privatautonomen Übernahme des Schutzes des anderen. Das Vertrauen des Opfers auf den Schutz der Rechtsgüter durch einen Garanten muß aber immer auch wirklich durch diesen begründet worden sein. Dazu genügt nicht jedes zivilrechtliche Rechtsverhältnis (bis hin zum Vertrauen aus „Treu und Glauben"[544] oder gar eine bloße Anscheinshaftung) oder ein bestimmtes soziales Verhalten, das allgemein bestimmte Erwartungen erweckt (zivilrechtlich gesprochen: Selbstbindung ohne Vertrag), sondern die Garantie eines Rechtsguts muß ausdrücklich (vgl. § 14 II Nr. 2 StGB)[545] bzw. für Garant und Schützling unmißverständlich und tatsächlich übernommen worden sein[546], so daß der Garant sich diesbezüglich „auf Posten" gestellt hat und der Rechtsgutsträger diesen Posten als rechtlichen Teil von sich versteht. Nur durch eine solche autonome Vereinbarung werden die ursprünglichen Zuständigkeiten neu verteilt. Bei nur „schlüssigen Übernahmen" ist Zurückhaltung bei der Anerkennung einer Garantenstellung geboten und die gewollte

---

543 So z.B. beim Inverkehrbringen von neuen Produkten wie im „Lederspray-Fall" (BGHSt 37, 106 ff.), weil hier immer die latente Gefahr besteht, daß unvorhergesehene Schädigungen auftreten können. Wenn *Otto*, Grundkurs Allg. Strafrechtslehre, 9/78 (S. 162) deshalb fordert, „die Gefahr der Rechtsgutverletzung muß in dem Tun bereits objektiv erkennbar angelegt sein", muß diese Erkennbarkeit der Gefahr weit verstanden werden: Nicht schon eine bestimmte Gefahr muß erkennbar sein, sondern **es genügt, wenn ganz vage ex ante ein gewisses Restrisiko besteht, das nicht (z.B. weil es unbekannt oder gar nicht abschätzbar ist) die Allgemeinheit übernommen hat**. Dahingehend müssen auch *Welp*, Vorangegangenes Tun, S. 188 f., 209 und *Seelmann*, GA 1989, 253 f. korrigiert werden, die für ein zurechenbares Vorverhalten subjektiv Wissen oder Wissenmüssen um die tatbestandsmäßige Gefahr (*Welp*: „inadäquate [= unvorhersehbare] Gefahrschaffung") verlangen. Vgl. auch *Kuhlen*, NStZ 90, 568 f.

544 Vgl. dazu ausführlich *Kamberger*, Treu und Glauben, S. 14 ff., 260 ff.

545 § 14 II Nr. 2 fordert als spezielle Fortschreibung der allgemeinen Garantenproblematik (vgl. dazu LK-*Schünemann*, § 14 Rn 12 ff.) im Bereich der Sonderdelikte eine „ausdrückliche" Beauftragung durch den Sonderverantwortlichen, damit die Haftung auf den Übernehmenden übergeht. Wenn diese „Ausdrücklichkeit" im Tatbestand des § 14 auch überwiegend als zu eng und gesetzestechnisch mißglückt angesehen wird, so zeigt diese Regelung doch zumindest die richtige Intention, daß die Übernahme eindeutig mit Außenwirkung sein muß und nicht jede fremde Interessenwahrnehmung genügt; vgl. BT-Drucks. V/1319, S. 65.

546 Vgl. *Seelmann*, in: Vielfalt des Rechts, S. 87, 91 ff.; *Seebode*, FS Spendel, S. 341 f.; SK-*Rudolphi*, § 13 Rn 58, 62; *Kühl*, AT, § 18/68 ff.; speziell zum gewichtigen Bedenken der ungenügenden gesetzlichen Bestimmtheit i.S. Art. 103 II GG und der Erheblichkeitsschwelle für eine Straftat bei Verfehlungen nach § 242 BGB siehe *Deubner*, NJW 69, 623.

Schutzverpflichtung zugunsten des jeweiligen tatbestandlichen Rechtsguts eingehend zu überprüfen[547]. Lediglich bei rechtlich verfestigten freiheitlichen Institutionen, die ganz selbstverständlich (auch) der Personensorge dienen und im wesentlichen auf einer besonders intimen und umfassenden Vertrauensbeziehung basieren wie die Ehe oder die Eltern-Kind-Beziehung[548], begründet sich die Garantenstellung umfassend ohne ausdrückliche (Schutz-)Erklärung problemlos konkludent mit Eintritt in die Institution[549]. Auf der anderen Seite kann der Garant eine übernommene Schutzbeziehung jederzeit formlos durch eine entsprechende Erklärung oder ein eindeutiges Verhalten (z.B. Trennung in der Ehe oder Freigeben des Kindes zur Adoption) beenden, wenn er nicht gerade zur Unzeit „kündigt".

Auch Sicherungspflichten können durch Übernahme begründet werden, wenn man sich dem ursprünglich Sicherungspflichtigen gegenüber dazu verpflichtet. Das Vertrauen der Dritten, die vor der Gefahrenquelle geschützt werden sollen, gegenüber dem neuen, übernehmenden Garanten rührt dann aus dem Anerkennungsverhältnis gegenüber jedem Rechtssubjekt bzw. hier gegenüber dem „Lager" der Garanten aus der Schaffung von Sonderrisiken. Durch die Übernahme im Innenverhältnis der Garanten wird man über das allgemeine Anerkennungsverhältnis auch nach außen gegenüber den Schutzbedürftigen für die Gefahr verantwortlich.

ee) Problematisch für die Zurechnung der autonomen Gefahrschaffung i.S. einer Garantenstellung zur Abwehr der Gefahr sind die Fälle, in denen mehrere an der konkreten Gefahrschaffung beteiligt sind. Auch in diesen Konstellationen ist zu fragen, wer ein zurechenbares Sonderrisiko für das Opfer

---

547 Vgl. *Seebode*, FS Spendel, S. 341 f.

548 Hier geht es um die Schutzgarantenstellung der Eltern für ihre *minderjährigen* schutzbedürftigen Kinder. Daß Eltern ihre noch unverantwortlichen Kinder als Gefahrenquellen auch zu überwachen haben, folgt aus ihrer Handlungsverantwortung gegenüber Dritten. Mit der Erziehung haben die Eltern die Garantenpflichten des Unmündigen (das Verletzungsverbot), der seinen Pflichten (noch) nicht nachkommen kann bzw. aufgrund seiner mangelnden Vernunftfähigkeit noch gar nicht pflichtig ist, übernommen.

549 Vgl. *Köhler*, AT, S. 211, 216 f. Eine weitere solche Institution ist auch der Staat, von dessen friedensstiftenden Aufgaben und Fürsorge (und dessen Gewaltmonopol) jeder Bürger abhängig ist.

Nach *Seelmann*, GA 1989, 255 f. resultieren diese eng zu begrenzende Garantenpflichten ausnahmsweise nicht aus der Handlungsverantwortung, sondern sind aus Gründen der Systemkonsistenz notwendig, weil ohne sie Handlungsverantwortung überhaupt nicht möglich wäre; siehe auch NK-*Seelmann*, § 13 Rn 135 ff., wo von der „Abwehrbereitschaft signalisierenden Zuordnung" die Rede ist.

geschaffen und wer nur ein allgemein erlaubtes Risiko geschaffen hat. Die Kausalität allein genügt (wie beim Tun) nicht für die Zurechnung, sondern es bedarf weiterer normativer Kriterien zur Bestimmung der Verantwortlichkeit. Die Fälle eines „normativen Unterlassens" begründen sicherlich keine Verantwortung für die weitere Gefahrschaffung durch andere, da hier nur die eigene Güterwelt verändert wird, in die andere eindringen, und so von einer potentiell inadäquaten Ausdehnung der Freiheit keine Rede sein kann[550]. Dagegen ist die Entziehung der Abwehrbereitschaft des anderen ein solcher (Unter-)Fall der Schaffung eines Sonderrisikos, das eine Beschützergarantenstellung begründet[551].

Besonders schwer begründbar sind Sicherungsgarantenstellungen für Dritte bzw. für deren Verhalten. Denn diese sind für ihr Verhalten und die daraus entstehenden Gefahren als Autonome rechtlich selbst verantwortlich[552], grundsätzlich ist niemand „der Hüter seines Bruders", weil dies immer auch mit Bevormundung und damit mit einem rechtlich nicht vertretbaren Verlust von Freiheit verbunden wäre[553]. Die rechtliche Erwartung (Vertrauensgrundsatz) geht gerade dahin, daß sich ein jeder vernunftgemäß rechtmäßig verhält[554]. Deshalb gibt es nur bei (noch) Nichteigenverantwortlichen problemlos eine Garantenstellung derer, die die notwendige Betreuung und Aufsicht dieser unverantwortlichen und deshalb gefährlichen Personen institutionell

---

550 Vgl. *Frisch*, Tatbestandsmäßiges Verhalten, S. 251 ff. Siehe auch oben S. 109 Fn 468.

551 Auch durch die Übernahme einer Schutzverpflichtung kann die ursprüngliche Abwehrbereitschaft entzogen oder vermindert werden. Dann zeigt sich, daß Beschützer- und Überwachungsgarantenstellung zusammenfallen und identisch sind. Die Unterscheidung ist eben nur eine grobe Gedankenhilfe.

552 Vgl. *Welp*, Vorangegangenes Tun, S. 274 ff.

553 Eine Ausnahme bilden Aufsichtpflichten und entsprechende Bevormundungsrechte über (mündige) Personen, die *nachweislich gefährliche Rechtsbrecher* (im Strafvollzug oder in der Sicherungsverwahrung) sind und *deshalb* unter Kontrolle gehalten werden müssen. Hier richtet die Gesellschaft aufgrund der *fundierten empirischen* Daten entgegen der eigentlichen - schon enttäuschten - normativen Erwartung Aufsichtsposten zum Schutz der gefährdeten Freiheit aller vor weiteren Straftaten ein. Wer diesen Posten übernimmt, ist Garant. Vgl. RGSt 53, 292 f.; *Freund*, Erfolgsdelikt, S. 256 ff. und differenzierend *Jakobs*, AT, 29/35.

554 Vgl. *Murmann*, Nebentäterschaft, S. 275 f. und auch *Frisch*, Tatbestandsmäßiges Verhalten, S. 268 ff., 349; *Freund*, Erfolgsdelikt, S. 227 f, 252, die beide zurecht darauf hinweisen, daß der Freiheitsverlust aller durch ein obligatorisches Mißtrauen dem anderen gegenüber nicht legitimierbar wäre. Deshalb bestehen auch grundsätzlich *keine Prüfpflichten* bezüglich des anderen. Vgl. auch *Stratenwerth*, Eb.Schmidt FS, S. 390 ff., der ausnahmsweise „sekundäre Sorgfaltspflichten" eingreifen lassen will, wenn besondere Umstände das Vertrauen in den anderen (empirisch) entkräften.

übernommen haben[555]. Eine Aufsichtspflicht über Vollverantwortliche kann dagegen nur ausnahmsweise und aus besonderen rechtlichen Gründen geschehen. Wie beim Tun wird für das Verhalten anderer nur in demselben engen Rahmen gehaftet, ansonsten gilt ein Regreßverbot nach der jeweiligen Verantwortlichkeit[556]. Eine strafrechtlich mißbilligte Gefahr über fremdes eigenverantwortliches Verhalten kann nur der schaffen, der *Anteil am Unrechts des anderen* hat[557]. Dies ist bei mittäterschaftlichem Vorgehen oder bei einem akzessorischen Rechtsgutsangriff der Fall[558]. Objektiv - unabhängig von Vorsatz und Fahrlässigkeit - erfordert dies ein (eindeutig) deliktsbezogenes, risikoerhöhendes Handeln auf das Unrecht des anderen[559]. Nur unter diesen Umständen ist ein Verhalten, das erst andere zu einem vollendeten Delikt mißbrauchen können, verboten, weil es sich dann als eine Rechtsverletzung des Opfers darstellt, das dann auch (mittelbar) von der Wahrung seines Achtungsanspruches durch den Hintermann abhängig ist und deshalb Anspruch darauf hat, daß ein solches deliktsbezogenes Verhalten unterbleibt. Erst wenn empirisch neben einer meist schnell zu bejahenden Risikoerhöhung nahezu feststeht, daß eine Handlung nur einem drittvermittelten deliktischen Zweck dient - wenn eine andere Erklärung nicht (mehr) sinnvoll ist[560] -, ist man auch

---

555 Vgl. *Freund*, Erfolgsdelikt, S. 247 ff.; SK-*Rudolphi*, § 13 Rn 32 ff.; *Hsü*, Betriebsinhaber, S 244 ff.; *Heine*, Strafrechtliche Verantwortlichkeit, S. 117 f. Es wird z.T. leider aber auch kasuistisch von der „selbstständigen Bedeutung" dieser Fallgruppe gesprochen, weil sie auf der Autorität und nicht auf Übernahme oder vorangegangenem gefährdendem Tun beruhe; siehe LK-*Jescheck*, § 13 Rn 41.

556 Vgl. *Jakobs*, ZStW 89 (1977), 1 ff. Sehr extensiv wird das Regreßverbot in neuster Zeit von *Diel*, Regreßverbot, S. 179 ff., 279 ff. aufgrund des Bestimmtheitsgrundsatzes und des Eigenverantwortlichkeitsprinzips verfochten. Jedoch wird bei einem absoluten Regreßverbot die Schutzbedürftigkeit des Opfers auch vor akzessorischen Rechtsgutsangriffen im personalen Verhältnis zu Dritten verkannt; siehe gleich im Text und vgl. *Köhler*, AT, S. 195; *Murmann*, demnächst in GA mit einer Bspr. von Diel; *ders.*, Nebentäterschaft, S. 272; auch schon *Schünemann*, Grund und Grenzen, S. 212.

557 Vgl. auch *Schumann*, Handlungsunrecht, S. 50; *Lesch*, Sukzessive Beihilfe, S. 280: „Solidarisierung mit dem Normbruch".

558 Das Regreßverbot schließt jede mißbilligte Gefahr bzw. Zurechnung aus, also Mittäterschaft und Beihilfe; *Lesch*, Sukzessive Beihilfe, S. 197 ff., 278 ff. Mit der Verneinung des Regreßverbots steht daher umgekehrt nur fest, daß eine Unrechtshandlung bzw. eine (Garanten-)Pflicht vorliegt, nicht aber auch, daß unbedingt als Täter gehaftet wird; siehe unten E, S. 156 ff.

559 Grundlegend und ausführlich dazu *Frisch*, Tatbestandmäßiges Verhalten, S. 280 ff.; *Jakobs*, ZStW 89 (1977), 7, 20 ff.; *Freund*, Erfolgsdelikt, S. 237 f.; auch *Stratenwerth*, AT, Rn 1164. Krit. dazu *Roxin*, Tröndle FS, S. 199 f.; gegen diesen *Lesch*, Sukzessive Beihilfe, S. 281 ff.

560 *Lesch*, Sukzessive Beihilfe, S. 282.

für das fremde Verhalten normativ mitverantwortlich[561] und muß das daraus resultierende deliktische Verhalten des anderen unterbinden[562]. *Subjektiv* erfordert die strafbare Beteiligung durch Tun am fremden Unrecht mindestens *Kenntnis der Umstände des eindeutigen Deliktsbezugs*, weil es keine Prüfpflicht bezüglich des Verhaltens anderer (als Obliegenheit) gibt[563]. Andererseits genügt es, wenn allein der Handelnde den eindeutigen Deliktsbezug (sicher) kennt, weil er dann individuell sein persönliches Anerkennungsverhältnis zum Opfer objektiv verletzt[564].

Keinen Anteil am Unrecht des anderen und daher auch keine Garantenstellung hat deshalb der, welcher einen anderen mit einer gefährlichen, gleichwohl aber erlaubten Tätigkeit beauftragt. Erledigt dieser seine Aufgabe (vorsätzlich oder nur sorgfaltswidrig) unsachgemäß und verwirklicht dadurch ein Delikt, kommt dem Auftraggeber keine Verantwortung zu, er durfte dem eigenverantwortlichen Beauftragten vertrauen[565]. Eine Verantwortung an den Auftrag, das Interesse oder gar nur an die Kausalität des Auftraggebers zu binden, wäre falsch[566]. Die Beauftragung stellt kein mißbilligtes Risiko dar, ihr fehlt der Deliktsbezug. Dieser Bezug kann auch nicht im nachhinein hergestellt werden und dann eine Sonderverantwortung für den anderen begründen, wenn sich herausstellt, daß der andere wider Erwarten ein Delikt begeht. *Vernunftbegabte Dritte sind rechtlich gesehen auch kein Sonderrisiko*, was bedeuten würde, daß man dem anderen nicht trauen dürfte und ihn deshalb

---

561 *Murmann*, Nebentäterschaft, S. 275 ff. spricht i.d.S. vom Ende des Vertrauens in die Vernunft des anderen (Vordermannes) und insofern einer neuen Qualität der Handlungen des Hintermannes im Verhältnis zum Opfer.

562 Vgl. *Jakobs*, AT, 29/33 mit Beispielen dafür, daß das Vorverhalten nicht schon unbedingt selbst (als Teilnahme) strafbar sein muß.

563 Siehe oben S. 131 Fn 554; *Frisch*, Tatbestandsmäßiges Verhalten, S. 307, 347 (unklar S. 305). Vgl. *Renzikowski*, Restriktiver Täterbegriff, S. 126 Fn 311.

564 Entgegen *Frisch*, Tatbestandsmäßiges Verhalten, S. 270 f., der allerdings später über die Wertung des § 138 bei dessen Katalogdelikten zu einem ähnlichen Ergebnis kommt. Wie hier wohl auch *Murmann*; Nebentäterschaft, S. 277 f.; vgl. auch *Jakobs*, ZStW 89 (1977), 23, 26 und auch *Wohlleben*, Beihilfe, S. 107 ff. mit dem entsprechenden Ergebnis aufgrund einer „konkreten Risikobetrachtung" unter Berücksichtigung der inneren Bewußtseinslage, der Unrecht allerdings ganz heteronom - kriminalpolitisch, zweckrational aus der Perspektive der Gesellschaft - betrachtet. Das individuelle Sonderwissen geht - wie immer - in die objektive Wertung ein. Für die Unterlassungshaftung reicht es aus, wenn die Verantwortung durch das objektiv deliktsbezogene Verhalten begründet worden ist und danach die Kenntnis hinzukommt.

565 Vgl. *Frisch*, Tatbestandsmäßiges Verhalten, S. 346 f. Zu evtl. Ausnahmen bei arbeitsteiligen Tätigkeiten (so *Frisch*, Tatbestandsmäßiges Verhalten, S. 307) gleich unten.

566 Anders aber BGHSt 19, 286 ff.

kontrollieren müßte. Das Recht und unsere freie Gesellschaft basieren aber gerade darauf, daß jeder (rechtsvernünftig) so gut ist wie der andere und man dem anderen aufgrund der gegenseitigen Anerkennung ohne Mißtrauen begegnen kann. Kontrollpflichten des anderen wären geradezu anmaßend und würden dem gegenseitigen Anerkennungsverhältnis widersprechen. Das deliktische Handeln des anderen ist deshalb aus Sicht des Auftraggebers eine Exzeßtat. Eine Haftung kommt daher nur aufgrund weiterer Risiken infrage: wenn der Auftraggeber für weitere Gefahren sicherungspflichtig[567] (z.B. gefährliche Gegenstände, für die er sonderpflichtig ist) oder für das Rechtsgut aus Übernahme schutzpflichtig ist[568] oder wenn dem Beauftragten bestimmte Risiken unbekannt sind, so daß er diesbezüglich gar nicht verantwortungsbewußt handeln kann.

Eine Konstellation der Verantwortlichkeit und eine Aufsichtspflicht über generell Mündige ergibt sich allerdings dann, wenn ein solcher gewisse Risiken nach seinem Leistungsvermögen nicht beherrschen kann und deshalb bestimmte riskante Tätigkeiten ohne kundige Anleitung und Kontrolle gar nicht ausführen dürfte (Fälle eines Übernahmeverschuldens). Dann kommt dem, der diese Anleitung übernimmt, eine Garantenstellung bezüglich dieser Tätigkeit des anderen zu, weil jener diesbezüglich *partiell unverantwortlich* ist[569].

5. *Vertrauensgrundsatz und Entlastung und Erfüllung der persönlichen Pflichten durch andere*

In einer Gesellschaft von freien Individuen ist es Teil der (rechtlichen) Freiheit, daß man seinen rechtlichen Pflichten nicht unbedingt selbst nachkommen muß, sondern daß Dritte zur Erfüllung der eigenen Pflichten engagiert werden dürfen. Der einzelne wäre häufig in seinen Entfaltungsmöglichkeiten stark behindert, müßte er sich um alles selbst kümmern, und auch die Gesellschaft insgesamt könnte kaum Fortschritte machen, bliebe es bei der strikten Trennung der Verantwortlichkeiten der einzelnen. Vielmehr ist es für eine effektives Fortkommen notwendig, daß die einzelnen zusammenarbeiten und sich dabei auch rationell organisieren dürfen. Insofern ist es auch funktional bedingt und völlig anerkannt, daß man sich nicht nur auf sich selbst, sondern auch auf den

---

567 Vgl. *Jakobs*, AT, 29/34; *Frisch*, Tatbestandsmäßiges Verhalten, S. 247; *Freund*, Erfolgsdelikt, S. 229 ff.

568 Vgl. *Frisch*, Tatbestandsmäßiges Verhalten, S. 352; auch *Freund*, Erfolgsdelikt, S. 260.

569 Vgl. *Freund*, Erfolgsdelikt, S. 253 ff.

anderen verlassen darf. Fraglich ist dabei nur, in welchem Rahmen und unter welchen Voraussetzungen das geschehen darf. Der rechtliche *Vertrauensgrundsatz*, der zuerst für das Verhalten im Straßenverkehr entwickelt wurde[570], besagt, daß ich mich auf das pflichtgemäße Verhalten des anderen verlassen darf[571] und nicht mit den Fehlern anderer rechnen muß[572]. Das hat eine Entlastung bei der aufzuwendenden Sorgfalt zur Folge. Dies bedeutet letztendlich aber nur wieder, daß nach den (auch autonom gestalteten) Verantwortungsbereichen zu unterscheiden ist, wiederholt also nur in der Praxis das abstrakte Selbstverantwortungsprinzip[573].

a) Im Bereich der Handlungspflichten wird deutlich, daß es für den Rechtsgüterschutz nicht darauf ankommen kann, wer diese Handlung vornimmt. Denn nimmt sie nur irgendwer vor, entfällt für den prinzipiell Handlungspflichtigen, der das sieht, die konkrete Pflicht mangels Schutzbedürftigkeit des Opfers. Natürlich darf sich der originär Zuständige auch von vornherein entlasten, indem er einen anderen zu seiner Pflichterfüllung engagiert. Dieser ist nun aus Übernahme sekundärer Garant, der allerdings nun primär zuständig ist; allerdings auch immer nur insoweit, wie er diese Verpflichtung wirklich übernommen hat. Soll der Delegierte z.B. aus gewissen (unredlichen) wirtschaftlichen Erwägungen des Geschäftsherrn bestimmte Maßnahmen nicht ergreifen, haftete er auch nicht als Garant für dieses Unterlassen, selbst wenn er nach außen die rechtliche Befugnis dazu gehabt haben sollte[574].

---

570 RGSt 70, 73; BGHSt 7, 118.

571 Siehe zum Vertrauensgrundsatz im Straßenverkehr *Schumann*, Handlungsunrecht, S. 7 ff. und zur Übertragbarkeit auf andere Rechtsgebiete aaO, S. 19 ff.; LK-*Schroeder*, § 16 Rn 176. Z.T. kritisch zur Überrtagbarkeit *Stratenwerth*, Eb.Schmidt FS, S. 388 f., 399.

572 *Stratenwerth*, Eb. Schmidt FS, S. 400. Einschränkungen werden z.T. bei „typischen Verkehrswidrigkeiten" (im Straßenverkehr) gemacht; vgl. LK-*Schroeder*, § 16 Rn 169. Im Straßenverkehr geht es allerdings auch typischerweise um das Verhalten bzw. die Fehler des Opfers, das bei korrekter Verhaltensweise nicht gefährdet worden wäre (Fälle der eigenverantwortlichen Selbstgefährdung). Dabei ist zu beachten, daß die Teilnahme am Straßenverkehr mit einem Kfz ein Sonderrisiko darstellt und deshalb besondere Rücksichtnahmepflichten vertretbar sind.

573 Vgl. *Lenckner*, FS Engisch, S. 506; *Stratenwerth*, Eb.Schmidt FS, S. 388 ff., 393; *Jakobs*, ZStW 89 (1977), 13 f., 29; *Otto*, Jura 98, 411. Kritisch dazu, aber letztlich indifferent und wenig überzeugend, weil zu sehr auf ein empirisch begründbares Vertrauen (oder Mißtrauen) abgestellt wird, anstatt auf die intersubjektive rechtliche Erwartung, *Neudecker*, Mitglieder von Kollegialorganen, S. 66 ff.

574 A.A. RGSt 10, 6 ff.; *Schmidt*, Arbeitsunfälle, S. 101 ff. unter Berufung auf das „Herrschaftsprinzips". Zweifelhaft wird die hier vertretene Nichthaftung des Delegierten (nicht des Geschäftsherrn!) erst, wenn der Delegierte zunächst die Schutzpflichten ganz

Leitlinie für eine entlastende Delegation muß dabei nur sein, daß sich die Lage der geschützten Rechtsgüter dadurch nicht verschlechtern darf; die Freiheitsausübung darf - wie immer im Recht - nicht auf Kosten abhängiger Dritter geschehen. Wer seine Sonderpflichten delegieren will, muß daher zur Wahrnehmung seiner Pflichten die Person ordentlich auswählen und ihre Eignung für diese Aufgabe prüfen. Aus der primären Handlungspflicht folgt also eine *Auswahl- und Prüfpflicht*[575]. Nur wenn diese Bedingungen eingehalten wurden, ist der originär Zuständige (zuerst einmal) entlastet. Die rechtliche Verantwortung für das Rechtsgut entfällt insoweit aufgrund des eingerichteten Schutzes bzw. mangelnder Mißbilligung bei Untätigkeit (kein Verhaltensnormverstoß).

Liegt eine Delegation einer eigenen Pflicht vor, bleibt aber auch eine *Restzuständigkeit* immer erhalten, da der andere die Pflicht nur abgeleitet übernommen hat und der originär Zuständige immer noch den Schutz des Rechtsgutes garantiert und nicht von seiner Garantenpflicht entbunden ist. So muß der primär Verpflichtete eingreifen, wenn er erkennt, daß der Delegierte die übernommene Pflicht nicht oder nur unzureichend erfüllt[576]. Denn andernfalls hätte er die Lage der geschützten Rechtsgüter, für deren Sicherheit er zuständig ist, durch seine Delegation verschlechtert. Subsidiär muß daher der ursprünglich Zuständige wieder einspringen und den geschuldeten Schutz vervollständigen. Die Richtigkeit dieses Ergebnisses wird auch dadurch bezeugt, daß man diese Restgarantenpflicht auch z.T. (hinsichtlich der fachlichen Eignung) aus Ingerenz begründen kann.

Zu bedenken ist darüber hinaus, ob den originär Zuständige noch weitere *Aufsichts- und Kontrollpflichten* treffen oder ob er dem Übernehmer nach seiner pflichtgemäßen Eingangsüberprüfung bis zur sicheren Erkenntnis des Gegenteils blind vertrauen darf[577]. Da es sich hier um echte Handlungspflichten eines persönlich Sonderpflichtigen handelt, gilt der

---

umfassend übernommen hat und dann *später im Einzelfall* angewiesen wird, bestimmte notwendige Sicherungsmaßnahmen nicht einzuleiten, weil dann eine *rechtswidrige Weisung* des Geschäftsherrn vorliegt, die deshalb nicht verbindlich sein kann.

575 Vgl. Karlsruhe NJW 77, 1930; *Schmidt*, Arbeitsunfälle, S. 93; *Freund*, Erfolgsdelikt, S. 188 f.; (hinsichtlich der Sorgfaltspflichtsübergabe) *Schumann*, Handlungsunrecht, S. 23 f.; *Schmidt-Salzer*, NJW 88, 1940. Für den Bereich des § 130 OWiG: *Otto*, Jura 98, 414.

576 Vgl. BGHSt 19, 286, 288 f.; Karlsruhe NJW 77, 1930; *Gallas*, Verantwortlichkeit der am Bau Beteiligten, S. 37; *Jakobs*, AT, 29/ 31; *Freund*, Erfolgsdelikt, S. 189.

577 Vgl. *Stratenwerth*, AT I, Rn 1159.

Vertrauensgrundsatz nur sehr eingeschränkt. Es gehört zur Garantie als Obliegenheit dazu, den Schutzumfang, den der Garant gewährleistet und der möglicherweise beeinträchtigt sein könnte, zu kontrollieren, um ihn gegebenenfalls wieder auf das notwendige Maß bringen zu können. Werden nun andere Personen zur Pflichterfüllung eingeschaltet, darf man diesen zwar grundsätzlich hinsichtlich ihrer rechtlichen Gesinnung trauen, sind aber weitere, besonderen Qualifikationen gefordert, müssen diese auch zur Sicherheit des Rechtsgutes vom Garanten überprüft werden[578]. Dazu können durchaus auch persönliche Charaktereigenschaften wie die Zuverlässigkeit gehören. Denn hinsichtlich ihrer erforderlichen außergewöhnlichen persönlichen Eignung zur Erfüllung einer Garantenpflicht können andere Personen ein Sonderrisiko darstellen[579]. Häufig übernimmt auch der Staat durch staatlich Prüfungen die Gewähr für die Eignung und Zuverlässigkeit einer Person. Darauf darf man sich verlassen und muß erst einschreiten, wenn konkrete Anhaltspunkte für ein Fehlverhalten dieser Person vorliegt.

Ganz anders stellt sich die rechtliche Lage natürlich dar, wenn die Pflichten nicht nur delegiert, sondern vollständig übergeben werden. Sicherungspflichten[580] können an einen Erwerber so übergeben werden, daß der (bisher) Pflichtige nicht nur entlastet, sondern von der Pflicht vollständig befreit wird. Bedingung dafür ist, daß der Erwerber über die Gefahrendimension vollständig aufgeklärt wurde, die erforderlichen (gesetzlichen) persönlichen Voraussetzungen mitbringt und die alleinige Gefahrenkontrolle und Garantenstellung auch übernimmt[581]. Höchstpersönliche Sonderpflichten, wie sie z.B. in Sonderdelikten zum Ausdruck kommen, können dagegen nur delegiert, nicht aber befreiend endgültig übergeben werden[582].

---

578 Im Ergebnis ebenso *Schmidt-Salzer*, NJW 88, 1941.

579 Vgl. *Stratenwerth*, Eb. Schmidt FS, S. 393.

580 Bei Schutzgaranten ist eine vollständige Pflichtbefreiung schwer vorstellbar, da sie in aller Regel auf der besonderen individuellen Fürsorgevereinbarung gegenüber dem Schützling beruhen und daher nicht übertragbar sind. Auch Sicherungspflichten aus pflichtwidriger Ingerenz sind höchstpersönlich und enden deshalb vollständig erst mit der Erfüllung.

581 Z.B. beim Erwerb einer Schußwaffe. Vgl. *Freund*, Erfolgsdelikt, S. 188, 190 f.

582 Vgl. den „Fall Steffi Graf": Die Tennisspielerin ist selbst höchstpersönlich steuerpflichtig und durfte desh. ihrem Vater, der kein Steuerberater war, nur eingeschränkt vertrauen: Im Gegensatz zum staatlich anerkannten Steuerberater mußte sie ihn kontrollieren und wie bei jedem Delegierten eingreifen, wenn ein Verdacht auf Unregelmäßigkeiten in ihren Angelegenheiten bestand.

b) Geradezu selbstverständlich erscheint es auch, daß es bei *arbeitsteiligen* Prozessen nicht zur Sorgfalt des einzelnen gehören kann, ständig die Beiträge der anderen, die man für den eigenen Beitrag verwenden will, überprüfen zu müssen, weil dadurch (ex ante) der eigene Beitrag zu einer Gefahr (durch Tun entgegen einer Unterlassungspflicht) werden könnte[583]. Man könnte nun eine solche Einschränkung der eigenen Sorgfalt als erlaubtes Risiko einfach hinnehmen. Doch wäre eine solche Sichtweise verkürzt, weil sie eine generelle Gefahrschaffung des an sich Sorgfaltspflichtigen implizieren würde. Präziser ist es aber von einer Prüfpflichtenverschiebung auszugehen. Die Sorgfaltsobliegenheit wird nicht einfach ein Stück weit zugunsten eines allgemeinen Vorteils suspendiert, sondern sie wird von einem anderen, der dazu geeignet sein muß, als Garantenpflicht (Schaffung eines Sonderrisikos) für den (besonders vertrauenden) originär Zuständigen übernommen. Im arbeitsteiligen Prozeß oder einem Vertriebssystem garantiert deshalb (sukzessiv gesehen:) der Hintermann - egal ob vertikal vorgesetzt oder horizontal vorgeschaltet - dem Vordermann oder der Organisator den anderen jeweils (durch autonome Vereinbarung) die rechtliche Unbedenklichkeit seines Beitrages für den folgenden; nur deshalb, weil und wenn der Hintermann diese (fremde) Verantwortung übernommen hat, darf sich der Vordermann darauf verlassen und hat keine eigenen Prüfpflichten mehr[584]. Im Verhältnis zu außenstehenden Dritten (zu den geschützten Rechtsgütern) wird also kein zusätzliches (hinzunehmendes) Risiko geschaffen, sondern lediglich die Zuständigkeit für die sorgfaltsgemäße Gefahrvermeidung wird auf einen anderen verschoben[585]. Auch hier handelt es sich um eine Entlastung des Handelnden, weil ein anderer die erforderliche Sorgfalt übernommen hat[586]. Der ursprünglich Zuständige

---

583 Vgl. *Schumann*, Handlungsunrecht, S. 21 f.; *Busch*, Unternehmen, S. 477 ff., 488 ff.; *Stratenwerth*, Eb. Schmidt FS, S. 386 ff., 398; *Rudolphi*, Lackner FS, S. 868; *Neudecker*, Mitglieder von Kollegialorganen, S. 61 (m.w.N.).

584 *Schumann*, Handlungsunrecht, S. 19 ff., 22, 113.

585 Im Ergebnis entspricht das *Vogels* Vorstellung vom „erlaubten Risiko“ als einem normativen „Nullrisiko“ in der Gesamtbetrachtung, wenn sich alle ordnungsgemäß verhalten, Norm und Pflicht, S. 192. Doch ist diese Übereinstimming hier zufällig, weil hier durchaus auch Risiken als erlaubt angesehen werden, die nicht nur statistische Größen sind.

586 Hier im Bereich dieser Sorgfaltspflichten kann auch ohne ausdrücklich Übernahmeerklärung konkludent eine wirksame Übernahme der fremden Sorgfaltspflichten angenommen werden. Denn die Verteilung der Sorgfaltspflichten bestimmt sich nach der Verkehrsauffassung, die grundsätzlich jedem in diesem Verkehrskreis eingängig sein muß, und der Übernehmende schafft auch ein Sonderrisiko für Dritte. Wer diese Garantenstellung allerdings nicht kennt oder bei Zeiten abgelehnt hat, ist kein Garant.

handelt selbst nicht pflichtwidrig, selbst wenn er durch sein Verhalten einen anderen (unmittelbar und grundsätzlich objektiv verhaltensnormwidrig) verletzt, weil die subjektive Zurechnung bzw. der subjektive Tatbestand (hier: die Fahrlässigkeit) fehlt[587]. Die originäre Zuständigkeit (Vordermann) für das eigene Tun bleibt aber subsidiär bestehen, so daß man wieder bzw. immer noch verantwortlich ist, wenn man eine Gefahr bemerkt, die der andere nicht für einen neutralisiert bzw. erst in diesem Zusammenhang geschaffen hat. Man kann sich entgegen *Jakobs*[588] nicht auf seine Rolle, die man gerade einnimmt, zurückziehen und dem eigenen Handeln gleichgültig gegenüberstehen, solange dafür eigentlich andere Sorge tragen sollten. Seine „Rolle" als Mensch mit den entsprechenden Pflichten zu den anderen Menschen aus dem gegenseitigen Anerkennungsverhältnis legt man niemals ganz ab, sehenden Auges darf man den anderen nicht verletzen. Sein überobligatorisches „Sonderwissen" muß der eigentlich Entlastete auch hier gegenüber den anderen einbringen. Das berechtigte Vertrauen der Dritten geht über ein typisches Rollenverhalten hinaus und richtet sich auf den verantwortungsvollen Menschen, der Garant für sein Tun ist und nicht nur standardisierter Rollenträger. Regelmäßige Prüfpflichten treffen den Entlasteten dagegen hier nicht, da er sich ja nur von Obliegenheiten im Vorfeld der Rechtsnorm, nicht von echten Rechtspflichten entlasten will. Denn das Ausmaß der objektiven Sorgfaltsobliegenheit wird (vereinfacht) nach der Verkehrsüblichkeit bestimmt. Die Fähigkeit, dieser

---

587 S.o. Vgl. auch *Ransiek*, Unternehmensstrafrecht, S. 53.

588 *Jakobs*, AT, 7/49 ff. Besonders kraß ist das Beispiel des kundigen Biologen, der aus einem Pilzgericht schöpft und an andere verteilt und dabei zufällig einen Giftpilz entdeckt: Da er in seiner Rolle (als bloßer, hilfsbereiter Suppenschöpfer) nicht verpflichtet sei, die Pilze zu kontrollieren, müsse er sich auch um sein aus der Rolle fallendes Sonderwissen nicht kümmern und dürfe den Giftpilz (nach dem Zufallsprinzip) wie ein Unwissender austeilen. Der Schöpfende werde erst dann zuständig und zum Täter, wenn er sein Sonderwissen gezielt einsetze und so die Situation manipuliere.

Irritierend ist an diesem Beispiel, daß ein Beobachter in dieser Tafelrunde mit demselben Wissen kein Garant ist und (abgesehen von § 323c) nicht eingreifen muß und es auf den ersten Blick nicht einleuchtend ist, warum der Gefällige, der nur schöpft, aufgrund dieser Äußerlichkeit schlechter stehen soll. Jedoch gestaltet der Handelnde durch sein Tun sein Verhältnis zu den anderen und ist als Autonomer nicht nur unbeteiligtes Kausalelement des Schicksals wie eine Schöpfmaschine. Die Verhaltensnorm, anderen keine Giftpilze zu geben, gilt auch für den bloß Gefälligen, er ist lediglich von seiner Sorgfalt (Prüfpflicht) hinsichtlich dieser Norm befreit. Wissentlich darf er nicht gegen diese Norm verstoßen, mit seiner Handlung hat er diese Verantwortung übernommen, und darauf dürfen auch die anderen vertrauen. (Ähnlich - wenn auch nicht ganz vergleichbar, weil es um die vertragliche Rechtsbindung geht - die Wertung im Zivilrecht bei den Gefälligkeitsverhältnissen: Wer zur Leistung selbst nicht verpflichtet ist, haftet trotzdem wegen Schlechterfüllung [analog c.i.c., Vertrauenshaftung], wenn er die Leistung tatsächlich übernommen hat, und kann sich nicht auf seine Unzuständigkeit [nicht einmal hinsichtlich § 278 BGB!] berufen; vgl. Palandt-*Heinrichs*, Einl v § 241 Rn 10 m.w.N.)

Üblichkeit nachkommen zu können, ist gerade typisch für den entsprechenden Verkehrskreis, und durch das deshalb berechtigte Vertrauen zum Übernehmer der Sorgfalt wird kein Sonderrisiko und damit auch keine Sonderverantwortlichkeit für den anderen begründet. Hier gilt im Gegensatz zu Entlastung von echten Garantenpflichten der Vertrauensgrundsatz uneingeschränkt in seiner ursprünglichen Form. Den gleichrangigen Mitarbeiter regelmäßig überprüfen zu müssen, würde den arbeitsteiligen Effekt zu einem Gutteil zunichte machen und wird deshalb in diesem Verkehrskreis auch nicht verlangt[589]. Überprüfen muß er sein Tun erst wieder, wenn er (subjektiv) konkreten Anlaß hat, an der Obliegenheitserfüllung des Übernehmenden zu zweifeln[590].

Eine besondere Konstellation entsteht, wenn mehrere von einander unabhängige Garanten zusammenarbeiten. Als Garanten könnte man von ihnen erwarten, die ordnungsgemäße Arbeit des anderen im Interesse ihres Schützlings zu kontrollieren. Da jedoch jeder Garant unabhängig vom anderen auf Posten bestellt ist, gelten auch hier die Regeln der gleichgeordneten Mitarbeiter, und man darf sich auf Mitgaranten verlassen, solange nicht besondere Umstände dieses Vertrauen widerlegen[591].

III. Die autonome Verantwortlichkeit des Geschäftsherrn

Aus der Entwicklung der Rechtspflichten und vor allem der Begründung von Garantenstellungen lassen sich nun Aussagen über die Verantwortlichkeit des Geschäftsherrn ableiten. Klar ist bereits geworden, daß sich aus der bloßen Beauftragung des Untergebenen oder der Weisungsbefugnis des Geschäftsherrn allein keine strafrechtlichen Pflichten ableiten lassen. Das Prinzip der Eigenverantwortung trennt grundsätzlich die Verantwortungsbereiche der einzelnen Rechtssubjekte strikt, und eine Verantwortung für andere kann sich nur aus der autonomen Gestaltung des Verhältnisses zu den anderen ergeben. Die „Stellung im Betrieb“ (zu Betriebsangehörigen oder Außenstehenden) ist zur Charakterisierung einer solchen Ausgestaltung viel zu undifferenziert und

---

589 Sch/Sch-*Cramer*, § 15 Rn 223.

590 Vgl. BGH NJW 80, 1219; *Stratenwerth*, AT I, Rn 1160; *dens.*, Eb. Schmidt FS, S. 398; *Ransiek*, Unternehmensstrafrecht, S. 54 f. (dazu auch schon oben); *Schumann*, Handlungsunrecht, S. 23 f., 120 (der allerdings - ohne nähere Begründung - „u.U.“ auch hier Überwachungs- und Kontrollpflichten für geboten hält).

591 *Stratenwerth*, Eb. Schmidt FS, S. 399 f. am Beispiel der ärztlichen Zusammenarbeit; *Jakobs*, AT, 29/52.

nicht aussagekräftig. Vielmehr muß konkret im Einzelfall die Begründung für eine Verantwortlichkeit des Geschäftsherrn gesucht werden, obwohl dem grundsätzlich die Eigenverantwortung des Untergebenen entgegensteht.

1. Pflichten aus der Schaffung von Sonderrisiken

Zunächst ist hier noch einmal zu betonen, daß andere Personen kein Sonderrisiko darstellen. Daran ändert sich auch nichts, wenn sie sozial abhängig eine unselbständige Arbeit annehmen[592]. Der Arbeitnehmer bleibt für sein Tun verantwortlich. Im Gegenzug trifft den Betriebsinhaber keine Aufsichtspflicht, solange diese Verantwortung normativ gesehen nicht beeinträchtigt ist oder sich der Betriebsinhaber an der Pflichtverletzung des Untergebenen deliktsbezogen beteiligt. Weiter kann der Betriebsinhaber natürlich auch die Aufsicht vereinbarungsgemäß (mit Dritten) übernommen haben.

a) Das bedeutet, daß den Betriebsinhaber grundsätzlich - abgesehen von anderweitig begründeten Sonderpflichten - *bei der Einstellung* keine Prüfpflichten des Stellenbewerbers treffen. Der Arbeitnehmer muß selbst wissen, was er tut und welche Tätigkeiten er übernehmen darf. Es obliegt seiner Eigenverantwortung, keine Arbeiten zu übernehmen, zu denen er nicht fähig ist und aus denen Gefahren für Rechtsgüter anderer entstehen können. Tut er es trotzdem, haftet er wegen Übernahmeverschuldens. Daß Personalchefs und u.U. weitere Vorgesetzte ihre neuen Mitarbeiter und deren Zeugnisse üblicherweise sehr genau unter die Lupe nehmen, liegt im wirtschaftlichen Interesse des Betriebes, zu dem u.a. auch die Minimierung zivilrechtlicher Haftungsrisiken gehören. Strafrechtlich sind sie nicht dazu verpflichtet. Allein durch ein sozialadäquates Verhalten, wie es die sozial hoch erwünschte Einstellung eines Arbeitnehmers ist, einem anderen möglicherweise einen Grund, Anlaß oder Gelegenheit zu bieten, macht einen nicht sonderverantwortlich für diesen. Auch der Gedanke, daß der Geschäftsherr seinen eigenen Freiheitsraum mit Hilfe des anderen ausdehnt und der andere im und für den Organisationskreis des Geschäftsherrn tätig wird und deshalb der Geschäftsherr auch verantwortlich sei[593], ist (in dieser Weite[594]) rein utilitaristisch und bezeichnet eine

---

592 Vgl. *Ransiek*, Unternehmensstrafrecht, S. 40 f.

593 So explizit *Jakobs*, AT, 29/36. Vgl. allgemein zum Gedanken der Zuordnung zu Organisationskreisen *Freund*, Erfolgsdelikt, S. 71 f., 245, 247 ff., 255. Siehe auch schon oben S. 29 ff.. und 44 f.

strafrechtlich völlig unverfängliche soziale Interessenverstrickung mehrerer, die so lange keine Aufsichtspflichten über den anderen begründet, wie dieser nicht eigene Pflichten des Geschäftsherrn übernimmt[595]. Dagegen spricht auch nicht, daß bei Selbständigen die Behörden gewisse Kontrollen vornehmen (vgl. z.B. §§ 30 ff. GewO), denen im Betrieb private Organisationspflichten entsprechen[596]. Denn diese Vorschriften gewährleisten, daß ein gewisser Leistungsstandard eines Gewerbezweigs aufrechterhalten wird und daß bestimmten empirischen Gefahrenquellen frühzeitig ordnungsrechtlich entgegengetreten wird. Sie begründen aber keine normative Mißtrauenspflicht einem Eigenverantwortlichen gegenüber und könnten es auch nicht. Denn selbst die drängendsten (generalpräventiven) rechtspolitischen Gründe können keine wirkliche persönliche Verantwortung zuschreiben, für welche strafrechtlich als ultima ratio gehaftet wird.

Weiß der Geschäftsherr aber bei der Einstellung schon positiv, daß der Angestellte für die ihm zugedachte nicht ungefährliche Aufgabe ungeeignet ist, handelt er pflichtwidrig, wenn er ihm trotzdem diese Aufgabe zur selbständigen Erledigung überträgt. Denn in diesem Fall hat eine solche Einstellung eines Menschen, der für Dritte subjektiv erkannt gefährlich ist, einen eindeutigen deliktischen (Rechtsgut gefährdenden) Sinnbezug auf und über das verbotene Verhalten des Angestellten, und die Verhaltensnorm verbietet, sich am pflichtwidrigen Handeln des anderen zu beteiligen, weil man andernfalls selbst sein persönliches Verhältnis zum Opfer verletzt. Der Geschäftsherr kann aber seiner Haftung dadurch entgehen, indem er seinen unqualifizierten Angestellten so überwacht, daß er niemanden verletzen kann. Denn unter dieser Bedingung ist die Einstellung wiederum erlaubt.

b) Gibt es deshalb auch nach der Einstellung grundsätzlich keine Aufsichtspflichten über den eigenverantwortlichen Arbeitnehmer, so ändert sich das, sobald der Geschäftsherr Sonderrisiken geschaffen hat und deshalb für diese die besondere Verantwortung trägt. Ganz eindeutig ist das in einer rein deliktischen Beziehung zum Mitarbeiter, wenn beide gemeinsam mittäterschaftlich deliktisch agieren oder der Geschäftsherr durch (vorsätzliche

---

594 Daß durchaus auch ein relevante „Rückwirkung auf den Organisationskreis" des Geschäftsherrn im *Jakobs*schen Sinn vorliegen kann, welche zu einer strafrechtlichen Verantwortung führen kann, siehe unten S. 143 f., aber auch S. 150.

595 Zu solchen Aufsichtspflichten des Geschäftsherrn aus Delegation gleich unten c) und d).

596 Vgl. zu dieser Ansicht *Köhler*, AT, S. 223. Siehe auch schon oben S. 88 f.

oder zumindest bewußt fahrlässige) Anstiftungs- oder Beihilfehandlungen die (Vorsatz- oder Fahrlässigkeits-)Delikte des Mitarbeiters initiiert oder fördert.

c) Hat der Betrieb *sicherungspflichtige gefährliche Sachen* in seiner Obhut, muß der sicherungspflichtige Betriebsinhaber dafür Sorge tragen, daß diese Gegenstände ohne Gefahren (die über das erlaubte Risiko hinausgehen) für Dritte gehandhabt werden. Bei solchen sicherungspflichtigen Sachen kann es sich um *Arbeitsmittel* (z.B. explosive oder giftige Stoffe, die nicht jedermann zugänglich sind), *Produkte*[597], die nach Entwicklung und Herstellung an Dritte veräußert werden (z.B. Schußwaffen, chemische Erzeugnisse) oder *Abfälle*[598] handeln, die ordnungsgemäß entsorgt werden müssen (Sondermüll). Weiterhin kommen aber auch *gefährliche Objekte* in Betracht, an denen Dienst- oder Werkleistungen vom Unternehmen erbracht werden und deren Sicherung der Geschäftsherr übernommen hat (z.B. das Entschärfen von Bomben). Zunächst treffen in diesen Fällen den Betriebsinhaber *Sorgfaltspflichten aus der Sicherungspflicht bei der Auswahl der Mitarbeiter*, die Umgang mit der zu sichernden Sache haben, und er muß sie auch entsprechend *instruieren*[599]. Von seiner (originär begründeten) Verantwortung für die Sicherheit befreit wird der Geschäftsherr durch die bloße (zeitweilige) Überlassung der Sache und Delegation der Sicherungspflicht nicht[600]. Daher hat er zu *kontrollieren*, daß der erforderliche Sicherheitsstandard auch wirklich aufrecht erhalten bleibt, wozu auch gehört zu überprüfen, ob die Mitarbeiter die ihnen *delegierten* Sicherungspflichten einhalten. Stellt der Geschäftsherr Sicherheitsmängel bzw. pflichtwidrige Verstöße seiner Mitarbeiter fest, muß er als originärer Garant einschreiten. Die Kontrolle muß freilich nicht unbedingt permanent und nicht beim Mitarbeiter selbst vorgenommen werden, sondern sie muß zum Schutz des gefährdeten Rechtsguts effektiv sein. Es reicht (zur Pflichterfüllung bei den allgemeinen Erfolgsdelikten) aus, wenn spätestens die konkrete Gefährdung anderer neutralisiert wird, wenn also die Gefahr den betrieblichen Bereich verläßt und die Außenstehenden ungeschützt sind. So genügt zum Schutz der Verbraucher vor gefährlichen Produkten ein Endkontrolle des Produkts vor dem Vertrieb und eine weitere allgemeine Produktbeobachtung. Bei der Weitergabe von Produkten und der Abfallentsorgung zeigt sich auch die von *Jakobs*

---

597 Vgl. BGHSt 37, 106 ff.; BGH NJW 95, 2930.

598 Vgl. BGH NJW 92, 122 f.; StV 98, 126 f.

599 Vgl. *Eidam*, Unternehmen und Strafe, S. 165.

600 Zur grundsätzlich möglichen befreienden endgültigen Übergabe der Pflicht siehe oben S. 137.

reklamierte „Rückwirkung auf den Organisationskreis“ des Geschäftsherrn: Sicherungspflichtig für die Sache ist der Geschäftsherr, der als Eigentümer oder als Organ bzw. Vertreter des Eigentümers diese Pflicht übernommen hat; schafft der Untergebene, dem die Produktion oder die Entsorgung (nicht vollständig befreiend in dessen Verantwortung) übertragen worden ist, Gefahren bzw. unterbindet sie nicht, fällt das selbstverständlich auf den originär zuständigen Geschäftsherrn zurück.

d) Der Geschäftsherr schafft auch ein sicherungspflichtiges Sonderrisiko, wenn er seine Mitarbeiter *gefährliche Verrichtungen* ausführen läßt, die diese *nur unter besonderer Anleitung* vornehmen dürfen (so daß diese Mitarbeiter „partiell unverantwortlich“ sind). Zu daraus resultierenden Pflichten gehören auch die Einweisung und Ausbildung von Auszubildenden oder sonstigen Mitarbeitern, die über notwendige Qualifikationen noch nicht verfügen. Mit der Übertragung solcher Aufgaben hat der Geschäftsherr auch die Pflicht (gegenüber Außenstehenden) übernommen, für eine sichere Verrichtung zu sorgen. Die notwendige Anleitung und Aufsicht kann der Geschäftsherr selbst übernehmen, wenn er dazu in der Lage ist, oder an qualifizierte Personen delegieren. So kann (bzw. muß) der Betriebsinhaber bei Sprengarbeiten einen Sprengmeister beauftragen, um seine Mitarbeiter als Gehilfen zu instruieren und den Vorgang zu beaufsichtigen.

e) Betriebsspezifische Sonderrisiken, die es zu beseitigen gilt, stellen die *Organisationsgefahren* dar, die sich vor allem aus der Arbeitsteilung im Betrieb ergeben[601]. Da es Voraussetzung der Arbeitsteilung und Zusammenarbeit von einzelnen Mitarbeitern untereinander, aber auch zwischen verschiedenen horizontalen und vertikalen Betriebsabteilungen ist, daß jeder nur für einen bestimmten Teilbereich zuständig und insofern auch *nur teilverantwortlich* ist und man sich auf den anderen Mitarbeiter verläßt, muß der Betriebsinhaber, der diese Organisation ins Leben gerufen oder übernommen hat, die Sicherheit Dritter vor den Risiken dieser Organisation gewährleisten[602]. Es darf nicht zu einer „organisierten Unverantwortlichkeit“ kommen, sondern ein „Risikomanagement“[603] muß sicherstellen, daß der notwendige Informationsfluß stattfindet und die Gefahrenkontrolle wirksam bleibt. In dem

601 Vgl. *Ransiek*, Unternehmensstrafrecht, S. 41.

602 Vgl. im Ergebnis *Eidam*, Unternehmen und Strafe, S. 155; *Schmidt-Salzer*, NJW 88, 1941.

603 *Heine*, Strafrechtliche Verantwortlichkeit, S. 129 ff.; *Eidam*, Unternehmen und Strafe, S. 130. Zu den möglichen Organisationsformen siehe *Eidam*, aaO, S. 155 ff.

Maß, in dem der einzelne Mitarbeiter von seinen Sorgfaltspflichten entbunden wird, weil ihm die eigene Beurteilungsgrundlage entzogen worden ist, muß anderweitig sichergestellt sein, daß Gefahren erkannt und gebannt werden. Das bedeutet, daß die Betriebsleitung eingreifen muß, wenn Gefahren auftreten - z.B. auch durch Personen, auf deren Zuverlässigkeit andere im Rahmen der Organisation vertrauen müssen -, andererseits muß dazu gewährleistet sein, daß die Leitung auch von auftauchenden Problemen rechtzeitig unterrichtet wird. Der originär Verantwortliche ist der Betriebsinhaber an der Unternehmensspitze, der seine Überwachungspflichten nach unten weiter delegieren kann und es sogar muß, falls er alleine gar nicht mehr zur Kontrolle seiner Organisation in der Lage ist. So – nicht aus gesellschaftsrechtlichen Prinzipien - ergibt sich eine angemessene „Top-down-Betrachtungsweise"[604]. Für die *Delegation* dieser Organisationspflichten gilt dasselbe wie oben bei der Delegation der Sicherungspflichten.

Eine besondere Organisationsgefahr liegt aber auch im Automatismus und der Dauerhaftigkeit der Organisation. Die betrieblichen Vorgänge laufen permanent und weitgehend selbständig wieder von Neuem an[605]. Dabei können Risiken erst später sichtbar werden, die zu Anfang noch unbekannt waren und deshalb damals noch zu keiner Verpflichtung geführt haben[606]. Dies gilt auch für die Einschätzung von Mitarbeitern, denen man ja grundsätzlich vertrauen darf. Die (wenigen) Unterlassungspflichten beim Auftrag oder bei der einmaligen Einstellung würden umgangen, wenn eine einmal in Gang gesetzte Organisation, die immer wieder denselben Mitarbeiter einsetzt, nicht entsprechende Handlungspflichten begründen würde. Wenn man bei positiver Kenntnis vom deliktischen Verhalten des anderen diesen nicht beauftragen oder unterstützen darf, muß man auch in den organisierten Ablauf (Dauerauftrag) für die Zukunft eingreifen, wenn sich der Deliktsbezug zeigt. Die Schaffung einer dauerhaften Organisation ist also ein Sonderrisiko, welches nur unter der Bedingung eingegangen werden darf, daß die eigene Pflichterfüllung nicht beseitigt, sondern kompensiert wird. Zeigt sich also, daß ein Mitarbeiter für seine Tätigkeit ungeeignet ist und so Gefahren für Rechtsgüter entstehen können, darf er nicht erneut mit dieser Aufgabe betraut werden, und seine laufende gefahrenträchtige Tätigkeit darf nicht auch noch unterstützt werden.

---

604 Wie sie z.B. von *Schmidt-Salzer*, Produkthaftung, S. 112 (1.147) gefordert wurde.

605 Vgl. dazu auch *Ransiek*, Unternehmensstrafrecht, S. 31.

606 Vgl. auch zu diesem Problem der Verantwortung für Dauerzustände in einem anderen Fall *Rengier*, JuS 89, 807.

Präventive Kontrollobliegenheiten (außerhalb delegierter Sonderpflichten) bestehen diesbezüglich aber nicht. Dagegen muß ihm strafrechtlich gesehen sogar die noch laufende Aufgabe nicht entzogen werden, weil er dafür noch Vertrauen genoß und der deliktische Sinnbezug nicht nachträglich hergestellt wird.

Die von *Schünemann* beschriebene „Verbandsgefahr", die (angeblich) feststellbar abgebaute Hemmschwelle von Verbandsmitgliedern, in Organisationen mit „krimineller Verbandsattitüde" Straftaten zu begehen[607], bzw. die gruppendynamische subjektive Verantwortungsverdrängung, die *Schmidt-Salzer* ausmachen wollte[608], oder die „empirisch-kriminologisch augenfällig" erhöhte „Verselbständigung des Erwerbszwecks" unter Konkurrenzbedingungen, wie es *Köhler* ausdrückt[609], stellt normativ kein Sonderrisiko dar, das nun vom Verbandsinhaber kontrolliert werden müßte. Soweit die „Verbandstaten", die der „kriminelle Verbandsattitüde" entsprungen sein müssen, auf wirklichen Anstiftungs- oder Beihilfehandlungen des Geschäftsherren selbst beruhen, besteht unabhängig von der Betriebssituation eine Mitverantwortung des Geschäftsherrn; darüber hinaus kann er aber nicht für die deliktische Fehlmotivation seiner Untergebenen verantwortlich gemacht werden. Jemandem eine (sehr gute) Gelegenheit zur (altruistischen) Deliktsbegehung mit bequemen Ausreden (für das eigene Gewissen, aber auch gegenüber anderen) zu verschaffen, entbindet jenen weder von seinen Rechtspflichten oder macht ihn „partiell unmündig", noch macht es den anderen (den Geschäftsherrn) für diesen (mit)verantwortlich.

Eher könnte man schon an eine besondere Aufsichtspflicht des Arbeitgebers für „schadensgeneigte Tätigkeiten" der Arbeitnehmer denken, also für Arbeiten, bei denen nach allgemeiner Erfahrung irgendwann - quasi selbstverständlich - jeder (leicht fahrlässig) Fehler macht[610]. Dieses empirische betriebliche Risiko ist jedoch nur zivilrechtlich (im Innenverhältnis) unter

---

607 *Schünemann*, Unternehmenskriminalität, S. 22 ff., 104.

608 *Schmidt-Salzer*, Produkthaftung, S. 53 ff. (1.062 ff.).

609 *Köhler*, AT, S. 223.

610 Vgl. die Rspr. des BAG: früher Regreßhaftung des Arbeitnehmers eingeschränkt auf die Fälle der „schadensgeneigten Arbeit", heute generalisierte Verlagerung des Haftungsrisikos auf den Arbeitgeber bei leichtester Fahrlässigkeit des Arbeitnehmers aufgrund einer angemessenen Risikoverteilung bei betrieblichen Tätigkeiten (§ 670 BGB analog). Allerdings wird auch hier dem Arbeitnehmer nur im Innenverhältnis ein Freistellungsanspruch gegen seinen Arbeitgeber gewährt, ein direktes Rechtsverhältnis zwischen Opfer und Arbeitgeber wird nicht begründet.

Gerechtigkeitsgesichtspunkten der haftungsrechtlichen Risikoverteilung des Vermögensschadens relevant. Für das personale Strafrecht ist das aber normativ kein Sonderrisiko des Geschäftsherrn. Solange der Arbeitnehmer für sein Handeln vollverantwortlich ist und bleibt, kann für dessen Fehler nicht der Geschäftsherr persönlich verpflichtet und strafrechtlich haftbar gemacht werden, nur weil er dessen Tätigkeit veranlaßt hat und die Fehler vorhersehbar sind.

2. *Pflichten aufgrund Übernahme*

Eine weitere Möglichkeit der Begründung einer Garantenstellung des Geschäftsherrn wäre die Übernahme einer Sicherungspflicht (von anderen Verpflichteten) oder einer Schutzpflicht gegenüber dem Opfer durch privatautonome Gestaltung seiner Zuständigkeiten. Soweit der Geschäftsherr primäre Sorgfaltspflichten des einzelnen Mitarbeiters übernommen hat und ihm im Rahmen der Arbeitsteilung die Unbedenklichkeit der anderen Beiträge garantiert, wurde dieser Garantenstellung bereits oben unter dem Blickwinkel der Schaffung eines Sonderrisikos für Dritte Rechnung getragen. Umgekehrt wird ein Mitarbeiter subjektiv zum rechtlichen Geschäftsherrn, soweit er vom Betriebsinhaber dessen Pflichten übernommen hat[611]. Das gilt für leitende Angestellte wie für den Geschäftsführer, der ein bestimmtes Ressort übernommen hat[612]. Auf diese Weise löst sich auch das Problem der Verantwortlichkeit der neuen Geschäftsleitung, die selbstverständlich auch für solche Gefahren einstehen muß, für die die alte Geschäftsleitung in der Pflicht war. Der neue Geschäftsherr haftet nicht - wie vielleicht der alte - aus Ingerenz[613], sondern aus der willentlichen und tatsächlichen Übernahme der Verantwortung. In wieweit der Vorgänger noch verpflichtet bleibt oder endgültig befreit wird, richtet sich nach den Übergabebedingungen.

Hier ist deshalb auch noch weiter zu fragen, ob der Geschäftsherr nicht darüber hinaus auch noch weitere Schutzpflichten gegenüber außenstehenden Dritten übernommen hat. Dies liegt aufgrund des Vertrauens vieler in die wirksame

---

611 Vgl. *Stree*, FS Hellmuth Mayer, S. 161.

612 Zur Problematik der kollegialen Verantwortung im Unternehmen vgl. ausführlich *Neudecker*, Mitglieder von Kollegialorganen; *Weißer*, Kollegialentscheidungen.

613 Vgl. *Schünemann*, Unternehmenskriminalität, S. 99 f.; *dens.*, wistra 82, 41, 44 f., dessen generelle Kritik an der Ingerenz aber ebenfalls ins Leere geht.

betriebsinterne Aufsicht und Kontrolle[614] nahe. Durch eine solche Übernahme könnte auch eine Eingriffspflicht gegen vorsätzliche Straftaten der Mitarbeiter, die erst nach der unfreiwilligen Mitwirkung des Geschäftsherrn entdeckt werden, begründet werden. Wie bereits aufgezeigt ist aber bei dieser Vertrauensbildung Vorsicht geboten. Denn keinesfalls genügen hierfür Reflexe aus der zivilrechtlichen Haftungs- und Risikenverteilung (wie § 831 BGB) oder gar nur soziale Gepflogenheiten. Strafrechtlich berechtigtes Vertrauen ist verbunden mit der personalen Schutzabhängigkeit des Vertrauenden von seinem Garanten. Neben der (gerade oben dargestellten) Schaffung von Sonderrisiken kommt eine solche Abhängigkeit, bei der der Garant „Teil des dem anderen gehörigen rechtlichen Daseins" ist, nur aufgrund ausdrücklicher Selbstverpflichtung des Garanten durch rechtliche Vereinbarung mit seinem Schützling in Frage.

Damit ist die Möglichkeit einer Verpflichtung aus Übernahme schon auf den geschäftlichen Verkehr begrenzt. Bei den meisten Geschäften nimmt ein Unternehmen „Vertrauen" des Kunden in Anspruch, z.T. schon vorvertraglich: Man denke nur an die Werbung, die ja darauf ausgerichtet ist, Vertrauen zu gewinnen, und an das damit verbundene zivilrechtliche Haftungsinstitut aus „culpa in contrahendo". Kunden vertrauen deshalb ihrem Vertragspartner in vielfältiger Weise, und schuldrechtlich wurden (außergesetzlich über die Generalklausel des § 242 BGB) zahlreiche vertragliche Neben- und Schutzpflichten aufgestellt[615]. Strafrechtlich genügt allerdings nicht jegliches Vertrauen, das man in den Geschäftspartner allgemein setzt, für eine Garantenstellung. Eine solche Vertrauensbeziehung mit Schutzpflichten aus „Treu und Glauben" ist nicht mit einem strafrechtlichen Garantenverhältnis gleichzusetzen[616]. Der Geschäftsherr hat sich im allgemeinen Umgang, der nicht speziell Vertragsgegenstand geworden ist, nicht auf Posten gestellt, den Kunden zu beschützen[617]. Ihn treffen - strafrechtlich gesehen - lediglich die üblichen, selbstverständlichen Pflichten, die Rechtsgüter anderer bei seine

614 Vgl. *Schünemann*, Unternehmenskriminalität, S. 25 ff.; *Brammsen*, Entstehungsvoraussetzungen, S. 275 ff.

615 Siehe die Übersicht in Palandt-*Heinrichs*, § 242 Rn 23 ff, insbes. Rn 35 und schon Einl v § 241 Rn 7.

616 Vgl. *Kamberger*, Treu und Glauben, S. 157 ff., 240 f., 263 ff. mit rechtsstaatlichen Bedenken bezüglich des Gesetzlichkeitsprinzips und des Bestimmtheitsgrundsatzes, aber auch aufgrund der Eigenverantwortung und der Subsidiarität des Strafrechts.

617 Vgl. SK-*Rudolphi*, § 13 Rn 62 und auch SK-*Samson/Günther*, § 263 Rn 43; *Kamberger*, Treu und Glauben, S. 266.

Geschäften nicht zu verletzen, was auch zu Verkehrssicherungspflichten in seinem Geschäftsbereich aufgrund einer Gefahreröffnung, vor der sich der Geschäftspartner nicht selbst schützen kann, führen kann. Die zivilrechtlichen Neben- oder Treuepflichten sorgen – in ihrem jeweiligen Umfang[618] - nur für angemessene Verteilung des Geschäftsrisikos, eine strafrechtsrelevante (gegenseitige) Abhängigkeit der Geschäftspartner (i.S. einer Gefahrengemeinschaft) besteht dagegen nicht[619].

Der Betriebsinhaber (oder abgeleitet sein Vorarbeiter) hat daher beispielsweise keine (strafrechtsrelevanten) Schutzpflichten für jegliches Eigentum seines Kunden, wenn seine Angestellten handwerkliche Tätigkeiten in der Wohnung des Kunden vornehmen. Im Rahmen des Werkvertrages hat er lediglich die Verantwortung für die pflichtgemäße Erfüllung des vereinbarten Werkes übernommen. Nutzen seine Angestellten die Gelegenheit zu einem Diebstahl, ist er nicht zum Eingreifen verpflichtet[620]. (Hier sei nochmals darauf hingewiesen, daß die Pflicht, das fremde Eigentum zu achten, jeden Angestellten selbst und unmittelbar trifft, so daß auch das Zugangverschaffen für seine Angestellten normativ kein Sonderrisiko für Eigentum oder Vermögen des Wohnungsinhabers darstellt, weil dessen Sicherungsvorkehrungen durchbrochen werden. Denn die Angestellten kamen mit Einverständnis des Wohnungsinhabers in die Wohnung, so daß dieser selbst dafür zuständig war, weitere Schutzvorkehrungen - ggf. durch besondere Vereinbarung einer Beaufsichtigung - zu treffen, wenn er ihnen nicht traute. Selbst nach der weiteren zivilrechtlichen Wertung der §§ 278, 831 BGB besteht hier kein so weitreichendes Haftungsrisiko zu Lasten des Geschäftsherrn[621].)

---

618 Meist wird es zivilrechtlich nur auf eine Haftungsverschärfung hinauslaufen, weil der Schuldner auch für das Integritätsinteresse an sonstigen Gütern des Gläubigers nach Vertragsrecht haftet.

619 Anders (in einer frühen Entscheidung) BGHSt 5, 187, 190: Danach waren Arbeitnehmer - ganz parallel zum Zivilrecht - aus dem vertraglichen Treueverhältnis zum Arbeitgeber verpflichtet, Diebstähle zu Lasten des Arbeitgebers zu verhindern. Siehe heute aber BGHSt 39, 392, 400 f.

620 Vgl. OLG Karlsruhe GA 1971, 281, 284. Das OLG stellt dort (zu zurückhaltend) fest, daß der Betriebsinhaber jedenfalls keine Obhut für Gegenstände in Räumen übernommen habe, die das Personal gar nicht zu betreten hatte. Wenn ihm aber im übrigen in den Räumen, in denen gearbeitet wurde, eine solche Obhutspflicht zugesprochen werden sollte, wäre dies kaum zu rechtfertigen. Die (empirische) zu sichernde Diebstahlsgefahr wurde schließlich dadurch begründet, daß Fremde in die Wohnung gelassen wurden.

621 Palandt-*Heinrichs*, § 278 Rn 19; Palandt-*Thomas*, § 831 Rn 10. Allerdings wäre eine direkte Haftung aus positiver Vertragsverletzung denkbar, wenn der Vertragspartner wissentlich (zivilrechliches Verschulden des Vertragspartners selbst, nicht [nur] des

Selbst wenn die Straftaten des Arbeitnehmers allein im Interesse und zugunsten des Unternehmens begangen werden, begründet dies keine persönliche Verantwortung des Geschäftsherrn. Vor allem wenn der Mitarbeiter auch noch bevollmächtigt in Vertretung seines Geschäftsherrn bzw. des Unternehmens handelt, wird eine „Rückwirkung seines Verhaltens auf den Organisationskreis des Geschäftsherrn" i.S. *Jakobs'* besonders deutlich. Dafür, daß der Geschäftsherr nicht daraus ungerechter Weise profitieren soll oder gar die Situation zu seinen Gunsten manipulieren kann, sorgen aber allein die zivilrechtlichen Regelungen, die dem Geschäftsherrn verschuldensunabhängig nach den §§ 166, 278 BGB das Risiko für solches extensives Geschäftsgebaren auferlegen[622]. Ihm selbst vorwerfbares personales Unrecht begeht der Geschäftsherr aber nur, wenn er wirklich seinen Mitarbeiter zu dessen Straftaten deliktsbezogen verleitet oder dabei unterstützt (wie dies *Schünemann* generell unterstellen will) oder wenn er sich persönlich gegenüber dem Vertragspartner speziell dazu verpflichtet hat, ihn vor solchen Straftaten zu schützen.

Selbstverständlich vertrauen Kunden insbesondere auch auf die fachliche Kompetenz der Mitarbeiter des Unternehmens. Hier liegt es besonders nahe, eine Pflicht zum Einschreiten des Geschäftsherrn für seine Mitarbeiter zu bejahen, wenn die vertraglich geschuldete Leistung zu Gefahren führt. Es ist dabei auf die vertraglich übernommenen Pflichten und ihren Umfang zu achten. Hat eine Werkstatt die Reparatur und Einstellung von Bremsen an einem Wagen übernommen, ist der Inhaber zunächst zwar grundsätzlich dafür verantwortlich, daß dem Kunden nach der Inbetriebnahme des Wagens keine Gefahren aus dem Bremsvorgang drohen. Er ist also hinsichtlich der (defekten) Bremsen Sicherungsgarant. Er darf jedoch die Arbeiten von jedem geeigneten und geprüften Handwerker ausführen lassen. Zu zusätzlichen Kontrollen dürfte er sich nicht verpflichtet haben; dies würde die Reparaturkosten in die Höhe treiben, so daß der Kunde, wenn er die Überprüfung durch den Meister selbst wünscht, solche zwingenden Kontrollen gesondert vereinbaren müßte. Hat der

---

Erfüllungsgehilfen!) nicht gegen Straftaten seiner Angestellten einschreitet. Z.T wird ein deliktischer Schadensersatzanspruch nach § 823 BGB für Schäden durch das Verhalten Dritter anerkannt, wenn fremde Schutzvorrichtungen zerstört werden, was von den Dritten vorsätzlich zu Delikten ausgenützt wird; vgl. BGH NJW 79, 712; *Medicus*, Bürgerliches Recht, Rn 653a. Der Unterschied dürfte im *deliktischen* Eingriff in die Schutzvorrichtung (als Anspruchsbegründung) und dem Schutzzweckzusammenhang (zur weiteren Haftungsausfüllung) liegen.

622 Insofern vertraut man hier wieder mit gutem Grund auf ein Eingreifen des Geschäftsherrn. Dieser Grund ist freilich (wiederum) kein strafrechtlicher.

Geschäftsherr allerdings Anhaltspunkte, daß nicht ordentlich gearbeitet wurde, muß er eingreifen.

Auch bei ausdrücklich übernommenen rechtsgutsbezogenen Pflichten darf freilich nicht vorschnell eine tatbestandliche Garantenpflicht angenommen werden. Der strafrechtliche Tatbestand und das Rechtsgut spielen dabei eine Rolle. So zeigt sich bei § 266 StGB, daß die dort angesprochene Pflichtverletzung mehr erfordert als einen Verstoß gegen eine allgemeine Schutzpflicht für das fremde übernommene Vermögen[623] (oder sogar mehr als eine vorsätzliche Nicht- oder Schlechterfüllung des Vertragszwecks[624]). Das sehr weite Rechtsgut Vermögen ist strafrechtlich also keineswegs absolut geschützt[625], sondern der Rechtsgutsinhaber muß durchaus gewisse Risiken seiner geschäftlichen Verbindungen in Kauf nehmen[626], die Eigenverantwortung des Opfers reicht weit; das zeigt sich auch bei § 263 StGB[627]. Deshalb ist es z.B. sehr zweifelhaft, ob der Vorgesetzte in einer Bank als *strafrechtlicher* Garant einschreiten muß, wenn sich Untergebene nicht an die Weisungen ihrer Kunden halten[628].

---

623 So die ganz h.M.: vgl. für viele Lackner-*Kühl*, § 266 Rn 15; SK-*Samson/Günther*, § 266 Rn 27 ff. Vgl. auch zur speziellen Garantenproblematik des § 266 *Herzberg*, Unterlassung, S. 50 ff. und kritisch zur Unbestimmtheit dieser Pflicht *Labsch*, Untreue, S. 175 ff.

624 So vor allem der BGH(St 24, 386; auch schon 5, 187), im einzelnen aber sehr streitig: vgl. zum Meinungsstand bei der „Vermögensbetreuungspflicht" beim Mißbrauchstatbestand Lackner-*Kühl*, § 266 Rn 4. Jedoch dürfte eine völlige Anpassung der engen Voraussetzungen einer „Vermögensfürsorgepflicht" auf den (aktiven) Mißbrauch zu weit gehen; denn das Opfer ist schutzwürdig und -bedürftig, wenn der Täter ihn wirksam verpflichten bzw. über sein Vermögen verfügen kann; vgl. Sch/Sch-*Lenckner*, § 266 Rn 2, 11.

625 Vgl. Sch/Sch-*Cramer*, § 263 Rn 19; *Kamberger*, Treu und Glauben, S. 239 f.

626 Vgl. *Naucke*, NJW 94, 2809 f.

627 Vgl. SK-*Samson/Günther*, § 263 Rn 24 ff., 43; *Seelmann*, NJW 80, 2547 f.; *Kamberger*, Treu und Glauben, S. 239. Bei den Aufklärungspflichten in § 263 ist freilich im einzelnen vieles umstritten; vgl die Übersicht in SK-*Samson/Günther*, § 263 Rn 46 ff.

628 Vgl. den zivilrechtlichen Fall BGH NJW 97, 1360 zur Geschäftsherrenhaftung: Schadensersatz aus unerlaubter Handlung - als Anspruchsgrundlage kam wohl nur § 823 II BGB i.V.m. §§ 266, (13; unechtes Unterlassungsdelikt?) StGB in Betracht - wurde dort ohne weitere Erörterung (Vermögensbetreuungspflicht?) nur aufgrund der Verjährung abgelehnt.

3. *Die besondere Verantwortung des Geschäftsherrn gegenüber seinen Arbeitnehmern*

Zuletzt soll im Rahmen der besonderen Verantwortung des Geschäftsherrn noch auf die Frage eingegangen werden, inwiefern dem Arbeitgeber eine solche besondere Verantwortung zur Unfallverhütung seiner Arbeitnehmer zukommt. Den Arbeitgeber treffen zahlreiche privat- und öffentlich-rechtliche Arbeitsschutz- und Unfallverhütungsvorschriften[629]. Doch wie steht es mit der Relevanz solcher Vorschriften für das Strafrecht? Häufig wird hier – neben der materiellen „Herrschaftslinie" der herrschenden Lehre[630]- schon aus dem Arbeitsverhältnis heraus eine vertragliche Pflicht „zur Fürsorge für Leben und Gesundheit seiner Arbeitnehmer"[631] oder eine „Verkehrssicherungspflicht"[632] angenommen. Insbesondere folge eine strafrechtliche Garantenpflicht für Leben und Gesundheit der Arbeitnehmer am Arbeitsplatz aus § 618 I BGB[633].

Zunächst gelten aber auch innerhalb des Arbeitsverhältnisses die oben dargestellten Grundsätze für eine Schutzgarantenstellung aus vertraglicher Übernahme: Danach genügen zivilrechtliche vertragliche Nebenpflichten grundsätzlich nicht zur Begründung einer strafrechtlichen Garantenpflicht. Daran ändert auch die gesetzliche Fixierung einer solchen Nebenpflicht nichts. Lediglich, wenn der Arbeitgeber im Rahmen seiner Organisation und der Arbeitsteilung Sonderrisiken für seine Arbeitnehmer geschaffen hat, auf die diese gerade nicht zu achten brauchen, greift eine Schutzpflicht des Arbeitgebers ein. Selbstverständlich treffen den Arbeitgeber auch gegenüber den Arbeitnehmern die üblichen Verkehrssicherungspflichten[634], wenn der Arbeitnehmer besondere Gefahren des Betriebs bzw. seiner Arbeit für sich nicht überblicken bzw. sich nicht davor schützen kann und deshalb vom Schutz durch den Arbeitgeber abhängig ist.

---

629 Vgl. zu diesem Problemkreis ausführlich *Schutzbach*, Betriebsunfälle, S. 32 ff. und *Herzberg*, Arbeitsschutz, S. 5 ff., 147 ff.; *Schmidt*, Arbeitsunfälle, S. 9 ff., 88 ff.

630 *Schmidt*, Arbeitsunfälle, S. 89.

631 AG Lüdenscheid BG 52, 78; *Eidam*, Unternehmen und Strafe, S. 127 f.; *Tiedemann*, Jura 82, 376 f.; vgl. auch *Tröndle*, § 13 Rn 10: Sogar die bloße „Arbeitskameradschaft" könne ein garantenpflichtiges „besonderes Vertrauensverhältnis schaffen.

632 BGHSt 19, 286, 288; Hamm NJW 71, 442; Karlsruhe NJW 77, 1930 f. Vgl. dazu und zu weiteren gängigen Begründungen *Schutzbach*, Betriebsunfälle, S. 124 ff.;

633 OLG Naumburg NStZ-RR 96, 229, 230 f.; *Tröndle*, § 13 Rn 8.

634 Vgl. dazu im einzelnen *Schutzbach*, Betriebsunfälle, S. 127 ff.

Die besondere Problematik im Arbeitsverhältnis besteht nun aber darin, daß sich die Arbeitnehmer oft *bewußt* bestimmten Gefahren am Arbeitsplatz aussetzen[635]. Hier soll der Arbeitgeber - wohl schon aus erzieherischen und praktischen Gründen – trotzdem auch strafrechtlich gehalten sein, die Arbeitsschutz- und Unfallverhütungsvorschriften um- und durchzusetzen (selbst wenn er nicht durch Drohungen mit Kündigung oder finanzielle Anreize einen besonderen Ansporn zu einer von ihm gewünschten Mißachtung der Schutzvorschriften gebe)[636]. Dem widersprechen aber das Autonomieprinzip und speziell die Grundsätze der eigenverantwortlichen Selbstgefährdung[637]. Nach *Herzberg* fehlt es zwar an der Einwilligungsfähigkeit der betroffenen Arbeitnehmer, weil auch ihnen selbst zum eigenen Schutz die Unfallverhütungsvorschriften zur Pflicht gemacht worden sei[638]. Doch ändert dies nichts. Denn dann ist es eine eigenverantwortliche Pflichtverletzung der mündigen Arbeitnehmer, die den Arbeitgeber strafrechtlich ebenfalls nichts angeht. Das Mißtrauen, das dem Arbeitgeber hinsichtlich einer möglichen Umgehung der Schutzvorschriften zu Lasten der gefährdeten Arbeitnehmer entgegenschlägt, mag durch negative Erfahrungen in der Praxis der Unternehmen gerechtfertigt sein. Das Strafrecht dient aber nicht (generalpräventiv) dazu, den Arbeitgeber und gar eventuell über ihn den Arbeitnehmer zu erziehen, sondern es greift erst sanktionierend ein, wenn die Autonomie des anderen verletzt wurde und deshalb das Recht wiederhergestellt werden muß. Solange der einzelne Mitarbeiter die freie Wahl hat, sich zu schützen bzw. die Arbeit nicht durchzuführen oder sich (trotzdem, weil ihm der Schutz lästig ist[639]) bewußt zu gefährden, ist seine Autonomie nicht verletzt. Daß der Arbeitnehmer u.U. die Gefährdung und erst recht den Erfolg nicht „wirklich will" (sondern sich der Gefahr nur bewußt ist) und „irgendwelche berechtigten" - besser: nachvollziehbare - „Eigeninteressen (im weitesten Sinne)" damit verfolgt, schließt weder eine Selbstgefährdung noch die

---

635 Vgl. dazu den Fall des OLG Naumburg NStZ-RR 96, 229 und früher schon AG Lüdenscheid BG 52, 78.

636 OLG Naumburg NStZ-RR 96, 231; *Seier*, JuS 84, 706, 708 f.; Lackner-*Kühl*, Vor § 211 Rn 14; *Freund*, Erfolgsdelikt, S. 209 f. mit Fn 45; *Tiedemann*, Jura 82, 376 f.

637 Siehe *Otto*, JK 97, StGB Vor § 13/9; vgl. auch BGHSt 32, 262 m. Anm. *Roxin*, NStZ 84, 411 f.; krit. zu diesem Topos und ausführlich zum ganzen: *Frisch*, NStZ 92, 1 ff, 62 ff.

638 *Herzberg*, Arbeitsschutz, S. 188 ff.

639 Wie im Fall des OLG Naumburg, NStZ-RR 96, 232; zum weiteren Problem der konkreten Zurechnung bzw. der Kausalität vgl. *Otto*, JK 97, StGB Vor § 13/9; OLG Naumburg, aaO, S. 230, 232.

Eigenverantwortung aus[640]. Voraussetzung für eine freiverantwortliche Selbstgefährdung ist nicht, daß man sich nur zum Vergnügen und mit wahrer Lust bzw. mit dolus directus 1. Grades in die Gefahr begibt. Der Arbeitnehmer ist nicht vom Schutz durch Vorkehrungen des Arbeitgebers abhängig, solange er selbst um die Gefahren weiß und sich davor auch schützen kann. Daß gewisse (wirtschaftliche) Interessen eine solche Selbstgefährdung durchaus nahelegen und zu Lasten des Arbeitnehmers gehen, ist nicht mit Hilfe des Strafrechts auszugleichen, schon gar nicht mit Hilfe allgemeiner körperlicher Verletzungstatbestände. Es wäre im Gegenteil eine Bevormundung des Arbeitnehmers, wenn er zum Selbstschutz gezwungen würde[641]. Gegenüber Mündigen endet selbst eine bestehende Schutzgarantenpflicht immer, wenn deren (irrtumsfreier) Willen entgegensteht[642]. Das „Opfer" ist dann weder schutzwürdig noch schutzbedürftig. Für die selbstschädigende Unvernunft des anderen ist man nicht zuständig[643]. Dem Schutz des gefährdeten und wirtschaftlich abhängigen Arbeitnehmers gegenüber dem wirtschaftlich übermächtigen Arbeitgeber dienen die zivil- und öffentlich-rechtlichen Vorschriften. Der bloße Verstoß gegen die Arbeitsschutz- und Unfallverhütungsvorschriften wird allein über das öffentliche Ordnungsrecht und die zivilrechtliche Haftung sanktioniert, auch wenn zusätzlich noch irgendein Erfolg eintritt, der (zufällig) in einem strafrechtlichen Tatbestand erfaßt ist[644]. Anders ist es freilich, wenn der Arbeitnehmer die Gefährdung nicht bewußt eingeht, weil er die Gefahr oder deren Ausmaß gar nicht kennt,

---

640 So aber *Freund*, Erfolgsdelikt, S. 209, 210.

641 Zivilrechtlich (und strafrechtlich) ist eine entsprechende Weisung des Arbeitgebers an den Arbeitnehmer selbstverständlich (schon mit Rücksicht auf sein zivilrechtliches Haftungsrisiko) zulässig, ja z.T. sogar erforderlich. Denn dem Arbeitnehmer steht es ja - wie bei allen Weisungen - frei, unter solchen Umständen zu arbeiten (Vertragsfreiheit, Kündigung).

642 Vgl. *Frisch*, NStZ 92, 6; *Roxin*, NStZ 84, 412; SK-*Rudolphi*, Vor § 13 Rn 38; anders noch BGH JR 79, 429 m. abl. Anm. *Hirsch*; dagegen auch OLG Zweibrücken NStZ 95, 89, 90. Bei überlegenem Sachwissen des Schutzgaranten bleibt die Schutzpflicht bestehen; vgl. *Frisch*, NStZ 92, 64; SK-*Rudolphi*, Vor § 1 Rn 79, 79b.

643 Das OLG Naumburg, NStZ-RR 96, 230, 232 verkennt deshalb auch den Zusammenhang zwischen Pflicht und Erfolgszurechnung, wenn es - anders als zuvor das LG - einerseits (zuerst) die Zurechnung des Unterlassens (oder etwa gleich die Fahrlässigkeit?) mangels „Vorhersehbarkeit" verneint, weil das Verhalten der Geschädigten „jeglicher Vernunft" widersprach, dann aber die strafrechtliche Garantenpflicht allein aufgrund § 618 BGB bejaht (um daraufhin nur noch nach der hypothetischen Kausalität für den Erfolg zu fragen). Eine solche Garantenpflicht, die ja nach § 13 zur Erfolgsabwendung verpflichtet, kann es sinnvoller Weise nicht geben, wenn der Erfolg ex ante „allgemeiner Lebenserfahrung" widerspricht und deshalb unzurechenbar ist.

644 Vgl. *Otto*, JK 97, StGB Vor § 13/9.

sondern sich sein Mitverschulden auf eine bloße Unachtsamkeit bei der Arbeit reduziert[645]. Denn dann schützen die Arbeitsschutz- und Unfallverhütungsvorschriften den Arbeitnehmer unmittelbar und der Arbeitgeber hat als Adressat dieser Vorschrift diesen Schutz übernommen.

Strafrechtlich relevant wird das Verhalten des Arbeitgebers erst, wenn er gegen die Autonomie des Arbeitnehmers verstößt und diesen gegen seinen Willen rechtswidrig zwingt, sich in Gefahr zu begeben. Dazu muß die Schwelle der rechtswidrigen Nötigung überschritten sein[646]. Die Drohung mit dem Verlust des Arbeitsplatzes ist i.d.R. unproblematisch eine solche Nötigung i.S. des § 240 I, II StGB[647]. Finanzielle Anreize allein genügen dafür nicht.

4. Zusammenfassung und Ergebnis

Aufgrund der bisherigen Untersuchung läßt sich jetzt feststellen, daß es eine generelle Verantwortung des Geschäftsherrn für seine untergebenen Mitarbeiter nicht gibt. Das personale Autonomieprinzip verbietet einen solchen Rückgriff weitgehend. Vielmehr muß eine solche Sonderverantwortung im Einzelfall festgestellt werden und kann sich nur aus der Schaffung von Sonderrisiken oder der vertraglichen und tatsächlichen Übernahme ergeben. Eines zusätzlichen, besonderen Tatbestandsmerkmals der „Betriebsbezogenheit", das die Verantwortung des Geschäftsherrn gegenüber Exzeßtaten seiner Untergebenen beschränkt, bedarf es dazu nicht. Die Betriebsbezogenheit ergibt sich schon ganz von selbst aus der Begründung der Pflicht - also aus dem Sonderrisiko oder aus der Übernahme. (Sollte es einmal an der Betriebsbezogenheit der Tat fehlen, ändert das nichts an der [immer für das Strafrecht zu begründenden]

---

645 Nur in dieser Hinsicht kann der Auffassung *Schmidts*, Arbeitsunfälle, S. 96 f. und des AG Lüdenscheid BG 52, 78, die auf die „menschliche Unachtsamkeit" rekurrieren, richtigerweise gefolgt werden.

646 Sch/Sch-*Lenckner*, Vorbem §§ 32 ff. Rn 48, 52a; vgl. auch *Frisch*, NStZ 92, 65.

647 Innerhalb des § 240 taucht die Problematik des Autonomieprinzips wieder auf; siehe *Roxin*, JuS 64, 373; *Wessels*, BT 1, Rn 398 ff.; Lackner-*Kühl*, § 240 Rn 14.

Verpflichtung, sondern führt allenfalls dazu, daß man diese Pflicht nicht der Fallgruppe „Geschäftsherrenhaftung“ zuschlägt.)

E: Täterschaft oder Beihilfe des aufsichtspflichtigen Geschäftsherrn

Zuletzt stellt sich noch die Frage, wie der aufsichtspflichtige Geschäftsherr für sein Unterlassen haftet, wenn ein Mitarbeiter eine *Straftat* begeht. Die Haftung des Garanten, der deliktische Handlungen eines anderen nicht unterbindet, ist hoch umstritten; sowohl Täterschaft als auch Beihilfe werden gleichermaßen vertreten[648].

Handelt dagegen der Mitarbeiter aufgrund Arbeitsteilung oder anderer entlastender Betriebsorganisation schon gar nicht pflichtwidrig, ist der Geschäftsherr auf jeden Fall Täter. Er hat dann die normative Tatherrschaft bzw. ist für die Bekämpfung dieser Gefahr schlicht und ergreifend unmittelbar zuständig[649].

I. Die Handhabung der Rechtsprechung

Die Judikatur ist uneinheitlich und sehr vom gewünschten Ergebnis her geprägt[650]. Bei der Abgrenzung von Täterschaft und Teilnahme des Unterlassenden spielt in der Rechtsprechung auch heute noch oft die alte subjektive „Animus-Theorie“ die entscheidende Rolle[651]. Da es an jeglichem positiven Tatbeitrag fehlt, wird häufig allein auf die innere Haltung (Täter- oder Gehilfen„vorsatz“, Tatinteresse) des Unterlassenden abgestellt.

---

648 Einen Überblick dazu bietet *Rotsch*, Individuelle Haftung, S. 183 ff.

649 So im Ergebnis auch *Ransiek*, Unternehmensstrafrecht, S. 55 (allerdings unter Zurechnung als aktives Tun).

650 Beispielhaft der „Wittig-Fall“, BGHSt 32, 367 ff.: Grundsätzlich Garantenstellung und Tatherrschaft des unterlassenden Arztes, ausnahmsweise aber keine Erfolgsabwendungspflicht aufgrund der „besonderen Konfliktsituation“. Vgl. auch BGH LM Vor § 47 Nr. 10.

651 BGHSt 13, 162 ff; BGH NJW 66, 1763; StV 86, 59. Vgl. auch *Rotsch*, Individuelle Haftung, S. 184.

Ganz abgesehen von den praktischen Schwierigkeiten, die jeweilige innere Haltung ohne Anhaltspunkte in einem äußeren Geschehen feststellen zu können[652], und der damit verbundenen Rechtsunsicherheit, spricht fundamental gegen eine solche Lösung das Wesen des Unrechts, das nicht nur auf einer unrechten bzw. unmoralischen Gesinnung beruhen darf, sondern sich in einer wirklichen Rechtsgutsverletzung verobjektiviert haben muß[653]. Die Bestrafung als Täter oder Gehilfe knüpft selbstverständlich an das jeweils objektiv verwirkte Unrecht an.

II. Das Tatherrschaftsprinzip auch beim Unterlassen? - Beihilfelösung

In der Literatur wird dagegen z.T. wie beim Tun auch beim Unterlassen objektiv auf die Tatherrschaft als Differenzierungskriterium abgestellt. Wer nun einen sehr äußerlichen, instrumentalen Tatherrschaftsbegriff verfolgt, kommt beim Unterlassenden konsequenterweise immer nur zur Beihilfe[654]. Denn rein äußerlich hält selbstverständlich allein der aktiv Handelnde das Geschehen in seinen Händen, während der Unterlassende dagegen immer nur als Randfigur erscheint.

Damit würde der Einordnung als Tun oder Unterlassen bzw. dem - oft rein zufälligen - Organisationszustand, der Tun oder Unterlassen bedingt, schon entscheidende Bedeutung zukommen. Normativ darf es aber auf eine Unterscheidung Tun oder Unterlassen, wenn eine rechtlich relevante Handlung (i.w.S.) vorliegt, nicht wirklich ankommen, sondern auf die jeweilige Pflicht[655]. Die Garantenpflichtverletzung begründet das strafrechtsrelevante Unrecht wie beim Tun die Verletzung der Unterlassungspflicht. Beide Pflichtverletzungen sind gleichwertig und müssen dies per definitionem des § 13 I StGB auch sein[656]. Über eine äußerliche, naturalistische Betrachtungsweise der Tatherrschaft darf nun diese rechtliche Gleichwertigkeit bei der Bestrafung nicht von vornherein geleugnet und der Garantenverstoß gegenüber dem aktiv

---

652 Vgl. LK-*Roxin*, § 25 Rn 204.

653 Siehe schon oben S. 97 f.; vgl. auch LK-*Roxin*, § 25 Rn 30 ff. und *Rotsch*, Individuelle Haftung, S. 184 f.

654 LK-*Jescheck*, § 13 Rn 53, 57; *Lackner*, § 27 Rn 5; *Kühl*, AT, 20/230 f.; *Gallas*, JZ 60, 686 f.

655 Siehe oben S. 115 ff.; vgl. auch *Jakobs*, AT, 29/101.

656 § 13 II trägt einem evtl. unguten Gefühl bei der ebenso strengen Bestrafung des Unterlassungstäters mit seiner fakultativen Strafmilderung - zurecht oder nicht - Rechnung.

Handelnden als zweitrangig bewertet werden (bis hin zur doppelten Strafmilderung nach § 27 II und § 13 II StGB).

III. Täterschaft aus Pflichtdeliktsverstoß?

Ein Großteil der Literatur kommt deshalb zum gegenteiligen Ergebnis und nimmt aufgrund der Garantenpflicht des § 13 I StGB immer Täterschaft an[657]. Dabei werden die unechten Unterlassungsdelikte meist als Pflichtdelikte verstanden; Täterkriterium sei die Garantenpflicht, deren Innehabung Voraussetzung für die Tatbestandserfüllung sei[658]. Die Tatherrschaftslehre wird für die Unterlassungstaten als ungeeignet und nicht übertragbar abgelehnt. Das Garantenunterlassen nach § 13 StGB entspreche täterschaftlichem aktivem Tun; der Garant sei von Rechts wegen zum Einschreiten verpflichtet, ein „Mehr oder Weniger" komme dabei nicht in Betracht[659].

Dies würde bedeuten, daß selbst eindeutige akzessorische Unterstützungshandlungen des (sicherungspflichtigen) Garanten wie die Übergabe einer Schußwaffe niemals Beihilfe, sondern konsequenterweise (da sogar noch eine Handlung zum Unterlassen trotz Garantenpflicht hinzukommt, erst recht!) Täterschaft begründen müßten[660]. Andererseits ist aber anerkannt, daß die Nichtverhinderung einer Teilnahmehandlung eines Dritten oder die Nichtrückgängigmachung eigenen Teilnahmeunrechts (aus Ingerenz) (ausnahmsweise?) auch nur Teilnahmeunrecht begründen kann[661].

§ 13 StGB besagt jedoch nichts über Täterschaft und Teilnahme, sondern nur etwas über die Erfolgsabwendungspflicht in Bezug auf das Opfer. Die Garantenpflicht besagt, daß ein Gebot aufgrund einer besonderen Verantwortung für ein Rechtsgut bzw. für den tatbestandlichen Erfolg

---

657 *Grünwald*, GA 1959, 112 ff.; *Arm. Kaufmann*, Unterlassungsdelikte, S. 291 ff.; LK-*Roxin*, § 25 Rn 206 ff.; *ders.*, Täterschaft, S. 458 ff.; SK-*Rudolphi*, Vor § 13 Rn 37 ff.; *ders.*, Gleichstellungsproblematik, S. 138 ff.; *Bloy*, JA 87, 491 ff.; *ders.*, Zurechnungstypus, S. 214 ff.; *Stratenwerth*, AT I, Rn 1076 ff.

658 *Arm. Kaufmann*, Unterlassungsdelikte, S. 261, 274 ff.; LK-*Roxin*, § 25 Rn 206; *ders.*, Täterschaft, S. 459 f.; SK-*Rudolphi*, Vor § 13 Rn 37.

659 SK-*Rudolphi*, Vor § 13 Rn 40; *Bloy*, JA 87, 492; *Stratenwerth*, AT I, Rn 1078. Dagegen *Stein*, Beteiligungsformenlehre, S. 308 Fn 30.

660 Vgl. *Arzt*, JA 80, 558; *Renzikowski*, Restriktiver Täterbegriff, S. 143. Gegen diesen Schluß NK-*Seelmann*, § 13 Rn 96, allerdings ohne Begründung.

661 LK-*Roxin*, § 25 Rn 210; SK-*Rudolphi*, Vor § 13 Rn 42; *Bloy*, Beteiligungsformen, S. 219; *Stein*, Beteiligungsformenlehre, S. 307 f., 309 f.; *Renzikowski*, Restriktiver Täterbegriff, S. 139 ff.

begründet ist. Ein solches Gebot bzw. eine Verantwortung für das bedrohte Rechtsgut muß jedoch auch für das akzessorische Beihilfeunrecht gegeben sein[662]; auch das Beihilfeunrecht gründet sich auf einen Verhaltensnormverstoß, der einen Bruch des Anerkennungsverhältnisses zum Gegenstand hat. § 13 StGB besagt deshalb nur, daß ein strafbewehrte Pflicht vorliegt, nicht aber, ob das Unterlassen einem aktiven täterschaftlichem Handeln oder nur einem Gehilfenbeitrag gleichkommt[663]. Beim Unterlassen gilt nichts anderes als beim Tun: Bei mehreren Beteiligten muß die Frage nach der Gewichtung der Tatbeiträge und des Unrechts, die Zuordnung zu § 25 oder § 27 StGB, aufgrund vernünftiger Kriterien i.S. der §§ 25 ff. StGB beantwortet werden[664].

IV. Differenzierung nach dem Gewicht der Pflicht

Richtig ist es daher nach der jeweiligen Garantenpflicht die Intensität des strafrechtlichen Vorwurfs bzw. des Unrechts normativ zu gewichten[665]. Von normentheoretischen Erwägungen, ob die Frage der Täterschaft oder Beihilfe noch zur Verhaltensnorm gehöre[666] oder nur eine Frage der (sekundären) Sanktionsnorm[667] sei, ist keine Lösung des Problems zu erwarten. Mit der Garantenpflicht steht das allgemeine Verletzungsverbot fest. Es ist im Ergebnis nur eine Formulierungsfrage, ob man noch auf Verhaltensnormebene konkretisierend fragt, ob der Täterschaftstatbestand (mit der Verhaltensnorm: „Verletze [selbst] nicht!") oder der erweiterte Gehilfentatbestand (mit der Verhaltensnorm: „Hilf keinem anderen zu verletzen!") betroffen ist, oder ob man die §§ 25 ff. StGB als Sanktionsvorschriften mit einer speziellen

---

662 Vgl. *Kühl*, AT, 20/230; *Stein*, Beteiligungsformenlehre, S. 308 f.; *Renzikowski*, Restriktiver Täterbegriff, S. 123, 130, 143 f. Der „Grund der Gründe" ist für Täterschaft und Teilnahme gemeinsam; so *Jakobs*, ZStW 89 (1977), 12.

663 Vgl. Sch/Sch-*Cramer*, Vorbem § 25 ff. Rn 103.

664 Vgl. *Jakobs*, AT, 29/101 für die „Pflichten kraft Organisationszuständigkeit"; bei institutionellen Garantenpflichten nimmt auch er wegen ihres Pflichtdeliktscharakters immer Täterschaft an (28/15; 29/ 106 f.).

665 So auch Sch/Sch-*Cramer*, Vorbem § 25 ff. Rn 103 ff.; *Jakobs*, AT, 29/101 f.; auch NK-*Seelmann*, § 13 Rn 93 f., der aber vor allem auch noch auf das subjektive Interesse am tatbetsandlichen Erfolg abstellen will.

666 So die wohl h.M. in Konsequenz des restriktiven (tatbestandlichen) Täterbegriffs; vgl. *Vogel*, Norm und Pflicht, S. 81 ff.; *Stein*, Beteiligungsformenlehre, S. 238 ff., 305; *Rudolphi*, FS Jescheck, S. 567 ff.; *Renzikowski*, Restriktiver Täterbegriff, S. 123 ff.

667 Vgl. *Bloy*, Beteiligungsformen, S. 255 f., 263: Täterschaft und Teilnahme verstoßen gegen dieselbe Verhaltensnorm, nur die Art und Weise sei verschieden; Maurach-*Gössel*, AT 2, 47/29 ff.; explizit *Lesch*, Sukzessive Beihilfe, S. 197 ff.: nur „quantitativer" Unterschied.

Haftungsquote nach der jeweiligen Strafwürdigkeit der Beteiligung begreift[668]. Konsequenzen ergeben sich aus diesen möglichen Einordnungen nicht, das Wertungsproblem bleibt. Die Garantenpflicht, die wir bisher herausgearbeitet haben, besagt, daß eine strafrechtliche Verantwortung besteht (das „Ob“ der Haftung). Wie gehaftet wird, als Täter oder Gehilfe, muß immer in einem zweiten Schritt festgestellt werden.

Klar muß nur sein, daß die Garantenpflicht und die daraus folgende Rechtsgutsverletzung[669] immer eine gemeinsame Voraussetzung für Täterschaft wie für die Teilnahme ist[670]. Weiter muß die letztlich unterschiedliche Sanktionierung immer - ob auf Tatbestands- oder auf Sanktionsebene begründet - ihren Grund im unterschiedlich verwirkten Unrecht haben[671]. Normativ ist deshalb wie beim aktiven Handeln danach zu unterscheiden, ob der Garant sein (besonderes) Rechtsverhältnis zum Opfer allein (§ 25 I) oder gleichberechtigt mit anderen (§ 25 II) direkt verletzt oder nur durch einen akzessorischen Rechtsgutsangriff (§§ 26, 27), weil der entscheidende Anteil des Rechtsgutsangriff bei (einem) anderen liegt[672].

Das Unrecht der Beihilfe bzw. des akzessorischen Rechtsgutsangriffs liegt darin, daß der Gehilfe die Lage des Opfers in seinem Verhältnis zum Haupttäter verschlechtert bzw. die Gefahr der Haupttat ermöglicht oder verstärkt[673]. Die Tatherrschaft als Täter- und Differenzierungskriterium zur Teilnahme ist daher normativ nach ihrem objektiven Beitrag und Beteiligungsquantum zur (gemeinsam verwirklichten) Rechtsgutsverletzung oder - anders ausgedrückt -

---

668 So *Lesch*, Sukzessive Beihilfe, S. 198 f. Für diese Sichtweise spricht nach dem bisher Gesagten mehr.

669 Auch wenn der Erfolg am Rechtsguts*objekt* vielleicht dem Gehilfen aufgrund eines Regreßverbots nicht persönlich zugerechnet werden kann, handelt es sich trotzdem (wie beim Versuch oder Gefährdungsdelikt) stets um eine Rechtsgutsverletzung bzw. Handlungsunrecht. Dies verkennen z.B. *Renzikowski*, Restriktiver Täterbegriff, S. 129 f. und auch *Lesch*, Sukzessive Beihilfe, S. 183 f. Nach dem Modell einer (objektiven) „kollektiven Gesamttätigkeit“ als zwingender Zurechnungsvoraussetzung für Mittäterschaft und Beihilfe, das den restriktiven Täterbegriff auf Verhaltensnormebene ablehnt, ist auch diese Erfolgszurechnung am Objekt möglich; siehe *Lesch*, aaO; S. 162 ff., insbes. S. 196 ff., 271 ff., 278.

670 Vgl. *Lesch*, Sukzessive Beihilfe, S. 278, 284: Die Zurechnung ist bei Täterschaft und Beihilfe identisch. - Die Garantenpflicht ist aber nichts anderes als Zurechnung bzw. ein Teil von ihr; vgl. *Jakobs*, ZStW 89 (1977), 12, 35.

671 Vgl. *Lesch*, Sukzessive Beihilfe, S. 199: Auch nur quantitative Differenzierung benötigt als Bezugsobjekt das Unrechts als Gegenstand der strafrechtlichen Haftung.

672 Vgl. *Stein*, Beteiligungsformenlehre, S. 308.

673 *Murmann*, Studienbuch AT zur Beihilfe (noch unveröffentlicht).

nach der Bedeutung des Pflichtverstoßes gegenüber dem Opfer zu bestimmen[674].

Gegen dieses Konzept läßt sich im Bereich des unechten Unterlassens wiederum nicht einwenden, eine Garantenpflicht sei immer nur rein auf die Verhinderung des Deliktserfolgs selbst gerichtet, nicht aber auf fremdes Verhalten; das Unterlassen sei deshalb nicht mit dem Akzessorietätsprinzip nicht vereinbar[675]. Denn wir haben gesehen, daß das unechte Unterlassen eine strafrechtliche Handlung wie das Tun ist, sich die Garantenpflicht auf ein bestimmtes Verhalten richtet und nicht nur auf ein bestimmtes Erfolgsunrecht gründet, sondern ebenbürtig und ganz entscheidend Verhaltensunrecht begründet. Die Erfolgsabwendungspflicht i.S. des § 13 I StGB drückt wie die Tatbestände der Erfolgsdelikte im Besonderen Teil nur teleologisch die besondere Verantwortung zum Rechtsgut des Opfers aus. Somit gewinnen auch beim Unterlassen für die normative Gewichtung des Rechtsgutsangriffs die konkreten Umstände eine große Bedeutung, und es macht einen gehörigen Unterschied, ob der Erfolg beim Opfer durch ein zufälliges Naturereignis, das nicht abgewendet wird, oder durch einen anderen deliktisch handelnden Verantwortlichen eintritt, der daran vom Garanten nicht gehindert wird. Begeht ein anderer die Tat, stellt sich für den unterlassenden Garanten die Frage, ob ihm diese Rechtsgutsverletzung direkt oder nur mittelbar akzessorisch zugerechnet wird.

Wenn *Bloy* weiterhin einwendet, beim Unterlassen fehle eine hinreichend fundierte „Handlungsmodalitätenäquivalenz" zum Verhalten des aktiven Täterschafts- oder Teilnahmeunrechts, sondern es lasse allenfalls eine „intuitive Gesamtschau" zu[676], muß man auch hinterfragen, wie fundiert denn diese Täterschafts- und Teilnahmeregeln beim Tun sind. Dort ergibt sich ja auch nur eine trügerische vordergründige Sicherheit in der Abgrenzung aus dem scheinbar griffigen und sehr schlagwortartigen Tatherrschaftsbegriff, während

674 Vgl. *Lesch*, Sukzessive Beihilfe, S. 284 ff.; dazu auch die Ausführungen von *Renzikowski*, Restriktiver Täterbegriff, S. 138 ff., der über Erwägungen zu den (nach seiner Ansicht) unterschiedlichen Verhaltensnormen von Täterschaft und Teilnahme zu diesem Ergebnis kommt.

675 *Bloy*, JA 87, 492 f.

676 *Bloy*, JA 87, 493.

im einzelnen nahezu alles umstritten ist[677], wenn man nicht gerade dem ganz instrumentalen - hier abgelehnten - Verständnis von der Tatherrschaft folgt.

Beim Unterlassen bietet es sich an, den Inhalt der Garantenpflicht als Kriterium für die Intensität des Angriffs, für Gewicht und Bedeutung des Pflichtverstoßes heranzuziehen[678]. Der Sicherungsgarant ist danach i.d.R. nur Gehilfe, da die zu sichernde bestimmte Gefahrenquelle erst aufgrund der eigenverantwortlichen Entscheidung und des verletzenden Verhaltens des anderen (Vordermanns) zur konkreten Gefahr für Dritte wird[679]. Die strafrechtsrelevante Gefahrenschwelle zur Rechtsgutsverletzung wird vom aktiv Handelnden überschritten, während der Gefahrenherd aus der Zuständigkeit des Garanten bzw. dessen Garantenpflichtverletzung quasi im Vorfeld der Tat liegen und vom Haupttäter nur instrumentalisiert werden. Der Sicherungsgarant ermöglicht oder erleichtert nur die Tat eines anderen durch seine Pflichtverletzung[680], verschlechtert die praktische Lage des Opfers im Verhältnis zu diesem anderen, dem Haupttäter, und ist daher Gehilfe. Daß diese Sicherungspflicht im Tatzeitpunkt selbstverständlich zur Garantenrettungspflicht für das bedrohte Rechtsgut erstarkt, ändert an diesem Tatbild und der normativen Gewichtung nichts[681].

Anders verhält es sich dagegen beim Garanten aufgrund persönlicher Fürsorge- und Obhutspflichten: Ihn trifft eine Abwendungspflicht gegenüber Gefahren aller Art ohne Unterschied: ob Naturgewalt oder menschlicher Angriff. Der Beschützergarant haftet aufgrund seiner persönlichen Beziehung zum Opfer für den Bestand und die Unverletzlichkeit des Rechtsguts selbst[682]. Seine Schutzpflichtverletzung stellt sich deshalb als gewichtiger und entscheidender Beitrag zur tatbestandsmäßigen Verletzung unmittelbar im Zeitpunkt der Begehung durch den Aktiven (nicht nur im Vorfeld) dar. Der Beschützergarant haftet daher (bei den Erfolgsdelikten) regelmäßig als Nebentäter. Bei

---

677 Beispielhaft denke man nur an die unterschiedlichen Bewertungen eines so alltäglichen deliktischen Vorgangs wie des „Schmierestehens“. Zum Bedenken wegen des rechtsstaatlichen Bestimmtheitsgebots siehe *Lesch*, Sukzessive Beihilfe, S 285: Es geht hier nicht um die „Festlegung der Strafzone“ - diese ist mit der bejahten Verletzung der (Garanten-)Pflicht bereits bestimmt -, sondern um die Haftungsquote, wobei im Zweifel auf die mildere zu erkennen ist.

678 So im Ergebnis auch schon *Thiemann*, Aufsichtspflichtverletzung, S. 25 f., 51.

679 Vgl. *Jakobs*, AT, 29/101 f.; *Renzikowski*, Restriktiver Täterbegriff, S. 146, 149.

680 Vgl. *Renzikowski*, Restriktiver Täterbegriff, S. 125, 142 ff.

681 Siehe oben S. 158, Fn 661: Aus einer Teilnahmehandlung wird durch ein Garantenunterlassen keine Täterqualifikation.

682 Vgl. *Renzikowski*, Restriktiver Täterbegriff, S. 146 ff.

Sonderdelikten, eigenhändigen Delikten oder Delikten mit besonderen subjektiven tatbestandlichen Voraussetzungen liegt immer nur Beihilfe des Garanten vor, der diese besonderen Tatbestandvoraussetzungen nicht erfüllt[683].

---

683 Ausführlich dazu *Thiemann*, Aufsichtpflichtverletzung, S. 34 ff., 51 ff., 58 ff.

Literaturverzeichnis

Arzt, Gunther, Zur Garantenstellung beim unechten Garantendelikt, in: JA 1980, S. 553 ff., 647 ff., 712 ff.

Baumann, Jürgen, Strafrecht Allgemeiner Teil, 1. Auflage, Bielefeld 1960

Baumann, Jürgen/ *Weber*, Ulrich, Strafrecht Allgemeiner Teil, 9. Auflage, Bielefeld 1985

Binding, Karl, Die Normen und ihre Übertretung, Band I, 4. Auflage, Leipzig 1922, Neudruck Aalen 1965

Bloy, René, Die Beteiligungsformen als Zurechnungstypus im Strafrecht, Berlin 1985

Bloy, René, Anstiftung durch Unterlassen?, in: JA 1987, S. 490 ff.

Bloy, René, Grenzen der Täterschaft bei fremdhändiger Tatausführung, in: GA 1996, S. 424 ff.

Bottke, Wilfried, Das Wirtschaftsstrafrecht in der Bundesrepublik Deutschland - Lösungen und Defizite, in: wistra 1991, S. 1 ff, 52 ff.

Bottke, Wilfried, Empfiehlt es sich, die strafrechtliche Verantwortlichkeit für Wirtschaftsstraftaten zu verstärken?, in: wistra 1991, S. 81 ff.

Bottke, Wilfried, Haftung aus Nichtverhütung von Straftaten Untergebener in Wirtschaftsunternehmen de lege lata, Berlin 1994

Boujong, Karlheinz, Karlsruher Kommentar zum Gesetz über Ordnungswidrigkeiten, München 1989

Brammsen, Joerg, Die Entstehungsvoraussetzungen der Garantenpflichten, Berlin 1986

Brammsen, Joerg, Strafrechtliche Rückrufpflichten bei fehlerhaften Produkten?, in: GA 1993, S. 97 ff.

Burkhardt, Björn, Tatbestandsmäßiges Verhalten und ex-ante-Betrachtung - Zugleich ein Beitrag wider die „Verwirrung zwischen dem Subjektiven und dem Objektiven“ -, in: Jürgen Wolter/Georg Freund (Hrsg.), Straftat, Strafzumessung und Strafprozeß im gesamten Strafrechtssystem, Heidelberg 1996, S. 99 ff.

Busch, Ralf, Unternehmen und Umweltstrafrecht, Osnabrück 1997

Deubner, Karl G., Anmerkung zum OLG Düsseldorf (Urteil vom 23.8.1968), in: NJW 1969, S. 623.

Deutscher, Jörg/ *Körner*, Peter, Die strafrechtliche Produktverantwortung von Mitgliedern kollegialer Geschäftsleitungsorgane, in: wistra 1996, S. 292 ff., 327 ff.

Diel, Katja, Das Regreßverbot als allgemeine Tatbestandsgrenze im Strafrecht, Frankfurt/M 1997

Eidam, Gerd, Unternehmen und Strafe, Köln, Berlin, Bonn, München 1993

Engisch, Karl, Die Einheit der Rechtsordnung, Heidelberg 1935

Eser, Albin/ *Burkhardt*, Björn, Strafrecht I, 4. Auflage, München 1992

Freund, Georg, Erfolgsdelikt und Unterlassen, Köln, Berlin, Bonn, München 1992

Frisch, Wolfgang, Vorsatz und Risiko, Köln, Berlin, Bonn, München 1983

Frisch, Wolfgang, Tatbestandsmäßiges Verhalten und Zurechnung des Erfolgs, Heidelberg 1988

Frisch, Wolfgang, Selbstgefährdung im Strafrecht, Grundlinien einer opferorientierten Lehre vom tatbestandsmäßigen Verhalten, in: NStZ 1992, S. 1 ff, 62 ff.

Frisch, Wolfgang, An den Grenzen des Strafrechts, in: FS Stree und Wessels, Heidelberg 1993, S. 69 ff.

Frisch, Wolfgang, Straftat und Straftatsystem, in: Jürgen Wolter/Georg Freund (Hrsg.), Straftat, Strafzumessung und Strafprozeß im gesamten Strafrechtssystem, Heidelberg 1996, S. 135 ff.

Frisch, Wolfgang, Grundfragen der strafrechtlichen Verantwortlichkeit von Unternehmensorganen, bislang unveröffentlichtes Skript

Gallas, Wilhelm, Strafbares Unterlassen im Fall einer Selbsttötung, in: JZ 1960, S. 686 ff.

Gallas, Wilhelm, Die strafrechtliche Verantwortlichkeit der am Bau Beteiligten, 1963

Göhler, Erich, Anmerkung zum Beschluß des KG v. 17.3.1971, in: JR 1972, S. 123 f.

Göhler, Erich, Zur strafrechtlichen Verantwortlichkeit des Betriebsinhabers für die in seinem Betrieb begangenen Zuwiderhandlungen, in: Festschrift für Eduard Dreher, Berlin, New York 1977, S. 611 ff.

Göhler, Erich, Kommentar zum OWiG, 12. Auflage, München 1998

Gracia Martín, Luis, Die Strafbarkeit von Handlungen und Unterlassen im Unternehmen nach spanischem und deutschem Recht, in: Bernd Schünemann/ Carlos Suarez Gonzáles (Hrsg.), Madrid-Symposium für Tiedemann, Köln, Berlin, Bonn, München 1994, S. 15 ff.

Grünwald, Gerald, Die Beteiligung durch Unterlassen, in: GA 1959, S. 110 ff.

Heine, Günter, Die strafrechtliche Verantwortlichkeit von Unternehmen, Baden-Baden 1995

Herzberg, Rolf Dietrich, Die Unterlassung im Strafrecht und das Garantenprinzip, Berlin 1972

Herzberg, Rolf Dietrich, Die Verantwortung für Arbeitsschutz und Unfallverhütung im Betrieb, Köln, Berlin, Bonn, München 1984

Hirsch, Hans Joachim, Anmerkung zum BGH (Urteil vom 18.7.1978 – JR 79, 429), in: JR 1979, S. 429 ff.

Hruschka, Joachim, Rettungspflichten in Notstandssituationen, in: JuS 1979, S. 385 ff.

Hsü, Yü-hsiu, Garantenstellung des Betriebsinhaber zur Verhinderung strafbarer Handlungen seiner Angestellten?, Pfaffenweiler 1986

Jakobs, Günther, Studien zum fahrlässigen Erfolgsdelikt, Berlin 1972

Jakobs, Günther, Regreßverbot beim Erfolgsdelikt, in: ZStW 89 (1977), S. 1 ff.

Jakobs, Günther, Strafrecht Allgemeiner Teil, 2. Auflage, Berlin, New York 1991

Jescheck, Hans-Heinrich/ *Weigend*, Thomas, Lehrbuch des Strafrechts Allgemeiner Teil, 5. Auflage, Berlin 1996

Kahlo, Michael, Das Problem des Pflichtwidrigkeitszusammenhanges bei den unechten Unterlassungsdelikten, Berlin 1990

Kamberger, Petra, Treu und Glauben (§ 242 BGB) als Garantenstellung im Strafrecht?, Frankfurt, Berlin, Bern, New York, Paris, Wien 1996

Kant, Immanuel, Kritik der reinen Vernunft, (neu herausgegeben) Hamburg 1956

Kant, Immanuel, Grundlegung zur Metaphysik der Sitten, unveränderter Nachdruck der 3. Auflage, Hamburg 1965

Kaufmann, Armin, Die Dogmatik der Unterlassungsdelikte, Göttingen 1959

Kaufmann, Arthur, Subsidiaritätsprinzip und Strafrecht, in: Festschrift für Heinrich Henkel, Berlin 1974, S. 89 ff.

Kaufmann, Arthur, Das Schuldprinzip, 2. Auflage, Heidelberg 1976

Köhler, Michael, Die bewußte Fahrlässigkeit, Heidelberg 1982

Köhler, Michael, Der Begriff der Strafe, Heidelberg 1986

Köhler, Michael, Strafrecht Allgemeiner Teil, Heidelberg 1997

Kohlmann, Günter/ *Ostermann*, Martin, Die Verletzung der Aufsichtspflicht in Betrieben und Unternehmen – Pläne für eine verfassungswidrige Reform, in: wistra 1990, S. 121 ff.

Krijnen, C.H., Haben Tiere Rechte?, in: ARSP 1997, S. 369 ff.

Kühl, Kristian, Strafrecht Allgemeiner Teil, 2. Auflage München 1998

Kuhlen, Lothar, Strafhaftung bei unterlassenem Rückruf gesundheitsgefährdender Produkte, in: NStZ 1990, S. 566 ff.

Labsch, Karl Heinz, Untreue, Lübeck 1983

Lackner, Karl, Strafgesetzbuch mit Erläuterungen, 22. Auflage, München 1997

Lampe, Ernst-Joachim, In welcher Weise soll neben den zivil- und verwaltungsrechtlichen Maßnahmen erforderliche strafrechtliche Schutz (i.w.S.) gegen irreführende Werbung ausgestaltet werden?, in: Tagungsberichte der Sachverständigenkommission zur Bekämpfung der Wirtschaftskriminalität, Band 9, Bonn 1975, Anlage 6, S. 48 ff.

Landscheidt, Christoph, Zur Problematik der Garantenpflichten aus verantwortlicher Stellung in bestimmten Räumlichkeiten, Berlin 1985

Leipziger Kommentar zum Strafgesetzbuch, Großkommentar, Burkhard Jähnke/ Heinrich Wilhelm Laufhütte/Walter Odersky (Hrsg.), 11. Auflage, Berlin, New York 1993 (zitiert: LK-*Verfasser*)

Lenckner, Theodor, Technische Normen und Fahrlässigkeit, in: Festschrift für Karl Engisch, Frankfurt 1969, S. 490 ff.

Lesch, Heiko Hartmut, Das Problem der sukzessiven Beihilfe, Frankfurt, Bern, New York, Paris 1992

Linnenbrink, Dominik, Der Wegfall der strafrechtlichen Verantwortlichkeit des Garanten, Aachen 1995

Luhmann, Niklas, Funktionen und Folgen formaler Organisation, 3. Auflage, Berlin 1976

Maiwald, Manfred, Grundlagenprobleme der Unterlassungsdelikte, in: JuS 1981, S. 473 ff.

Maurach, Reinhart/ *Gössel*, Karl Heinz/ *Zipf*, Heinz, Strafrecht Allgemeiner Teil, Teilband 2, Erscheinungsformen des Verbrechens und Rechtsfolgen der Tat, 8. Auflage, Heidelberg 1995

Maurach, Reinhart/ *Zipf*, Heinz, Strafrecht Allgemeiner Teil, Teilband 1, Grundlehren des Strafrechts und Aufbau der Straftat, 8. Auflage, Heidelberg 1992

Mayer, Hellmuth, Die gesetzliche Bestimmtheit der Tatbestände, in: Materialien zur Strafrechtsreform, Band 1, Bonn 1954

Medicus, Dieter, Bürgerliches Recht, 16. Auflage, Köln, Berlin, Bonn, München 1993

Meier, Bernd-Dieter, Verbraucherschutz durch Strafrecht? Überlegungen zur strafrechtlichen Produkthaftung nach der „Lederspray"-Entscheidung des BGH, in: NJW 1992, 3193 ff.

Mertens, Hans-Joachim/ *Mertens*, Georg, Anmerkung zum BGH(Z) (Urteil vom 5.12.1989 - JZ 90, 486), in: JZ 1990, S. 488 ff.

Murmann, Uwe, Die Nebentäterschaft im Strafrecht, Berlin 1993

Murmann, Uwe, Tatherrschaft und Weisungsmacht, in: GA 1996, S. 269 ff.

Nagler, Johannes, Die Problematik der Begehung durch Unterlassung, in: GS 111 (1938), S. 1 ff;

Naucke, Wolfgang, Ausnutzen einer Fehlbuchung beim Betrug durch Unterlassen, in: NJW 1994, S. 2809 ff.

Neudecker, Gabriele, Die strafrechtliche Verantwortlichkeit der Mitglieder von Kollegialorganen, Frankfurt, Berlin, Bern, New York, Paris, Wien 1995

Noll, Peter, Welche strafrechtlichen Mittel empfehlen sich für eine wirksame Bekämpfung der Wirtschaftskriminalität?, in: Verhandlungen des 49. Deutschen Juristentages, Band II, München 1972, Teil M, S. 20 ff.

Nomos Kommentar zum Strafgesetzbuch, Band 1 Allgemeiner Teil, Ulfried Neumann/ Wolfgang Schild (Gesamtred.), 1. Auflage, Baden-Baden 1995 (zitiert: NK-*Verfasser*)

Otto, Harro, Über den Zusammenhang von Schuld und menschlicher Würde, in: GA 1981, S. 481 ff.

Otto, Harro, Garantenposition nach Verkehrsunfall, in: Jura 1987, Jura-Kartei (JK), StGB § 13/10

Otto, Harro, Erfolgszurechnung bei unterlassener Gefahrminderung durch Garanten, in: Jura 1988, Jura-Kartei (JK), StGB § 13/14.

Otto, Harro, Grundkurs Strafrecht, Allgemeine Strafrechtslehre, 5. Auflage, Berlin, New York 1996

Otto, Harro, Rezensionen – Andreas Ransiek, Unternehmensstrafrecht, Heidelberg 1996, in: wistra 1996, S. 339 f.

Otto, Harro, Eigenverantwortliche Selbstgefährdung und Garantenposition Dritter, in: Jura 1997, Jura-Kartei (JK), StGB Vor § 13/9

Otto, Harro, Die Haftung für kriminelle Handlungen in Unternehmen, in: Jura 1998, S. 409 ff.

Otto, Harro/ *Brammsen*, Joerg, Die Grundlagen der strafrechtlichen Haftung des Garanten wegen Unterlassens, in: Jura 1985, S. 530 ff., 592 ff., 646 ff.

Palandt, Otto, Bürgerliches Gesetzbuch, Kurzkommentar, bearbeitet von Peter Bassenge, Uwe Diederichsen, Wolfgang Edenhofer, Helmut Heinrichs, Andreas Heldrich, Hans Putzo, Heinz Thomas, 57. Auflage, München 1998

Peters, Karl, Die Begrenzung des Strafrechts bei zivilrechtlichen Verhältnissen als materiellrechtliches und prozessuales Problem, in: Festschrift für Eberhard Schmidt, Göttingen 1971, S. 488 ff.

Ranft, Otfried, Rechtsprechungsbericht zu den Unterlassungsdelikten, in: JZ 1987, S. 859 ff.

Ransiek, Andreas, Unternehmensstrafrecht, Heidelberg 1996

Rawls, John, Eine Theorie der Gerechtigkeit, Frankfurt 1975

Rebmann, Kurt/ *Roth,* Werner/ *Herrmann*, Siegfried, Gesetz über Ordnungswidrigkeiten, Kommentar, 3. Auflage, Stuttgart 1998

Rengier, Rudolph, Kündigungs-Betrug des Vermieters durch Tun und Unterlassen bei vorgetäuschtem Eigenbedarf – BayObLG, NJW 1987, 1654, in: JuS 1989, S. 802 ff.

Renzikowski, Joachim, Restriktiver Täterbegriff und fahrlässige Beteiligung, Tübingen 1997

Rogall, Klaus, Dogmatische und kriminalpolitische Probleme der Aufsichtspflichtverletzung in Betrieben und Unternehmen (§ 130 OWiG), in: ZStW 98 (1986), 611 ff.

Rotsch, Thomas, Individuelle Haftung in Großunternehmen, Baden-Baden 1998

Roxin, Claus, Verwerflichkeit und Sittenwidrigkeit als unrechtsbegründende Merkmale im Strafrecht, in: JuS 1964, S. 373

Roxin, Claus, Anmerkung zum BGH (Urteil vom 14.2.1984 – NStZ 84, 410), in: NStZ 1984, S. 411 f.

Roxin, Claus, Täterschaft und Tatherrschaft, 6. Auflage, Berlin, New York 1994

Roxin, Claus, Strafrecht Allgemeiner Teil, Band I, 3. Auflage, München 1997

Rudolphi, Hans-Joachim, Die zeitlichen Grenzen der sukzessiven Beihilfe, in: Festschrift für Hans-Heinrich Jescheck, Berlin 1985, S. 559 ff.

Rudolphi, Hans-Joachim, Strafrechtliche Verantwortlichkeit der Bediensteten von Betrieben für Gewässerverunreinigungen und ihre Begrenzung durch den Einleitungsbescheid, in: Festschrift für Karl Lackner, Berlin, New York 1987, S. 863 ff.

Sangenstedt, Christof, Garantenstellung und Garantenpflicht von Amtsträgern, Frankfurt am Main 1989

Schlüchter, Ellen, Der Kaufmann als Garant im Rahmen der unerlaubten Gewässerverunreinigung, in: Festschrift für Hannskarl Salger, Köln, Berlin, Bonn, München 1995, S. 139 ff.

Schmidt, Claus Peter, Die strafrechtliche Verantwortlichkeit Betriebsangehöriger für Arbeitsunfälle, Bochum 1985

Schmidt-Salzer, Joachim, Entscheidungssammlung Produkthaftung, Band 4, Strafrechtliche Entscheidungen, Frankfurt 1982

Schmidt-Salzer, Joachim, Produkthaftung, 2. Auflage, Heidelberg 1988

Schmidt-Salzer, Joachim, Strafrechtliche Produktverantwortung, in; NJW 1988, S. 1937 ff.

Schmidt-Salzer, Joachim, Strafrechtliche Produktverantwortung, Das Lederspray-Urteil des BGH, in: NJW 1990, S. 2966 ff.

Schönke, Adolf/ *Schröder*, Horst, Strafgesetzbuch, Kommentar, bearbeitet von Theodor Lenckner, Peter Cramer, Albin Eser, Walter Stree, 25. Auflage, München 1997 (zitiert: Sch/Sch-*Verfasser*)

Schumann, Heribert, Strafrechtliches Handlungsunrecht und das Prinzip der Selbstverantwortung des Anderen, Tübingen 1986

Schünemann, Bernd, Grund und Grenzen der unechten Unterlassungsdelikte, Göttingen 1971

Schünemann, Bernd, Zur Kritik der Ingerenz-Garantenstellung, in: GA 1974, S. 231 ff.

Schünemann, Bernd, Neue Horizonte in der Fahrlässigkeitsdogmatik?, in: Festschrift für Friedrich Schaffstein, Göttingen 1975, S. 159 ff.

Schünemann, Bernd, Unternehmenskriminalität und Strafrecht, Köln, Berlin, Bonn, München 1979

Schünemann, Bernd, Strafrechtsdogmatische und kriminalpolitische Grundfragen der Unternehmenskriminalität, in: wistra 1982, S. 41 ff.

Schünemann, Bernd, Die Unterlassungsdelikte und die strafrechtliche Verantwortlichkeit für Unterlassungen, in: ZStW 96 (1984), S. 287 ff.

Schünemann, Bernd, Zum gegenwärtigen Stand der Dogmatik der Unterlassungsdelikte in Deutschland, in: Enrique Gimbernat/Bernd Schünemann/Jürgen Wolter (Hrsg.), Internationale Dogmatik der objektiven Zurechnung und der Unterlassungsdelikte, Heidelberg 1995, S. 49 ff.

Schutzbach, Axel, Die strafrechtliche Verantwortung für Betriebsunfälle, Berlin 1983

Seebode, Manfred, Zur gesetzlichen Bestimmtheit des unechten Unterlassungsdelikts, in: Festschrift für Günter Spendel, Berlin 1992, S. 317 ff.

Seelmann, Kurt, Betrug beim Handel mit Rohstoffoptionen, in: NJW 1980, S. 2545 ff.

Seelmann, Kurt, Opferinteressen und Handlungsverantwortung in der Garantenpflichtdogmatik, in: GA 1989, S. 241 ff.

Seelmann, Kurt, Privatrechtlich begründete Garantenpflichten?, in: Karsten Schmidt (Hrsg.), Vielfalt des Rechts – Einheit der Rechtsordnung?, Berlin 1994, S. 85 ff.

Seelmann, Kurt, Buchbesprechung: Heine, Günter, Die strafrechtliche Verantwortlichkeit von Unternehmen. Von individuellem Fehlverhalten zu kollektiven Fehlentwicklungen, insbesondere bei Großrisiken, in: ZStW 108 (1996), S. 660 ff.

Seier, Jürgen, Zur Übung: Strafrecht, Sachverhalt: Der leichtsinnige Taxifahrer, in: JuS 1984, S. 706

Stein, Ulrich, Die strafrechtliche Beteiligungsformenlehre, Berlin 1988

Stratenwerth, Günter, Arbeitsteilung und ärztliche Sorgfaltspflicht, in: Festschrift für Eberhard Schmidt, Göttingen 1971, S. 383 ff.

Stratenwerth, Günter, Strafrecht Allgemeiner Teil 1, 3. Auflage, Köln, Berlin, Bonn, München 1981

Stratenwerth, Günter, Schweizerisches Strafrecht Allgemeiner Teil, Band I, Bern 1982

Stratenwerth, Günter, Zur Individualisierung des Sorgfaltsmaßstabes beim Fahrlässigkeitsdelikt, in: Festschrift für Hans-Heinrich Jescheck, Berlin 1985, S. 285 ff.

Stree, Walter, Garantenstellung kraft Übernahme, in: Festschrift für Hellmuth Mayer, Berlin 1966, S.145 ff.

Systematischer Kommentar zum Strafgesetzbuch, Hans-Joachim Rudolphi /Eckhard Horn/Erich Samson/Hans-Ludwig Günther/Andreas Hoyer (Hrsg.), Band 1 Allgemeiner Teil, 7. Auflage, Neuwied und Kriftel,1998, Band 2 Besonderer Teil, 6. Auflage, Neuwied und Kriftel 1998 (zitiert: SK-*Verfasser*)

Thiemann, Werner, Aufsichtspflichtverletzung in Betrieben und Unternehmen, Bochum 1976

Thomasius, Christian, Fundamenta Iuris Naturae et Gentium, Neudruck 4.Auflage Halle 1718, Aalen 1963

Tiedemann, Klaus, Welche strafrechtlichen Mittel empfehlen sich für eine wirksame Bekämpfung der Wirtschaftskriminalität?, Gutachten zum 49. Deutschen Juristentag, in: Verhandlungen des 49. Deutschen Juristentags, Band I, München 1972, Teil C, S. 1 ff.

Tiedemann, Klaus, Sollen einzelne Kartellrechtsverstöße – einschließlich typisierungsfähiger Fälle aus dem Bereich der Mißbrauchsaufsicht – unter Strafdrohung gestellt werden?, in: Tagungsberichte der

Sachverständigenkommission zur Bekämpfung der Wirtschaftskriminalität, Band 10, Bonn 1976, Anlage I

Tiedemann, Klaus, Examensklausur Strafrecht, Fall zu Fragen des Allgemeinen Teils und des Umweltstrafrechts, in: Jura 1982, S. 371 ff.

Tiedemann, Klaus, Die strafrechtliche Vertreter- und Unternehmenshaftung, in: NJW 1986, S. 1842 ff.

Tiedemann, Klaus, Die „Bebußung" von Unternehmen nach dem 2. Gesetz zur Bekämpfung der Wirtschaftskriminalität, in: NJW 1988, S. 1167 ff.

Tiedemann, Klaus/ *Vogel*, Joachim, Strafrecht: Parfum im Supermarkt, in: JuS 1988, S. 295 ff.

Tröndle, Herbert, Strafgesetzbuch und Nebengesetze, Kurzkommentar, 48. Auflage, München 1997

Vogel, Joachim, Norm und Pflicht bei den unechten Unterlassungsdelikten, Berlin 1993

Weißer, Bettina, Kausalitäts- und Täterschaftsprobleme bei der strafrechtlichen Würdigung pflichtwidriger Kollegialentscheidungen, Berlin 1996

Welp, Jürgen, Vorangegangenes Tun als Grundlage einer Handlungsäquivalenz der Unterlassung, 1968

Welzel, Hans, Studien zum System des Strafrechts, in: ZStW 58 (1939), S. 491 ff.

Welzel, Hans, Das Deutsche Strafrecht, (Lehrbuch), 11. Auflage, Berlin 1969

Wessels, Johannes, Strafrecht Allgemeiner Teil, 27. Auflage, Heidelberg 1997

Wohlleben, Marcus, Beihilfe durch äußerlich natürliche Handlungen, München 1996

Wolff; Ernst Amadeus, Der Handlungsbegriff in der Lehre vom Verbrechen, Heidelberg 1964

Wolff, Ernst Amadeus, Kausalität von Tun und Unterlassen, Heidelberg 1965

Wolff, Ernst Amadeus, Das neue Verständnis von Generalprävention und seine Tauglichkeit für eine Antwort auf Kriminalität, in: ZStW 97 (1985), 786 ff.

Wolff, Ernst Amadeus, Die Abgrenzung von Kriminalunrecht zu anderen Unrechtsformen, in: Hassemer, Winfried (Hrsg.), Strafrechtspolitik, Frankfurt, Bern, New York 1987, S. 137 ff.

Wolff-Reske, Monika, Berufsbedingtes Verhalten als Problem mittelbarer Erfolgsverursachung, Baden-Baden 1995

Zaczyk, Rainer, Das Strafrecht in der Rechtslehre J.G. Fichtes, Berlin 1981

Zaczyk, Rainer, Das Unrecht der versuchten Tat, Berlin 1989

Robert Jofer

Strafverfolgung im Internet

Phänomenologie und Bekämpfung kriminellen Verhaltens in internationalen Computernetzen

Frankfurt/M., Berlin, Bern, New York, Paris, Wien, 1999. 252 S.
Europäische Hochschulschriften: Reihe 2, Rechtswissenschaft. Bd. 2555
ISBN 3-631-34335-3 · br. DM 84.–*

Das Internet hat Straftätern neue Betätigungsfelder eröffnet, mit denen sich Justiz und Gesetzgeber zunehmend auseinandersetzen müssen. Nach der Darstellung der bisher aufgetretenen Kriminalitätsphänomene und der zugehörigen Erkenntnisquellen widmet sich ein zweiter Schwerpunkt materiell-rechtlichen Fragestellungen. Unter anderem werden die Anwendbarkeit deutschen Strafrechts und die Strafbarkeit des Providers – unter Berücksichtigung des neuen TDG – intensiv erörtert. Im dritten Teil werden die technischen und prozessualen Probleme der Strafverfolgung in Computernetzen sowie die Möglichkeiten und Grenzen der Strafverfolgung untersucht. Schwierigkeiten bereitet die Internationalität des Mißbrauchs und der Auslandsbezug von Ermittlungen. Der staatliche Zugriff auf Mailboxen ist mit dem vorhandenen rechtlichen Instrumentarium kaum zu rechtfertigen. Verschlüsselungsverbote werden ausführlich behandelt.

Aus dem Inhalt: Erscheinungsformen des Verbrechens im Internet · Strafbarkeit von Providern und Nutzern · Technische und strafprozessuale Probleme der Strafverfolgung im Internet · Überwachung von Mailboxen · Das Kryptographieproblem

FSC
www.fsc.org
MIX
Papier | Fördert
gute Waldnutzung
FSC® C083411

Kolibri 360 GmbH
Ferdinand-Jühlke-Straße 7
99095 Erfurt, Deutschland
produktsicherheit@kolibri360.de

Druck:
CPI Druckdienstleistungen GmbH
im Auftrag der
Kolibri 360 GmbH
Ferdinand-Jühlke-Str. 7
99095 Erfurt